Andrea König/Günter Kusch (Hg.)

Die Bibel sportlich nehmen
Mit Martha und Mose in Balance

Mit 84 Abbildungen

Vandenhoeck & Ruprecht

Das Download-Material zu diesem Buch finden Sie unter:
www.vandenhoeck-ruprecht-verlage.com/Bibel-sportlich
Code für Download-Material: Pkyy#ZL#

Bibliografische Information der Deutschen Nationalbibliothek:
Die Deutsche Nationalbibliothek verzeichnet diese Publikation in der
Deutschen Nationalbibliografie; detaillierte bibliografische Daten sind
im Internet über https://dnb.de abrufbar.

© 2021, Vandenhoeck & Ruprecht GmbH & Co. KG, Theaterstraße 13, D-37073 Göttingen
Alle Rechte vorbehalten. Das Werk und seine Teile sind urheberrechtlich
geschützt. Jede Verwertung in anderen als den gesetzlich zugelassenen Fällen
bedarf der vorherigen schriftlichen Einwilligung des Verlages.

Umschlagabbildung: © Thomas Schreiber
Abbildungen der Biga-Übungen: © Thomas Schreiber; S. 66, 89, 136, 219: © Sylvia Hammacher;
Illustrationen S. 65, 102, 182: © Katrin Wolff

Satz: SchwabScantechnik, Göttingen
Druck und Bindung: ⊕ Hubert & Co. BuchPartner, Göttingen
Printed in the EU

Vandenhoeck & Ruprecht Verlage | www.vandenhoeck-ruprecht-verlage.com

ISBN 978-3-525-61559-1

Inhalt

Biga – Bibel ganzheitlich erfahren. Auch sportlich kann es ruhig zugehen   7
Andrea König

Selbsterkenntnis und Gotteserkenntnis. Biga *oder* Eine Reise zu mir selbst   10
Günter Kusch

Körper – Geist – Seele und Yoga? Vier Frauen und Männer und
ihre Gedanken zu Sport, Spiritualität und Yoga   15

»Take these golden wings ...« – eine kleine Einführung   33
Carola Spegel

Biga – ein biblisches Training für Sport und Spirit. Ideen und Anregungen
zur Umsetzung in Gruppen und Gemeinden   48
Günter Kusch

Biga praktisch – in Begegnung mit Bewegung   52
Günter Kusch

    Mose – ein Mann mit Makeln   54
    Günter Kusch und Carola Spegel (Biga-Übungen)

    Debora – eine Frau, ein Wort   72
    Andrea König und Carola Spegel (Biga-Übungen)

    Hulda – Maulwürfin mit Weitblick   91
    Andrea König und Carola Spegel (Biga-Übungen)

Salomos Weisheit *oder* Von Träumen, Erotik und Poesie 110
Günter Kusch und Carola Spegel (Biga-Übungen)

Amos sechster Sinn *oder* Von kritischen Prophet*innen 131
Günter Kusch und Carola Spegel (Biga-Übungen)

Josef von Nazareth – der erste Hausmann der Weltgeschichte 150
Günter Kusch und Carola Spegel (Biga-Übungen)

Martha – aufrichtig aufrecht 169
Andrea König und Carola Spegel (Biga-Übungen)

Maria Magdalenas Weg zum Leben – Sterben und Neuanfang 187
Andrea König und Carola Spegel (Biga-Übungen)

Ist Yoga männlich, weiblich, divers?
Fragen an die Expertin Therese Heinisch............................... 206

Berührungen von Christentum und Yoga – zur Geschichte 214
Carola Spegel

Vielfalt Yoga – Hier geht es um den gesamten Menschen.
Yoga für Senior*innen, Kinder und Kranke – ungewöhnliche Formen
mit Bier und Ziegen 231
Kerstin Gnodtke

Literatur 237

Dank 240

Biga – Bibel ganzheitlich erfahren
Auch sportlich kann es ruhig zugehen

Andrea König

Dr. Andrea König ist Theologin und Pädagogin (M. A.), Promotion in Evangelischer Theologie, Staatsexamen Lehramt, Zusatzausbildung Hochschullehre Bayern. Sie ist Referentin beim forum frauen im Amt für Gemeindedienst der Evangelisch-Lutherischen Kirche in Bayern.

»Machen Sie doch mal einen Retreat!«, sagt meine Nachbarin zu mir. »Bitte was?« Falls Sie sich das auch gerade fragen, kann ich Ihnen versichern, dass Sie wissen, was es ist. Es ist Ihnen vielleicht nur entfallen. *Retreat* ist das englische Wort für Rückzug. Wer heute »auf Retreat geht«, plant eine spirituelle Ruhepause oder einen Rückzug von der gewohnten Umgebung für eine gewisse Zeit. Im Englischen bezeichnet es ganz allgemein Phasen von Entspannung oder Stressabbau. Manche Menschen wandern dafür über Stock und Stein, die anderen fahren mit dem Fahrrad durch den Wald und wieder andere empfinden Dehnübungen auf Yoga-Matten gemeinsam in der Gruppe im Park oder allein zu Hause als Auszeit. Die meisten Menschen eint dabei eines: Sie haben das Bedürfnis, ihrem anstrengenden Alltag zu entkommen – zumindest für eine Weile. Wer würde manchmal nicht gerne einfach ganz sportlich vor all den täglichen Herausforderungen davonlaufen? Sport und Bewegung, die Körper, Geist und Seele guttun und helfen, im inneren Gleichgewicht zu bleiben, sind stark nachgefragt. Entspannung und Balance sind Schlagwörter, die in der Hektik unseres Lebens häufig zu hören sind. Möglichkeiten bieten sich viele.

Bewegung und Glaube harmonieren

Und was hat das alles mit der Bibel zu tun? Sehr viel, denn Bewegung und Glaube harmonieren gut miteinander. Die Bibel bildet die Grundlage des christlichen

Glaubens und ist rund 4000 Jahre alt. Im Laufe der langjährigen Entstehungsgeschichte arbeiteten viele Menschen daran und brachten ihr kulturelles Erbe mit ein. In der Tradition einer bestimmten geistig-philosophischen Ausrichtung kam es zu einer Trennung von Leib und Geist. Dem Körper wurde eine untergeordnete Rolle beigemessen. Askese und Züchtigung nahmen zuweilen bizarre Formen an – und das alles nur, um den Geist freizubekommen von körperlichen Bedürfnissen mit dem Ziel, Gott direkt schauen zu können und Jesus nah zu sein. Jesusreden, die solch ein Verhalten fordern, wird man in der Bibel allerdings vergeblich suchen. Die Entwicklung der Trennung von Geist und Leib gehört in die Anfänge europäischer Geistesgeschichte. Berühmte Kirchenväter tradierten diese Ideologie der Körperfeindlichkeit, deren Nachwirkung bisweilen noch heute merkwürdige Blüten treibt.

Dabei zeichnet die Bibel an vielen Stellen ein ganz anderes Bild vom Menschen. Der Mensch ist in erster Linie Geschöpf – und zwar ganzheitlich. In der Bibel werden zwar verschiedene Dimensionen unterschieden, nie aber als Dualismus, sondern Leib, Seele, Geist als leibliche Einheit begriffen. Diese einheitliche Sicht umfasst auch somatische und psychische Aspekte, sodass die inneren Organe seelische Zustände spiegeln. »Als mein Herz verbittert war und ich stechenden Schmerz in den Nieren spürte, da war ich ein Narr und hatte keine Einsicht, dumm wie ein Vieh war ich vor dir«, so drückt es der Psalmist aus (Psalm 73,21 f.). Körperliche, geistige und emotionale Funktionen des Menschen sind untrennbar miteinander verbunden in einer ganzheitlichen Sicht. Der Mensch soll in seiner Ganzheit Freude empfinden. Entscheidend ist, dass er in seinem Menschsein zu Gott hin offen ist. Nicht ich habe einen Leib, sondern ich bin Leib, so formulierte es der Theologe Rudolf Bultmann.[1] Alles, was wir tun, tun wir als Körper. Wir denken, fühlen und begreifen mit dem Körper.

Mit Martha und Mose lässt es sich gut balancieren

Das Leben ist manchmal ein ziemlicher Balanceakt. Davon berichten auch die Erzählungen zahlreicher biblischer Figuren. Wer genau hineinliest, entdeckt in den Geschichten Erlebnisse, wie wir sie selbst oft in unseren eigenen Lebensbiografien durchleben. Martha und Mose stehen im Titel exemplarisch für insgesamt acht biblische Frauen und Männer, mit denen es sich gut gemeinsam balancieren lässt.

---

1   Rudolf Bultmann: Theologie des Neuen Testaments. Tübingen ⁶1958, S. 195.

Das Wort Gottes mit Körper, Geist und Seele erlebbar machen – das ist Biga, kurz für die *Bi*bel *ga*nzheitlich erfahren. Biblische Lebens- und Glaubensgeschichten hören und auf ganz neue Weise erspüren. Aktiv in die Entspannung gehen und durch bewusstes Atmen und körperliche Übungen Muskeln stärken, Beweglichkeit erhöhen und den Geist befreien.

Tatsächlich heißt Sport treiben übersetzt »Vergnügen haben« und da kann es sportlich auch mal ruhig zugehen. Probieren Sie aus, was Ihnen Spaß macht, was ihrem Körper, Geist und Ihrer Seele guttut. Biblische Erzählungen und körperliche Übungen können eine Kraftquelle sein, um in stressigen Zeiten zur Ruhe zu kommen und ganz bei sich zu sein. Bewegung hilft, Stresshormone abzubauen, und kurbelt durch bewusstes Atmen die Produktion des Botenstoffs Serotonin an, der für gute Laune sorgt. Das erklärt, warum man sich nach körperlicher Bewegung besser fühlt.

In diesem Sinn lässt sich sagen: Nehmen Sie die Bibel doch mal sportlich!

Selbsterkenntnis und Gotteserkenntnis
Biga *oder* Eine Reise zu mir selbst

Günter Kusch

Günter Kusch, Pfarrer, Redakteur und Erwachsenenbildner, ist Referent beim forum männer im Amt für Gemeindedienst der Evangelisch-Lutherischen Kirche in Bayern.

Weitere Publikationen: »Männersachen. 15 Werkzeuge für die kirchliche Praxis«, V&R 2019; »Was uns bewegt: Antworten auf die großen Fragen des Lebens«, Verlag Butzon & Bercker 2018; »Wege zum Heiligen – Eine Reise durch die Pilgerpsalmen«, Brendow Verlag 2012.

Wege nach innen – Wege nach außen

»Heute besuche ich mich, mal schauen, ob ich zu Hause bin«, meinte der Münchner Karl Valentin mit tiefsinnigem Humor. »Wer bin ich – und wenn ja, wie viele?« will der Philosoph Richard David Precht in seinem Bestseller wissen und lädt zu einer faszinierenden Reise in die Welt der Sinn- und Lebensfragen ein. Das Buch ist zugleich eine literarische Expedition zu uns selbst. Beide, Karl Valentin und Richard David Precht, bringen damit auf den Punkt, was den Menschen schon immer umtreibt. Die Frage nach dem Wesentlichen seiner Existenz und nach dem Wesen seines Ichs. Wer bin ich wirklich? Was sind meine Stärken oder Schwächen? Was ist meine Bestimmung oder Berufung? Wo finde ich Orientierung oder Kraftquellen zum Auftanken? »Heute besuche ich mich, mal schauen, ob ich zu Hause bin« – Der Dominikanermönch Meister Eckhart (1260–1328) formulierte das im Mittelalter so: »Unsere Lebensaufgabe ereignet sich, wenn wir freilegen, was in uns wesentlich ist.«[1]

---

[1] Meister Eckhart zit. nach Pierre Stutz: Geborgen und frei. Mystik als Lebensstil. München ⁵2012, S. 45 f.

Der Philosoph und Prediger, der später einen großen Einfluss auf Luthers Denken haben wird, lebte und lehrte einen Lebensrhythmus von Innen und Außen. In unserer Tiefe gibt es einen »Seelenfunken«, einen göttlichen Kern, der unantastbar ist, war Meister Eckhart überzeugt. Dieses im Menschen angelegte Urvertrauen befähigt ihn, an seiner Persönlichkeit und an seinen Beziehungen zu arbeiten. »Ich darf so sein, wie ich wirklich bin, und muss nichts mehr beweisen, damit ich meine Talente entfalten kann, zur eigenen Freude und zum Wohl der Gemeinschaft.«[2] Diese innere Freiheit, die nicht im Außen sucht, was schon zutiefst in uns angelegt ist, befreit zum Dasein-Können und zum Wirken in der Welt, sagt Eckhart. Er verharrt also nicht in der Innenschau, sondern lässt dem Rückzug einen engagierten Einsatz für die Schöpfung und für den Mitmenschen folgen.

Leib, Geist und Seele – alle Sinne ansprechen

»Halt an? Wo läufst du hin? – Der Himmel ist in dir; suchst du Gott anderswo, du fehlst ihn für und für.«[3] Natürlich gibt es auch himmlische Erfahrungen zwischen Menschen oder in der Natur. Was der schlesische Mystiker Angelus Silesius (1624–1677) aber unterstreichen will: Gotteserfahrungen sind nicht elitär oder abgehoben. Alle Menschen können von Gott berührt werden, ganzheitlich mit Leib, Geist und Seele. Nicht allein das Wort, sondern alle Sinne sind angesprochen, wenn Gott und Mensch sich begegnen. Eine lebensbejahende Grundeinstellung kommt hinzu, wie schon auf der ersten Seite der Bibel zu lesen ist: »Gott schuf den Menschen als sein Abbild; als Abbild Gottes schuf er ihn. Als Mann und Frau schuf er sie.« (1. Mose 1,27)[4] Hier erfahren wir auch, dass ein

---

2   Meister Eckhart zit. nach Stutz 2012, S. 45.
3   Stutz 2012, S. 48 f. »Halt an! Wo läufst du hin?« Dieses Wort von Angelus Silesius aus dem 17. Jahrhundert war wie ein aktueller Kommentar: Wo läufst du jetzt eigentlich hin? Was ist jetzt wirklich wichtig? Angelus Silesius, »Der Schlesische Bote«, hieß eigentlich Johannes Scheffler und wurde 1624 in Breslau geboren. Zu seiner Zeit – 100 Jahre nach der Reformation – tobte der Dreißigjährige Krieg. Glaubensfragen waren längst überlagert von erbitterten Kämpfen um die politische Vorherrschaft in Europa. In dieser schwierigen Situation schöpfte der evangelische Johannes Scheffler aus Quellen der Mystiker, wie z. B. Jakob Böhme u. a. Er begann selbst, mystische Aussagen in Form einzelner gereimter Sätze zu formulieren. Siehe https://www.kirche-im-swr.de/?page=beitraege&id=5980 (Zugriff am 22.01.2021).
4   Mystische Menschen entfalten in Bildern und Symbolen diese befreiende Verheißung, gottähnlich zu sein. Im Zentrum steht der Gedanke des Ur-Segens, der über deren Existenz steht. Nicht die Entfremdung wird vorangestellt, sondern die Zusage »und es ist gut so«. Der Mensch wird also nicht von einer destruktiven Seite betrachtet, sondern von seinem unerschöpflichen Verwandlungspotenzial her.

neuer Tag mit dem Abend beginnt. Der Mensch darf zuerst *sein* und zur Ruhe kommen, um dann – gestärkt – am nächsten Tag etwas zu tun. Meister Eckhart bringt es mit den weisen Worten auf den Punkt: »Richte dein Augenmerk auf dich selbst und wo du dich findest, da lasse dich, das ist das Allerbeste.«[5] Oder mit der Mystikerin Teresa von Avila (1515–1582) gesprochen: »Gotteserkenntnis ist ohne Selbsterkenntnis nicht möglich.«[6]

Biblische Männer und Frauen gehen in die Stille, um Gott zu hören. Mose begibt sich in die Wüste, Elia in eine Höhle. Dort, so heißt es, spricht Gott in einem sanften Säuseln mit ihm. Elia erhält den Auftrag, an den Ort zurückzukehren, von dem er kommt (siehe 1. Könige 19). Der eindrückliche Dokumentarfilm »Die große Stille« von 2005, entstanden im Mutterkloster der Kartäuser in der Nähe von Grenoble, zaubert diesen Gedanken mit wunderbaren Bildern auf die Leinwand. Keine großen Erklärungen, keine Kommentare, fast drei Stunden lang Stille, die der Seele Raum schenkt zum Tiefgang. Aufnahmen, die die aktuelle Sehnsucht nach Ruhe in unserer hektischen Welt aufnehmen und zugleich verdeutlichen, wie schwer es ist, ruhig zu werden. Und dennoch braucht es dieses Schweigen, das nicht aus Beziehungsangst oder Weltflucht entsteht, sondern für eine intensive Anteilnahme und Verbundenheit mit aller Kreatur ermutigt. Der innere Frieden strahlt aus und führt zur »Verantwortung für mehr Lebensqualität und mehr Gerechtigkeit in unserer Welt«[7].

Glaube, Bibel, aktuelle Lebensthemen

»Heute besuche ich mich, mal schauen, ob ich zu Hause bin« – Eine Reise zu mir selbst geschieht in der Stille, in der Meditation, im Gebet oder in einer geistlichen Übung. Um ganz bei sich selbst zu sein, kann man derzeit viele Bücher und Zeitschriften wälzen, die sich mit Meditation, Achtsamkeit, Kontemplation oder auch Yoga beschäftigen. Themenhefte über Selbstfürsorge, McMindfulness, entspannte Aufmerksamkeit oder Stressreduktion boomen. »Geh mal zum Schweigeseminar oder versuch's mal mit einem Hauch Herzöffnung« sind häufig zu hörende Ratschläge. Doch was ist dran an all den modernen Munter-

---

5   Siehe https://www.kirche-im-swr.de/?page=beitraege&id=15163 (Zugriff am 22.01.2021).
6   Teresa von Avila zit. nach Stutz 2012, S. 84 f. Auf Seite 96 ff. verweist Stutz darauf, dass Selbstliebe, Nächsten- und Gottesliebe nicht voneinander getrennt werden dürfen, und auf Markus 12,31: »Liebe deinen Nächsten wie dich selbst.« In den heilenden Begegnungen mit Jesus werden diese bestärkt in ihrer eigenen heilenden Kraft.
7   Stutz 2012, S. 130.

machern? Und was unterscheidet sie von jahrtausendealten Weisheitslehren? Kann man vielleicht sogar durch die Begegnung mit biblischen Figuren, Männern und Frauen, zu mehr Achtsamkeit, Selbst- und Gotterkenntnis kommen?

Acht Personen aus dem Alten und Neuen Testament nehmen Sie in diesem Buch mit auf den Weg in die Geschichten und Welten biblischer Männer und Frauen. Bei Martha entdecken Sie nicht nur eine Frau mit Fürsorge und Mental Load, sondern sogar eine echte Drachenbändigerin. Bei Josef wiederum geht es um Liebe und Treue trotz aller Zweifel an der eigenen Vaterschaft, um den Sinn des Lebens und neue Aufgaben. Zahlreiche Asanas, Körperübungen aus dem Yoga und Gesänge erwecken diese Menschen auf ungewöhnliche Weise zum Leben. Biga verbindet Glauben, Bibel und aktuelle Lebensthemen.

Yoga ist Körperbewusstsein, Gymnastik, Fitness, Einheit von Körper und Geist, Achtsamkeit, Meditation, Akzeptanz, Disziplin, Askese, tiefe Versenkung, Befreiung und für uns das geeignete Mittel, um in die Stille zu kommen, in der das sanfte Säuseln Gottes hörbar wird.[8] Yoga ist ein Weg des Reinigens und Loslassens. Durch Körperhaltungen, Atemübungen und Meditation lernen die Übenden, sich im Getriebe des Alltags zu verankern, bewusster und achtsamer mit sich umzugehen und auf die innere Stimme (Gottes) zu lauschen. Erst Anfang des 20. Jahrhunderts nahm die Bedeutung von Asanas zu, mit denen man die Sitzhaltung in der Meditation beschrieb. Die Übungspraxis wird zum »Spiegel des Lebens: Manches fällt leicht, anderes schwer; manches mögen wir, anderes nicht. Der Wechsel von Position zu Position entspricht dem Wandel, dem alles unterworfen ist.«[9]

Asanas wie »der Berg« (Tadasana) besitzen in diesem Zusammenhang eine große Symbolkraft. Die Körperübung unterstützt uns, die Situation des Mose nachzuerleben. 120 Jahre alt soll er gewesen sein, als er auf den Berg Nebo stieg, die höchste Erhebung westlich des Jordans. Von dort aus zeigt Gott Mose das Land. Er erinnert an sein Versprechen und spricht: »Du hast es mit deinen Augen gesehen, aber du sollst nicht hinübergehen.« (5. Mose 34,4) Mose wird sterben, ohne sein Lebensziel erreicht zu haben. Josua, sein Nachfolger, übernimmt seine

---

8   Vgl. dazu: Yoga, Meditation, Achtsamkeit. Was die drei Lehren ausmacht und wie wir sie für unseren Alltag nutzen können. Psychologie heute compact, 60/2020. Auf S. 70 wird aus dem Yogasutra von Patanjali zitiert, das zwischen dem ersten und vierten Jahrhundert nach Christus entstand: »Yoga ist das Zur-Ruhe-Bringen der Gedanken im Geist.«
9   Ronald Steiner/Anna Trökes: Yoga für Fortgeschrittene. München 2012, S. 34 f. Ergänzt wird hier, dass auf der Übungsmatte ein ausbalancierter Umgang mit dem Wandel des Lebens erprobt wird, um diese Balance dann auch im Alltag zu finden.

Aufgabe. Und später in der Nachfolge Debora – Prophetin und Richterin, die in der Krise die Führung übernimmt.

Während der Biga-Übungen gehen unsere Gedanken weg von Mose und den Nachfolger*innen[10] hin zu uns selbst und zu den eigenen Fragen: Welche Ziele habe ich erreicht? Welche Berge habe ich überwunden? Von welchen Wünschen musste ich mich verabschieden? Die gestreckten Arme bleiben bei dieser Übung über dem Kopf in Schulterbreite, die Füße stehen fest verwurzelt auf dem Boden. Ich bin »geerdet und gehimmelt« – Karl Valentin würde vielleicht sagen: Nun bist du ganz zu Hause, bei dir und bei Gott.

In diesem Sinn lässt sich sagen: Nehmen Sie die Bibel doch mal sportlich und probieren Sie es aus!

---

10 Zur Verwendung des Gendersternchens *: Sprache prägt unsere Sozialisation und unsere Kultur und wirkt sich auf unser Denken und Handeln aus. Die Forderung nach einer gendergerechten Sprache beruht auf der Beobachtung, dass durch Sprache eine Diskriminierung stattfinden kann. Gendergerechte Sprache lässt sich durch Strategien der Sichtbarmachung umsetzen. Dafür gibt es verschiedene Möglichkeiten. Das Gendersternchen ist ein Mittel der gendergerechten Schreibung. Den Herausgeber*innen ist es ein Anliegen, durch geschlechtersensiblen Umgang mit Sprache Menschen aller Geschlechter und sexueller Orientierung respektvoll und wertschätzend anzusprechen und niemanden zu diskriminieren. Daher wird in diesem Buch das Gendersternchen verwendet.

Körper – Geist – Seele und Yoga?
Vier Frauen und Männer und ihre Gedanken
zu Sport, Spiritualität und Yoga

Cornelia Blendinger ist Pfarrerstochter, Kirchenvorständin und wurde jüngst in die Synode der Evangelisch-Lutherischen Kirche in Bayern gewählt – und: Sie ist Yoga-Lehrerin. »Mich fasziniert die kluge Verbindung von Körper, Geist und Seele«, betont sie im Interview. Im Blick auf Kirchengemeinden fragt die 38-Jährige: Wie können Aspekte der Achtsamkeit und der Meditation in bestehenden Konzepten (wieder-)entdeckt und gefunden werden? Denn sie ist überzeugt: Glaube und Yoga sind Erfahrungswege.

»Durch Yoga spüre ich meine Grenzen und Gottes Grenzenlosigkeit.«

Seit Jahren machen Sie Yoga. Wie kamen Sie dazu und was begeistert Sie noch heute daran?
Cornelia Blendinger: Ein Freund riet mir um das Jahr 2006 rum: »Das ist was für dich!« So habe ich das erste Mal Yoga geübt und gleich Feuer gefangen. Ich spürte von Anfang an, wie gut mir Yoga tut. Die Leichtigkeit war deutlich spürbar. Mich fasziniert die kluge Verbindung von Körper, Geist und Seele; dass es eben nicht nur »Sport« ist, rein körperlich, sondern mit Herz und Verstand gelebt werden kann. Für mich persönlich gibt es kein passenderes Konzept.

Durch Yoga komme ich ins Fühlen, komme mir nahe, immer und immer wieder. Wenn ich nah bei mir bin, spüre ich meine Möglichkeiten und Grenzen und zugleich Gottes Grenzenlosigkeit. Ich schöpfe Kraft aus der Begegnung mit Gott, die dadurch für mich (wieder) möglich wird. So kann ich auch gut für andere da sein, präsent sein, die Kraft weitergeben, die ich selbst erfahre. Im Laufe der Jahre habe ich durch die Fokussierung gelernt, mehr gesunde Distanz zu entwickeln. Mich nicht so leicht verwickeln zu lassen. Ich kann mich körperlich und geistig stabilisieren und somit macht es mich leicht und frei für alles, was um mich herum geschieht.

Yoga und Christentum – zwei Welten begegnen sich? Hinter Yoga stecken eine Philosophie und eine Weltanschauung. Haben Sie da keine Angst, beeinflusst oder missioniert zu werden?

Cornelia Blendinger: Ich persönlich habe keine Angst, missioniert zu werden, da ich fest in meinem Glauben verwurzelt bin. Auch gehört es zu meinem Glaubensverständnis, die Dinge um mich herum und mich selbst immer wieder kritisch zu hinterfragen, meinen Glauben immer wieder neu zu begreifen, anzupassen. Yoga hat mich meinem Glauben und Gott wieder nähergebracht.

Die Ängste kann ich jedoch gut nachvollziehen. Auch ich bin in konservativ geprägten mittelfränkischen Gefilden aufgewachsen. Die Vorurteile haben mich lange selbst abgehalten, Yoga auszuprobieren. Zugleich war mein familiäres Umfeld offen und weit und der Ansicht, es gibt nicht den EINEN richtigen Weg.

Schwierig wird es dann, wenn Äußerungen und Theorien nicht hinterfragt und reflektiert, sondern Wahrheiten »gurumäßig«, eins zu eins, blindlings übernommen werden. Yoga ist keine Religion. Doch manche benutzen die Yogaphilosophie, um eine Religion daraus zu machen. Interessanterweise stammen die beiden Begriffe »Religion« und »Yoga« aus der gleichen Bedeutungswurzel. Die ursprüngliche Bedeutung des Begriffes »Yoga«, wie er in der Bhagavad Gita[1] verwendet wird, bezeichnet die »Vereinigung der Seele mit Gott«. »Religare« kommt vom lateinischen Wort »verbinden«. Ich glaube, die Konzepte sind sich näher, als viele denken.

Was ist Yoga für Sie: Sport, Entspannungsübung oder Meditation?

Cornelia Blendinger: Ehrlich gesagt: alles zusammen! Yoga bringt mich zu mir und damit zu Gott. Es ist der körperliche Aspekt der An- und Entspannung, verbunden mit der mentalen Ebene. Der Atem fungiert hierbei als Schlüssel. Über den Atem komme ich ins Spüren, gelange von außen nach innen. Der Körper dient als Mittel, um zu mir zu kommen. Ich werde klarer und nehme meine Unklarheiten zumindest wahr. Die Bewegungen des Geistes zur Ruhe bringen. Wege hin zu innerer Ruhe, die nach außen strahlt.

Was ich an Yoga so liebe, ist, dass ich es gestalten kann. Ich liebe diese Freiheit. Und Freiheit ist für mich ganz klar verbunden mit »evangelisch sein«. Ich kann kraftvoll üben oder ruhig. Ich kann mich körperlich an Grenzen bringen oder einfach nur atmen. Was tut mir gerade gut? Was brauche ich, immer mit dem Blick dahingehend, innerlich ruhig zu werden?

---

1   Die Bhagavad Gita ist eine der zentralen Schriften des Hinduismus. Der Text entstand vermutlich zwischen dem 5. und 2. Jahrhundert v. Chr. und vereint verschiedene Denkschulen. Die Bhagavad Gita ist in Form eines spirituellen Gedichtes verfasst.

Was denken Sie, wenn Ihr*e Yoga-Lehrer*in auf die Silbe »Om« meditiert oder mit Asanas[2] die Chakren aktiviert werden?
Cornelia Blendinger: »Om« war für mich selbst lange problematisch – ohne recht greifen zu können, warum. Ich konnte dabei zuhören, es selbst jedoch lange nicht freisingen bzw. chanten[3]. Ich glaube, mir hat der Bezug gefehlt. So habe ich mich theoretisch damit auseinandergesetzt – doch der gefühlte Zugang war nicht vorhanden. Meine Kehle war nicht frei. Das hat sich verändert. Anfang und Ende, alles lege ich in Gottes Hände. Mit dieser Übersetzung kann ich es für mich singen.
   Chakren – ich glaube an Energien und Verbindungen. Ich glaube, dass wir Blockaden lösen können. Für mich sind Chakren Konzepte, die uns helfen können, mögliche Blockaden und deren Lösungen zu verstehen.

Kann Yoga auch ein Angebot für Kirchengemeinden sein? Worauf müsste man achten?
Cornelia Blendinger: Ja, Yoga kann ein Angebot sein. Entscheidend ist die Transparenz. Meiner Ansicht nach muss das Ziel klar definiert werden. Sprich: Handelt es sich um Yoga in Räumen der Kirchengemeinde oder um Yoga, welches Yoga und evangelisch bewusst miteinander verbindet. Yoga ist ein Erfahrungsweg. Der Glaube auch. Wir können als Kirchengemeinde Türöffner sein. Was dann geschieht, liegt nicht in unserer Hand. Hier gilt es, Gott zu vertrauen.

Achtsamkeit, Meditation, Exerzitien, Yoga: Können sich diese Spielarten der Spiritualität gegenseitig bereichern?
Cornelia Blendinger: Ja, sicher. Meines Erachtens nach hängt alles zusammen. Die Frage ist ja, warum will ich Achtsamkeit, Meditation, Exerzitien, Yoga üben? Geht es um Klarheit, Wachheit, Präsenz, Erkenntnis, innere Ruhe? Alle diese Formen/Konzepte sind Mittel. Es sind verschiedene Wege, die uns zu Gott und so auch zu den Menschen führen.

---

2   Als Asanas (dt. »Sitz«) werden im Yoga überwiegend ruhende Körperstellungen bezeichnet. Eine wichtige Rolle spielen bei der Ausübung die richtige Atmung, bewusstes Halten und bewusstes Auflösen. Als Chakren (dt. »Rad«, »Kreis«) werden die angenommenen subtilen Energiezentren zwischen physischem und feinstofflichem Körper bezeichnet, die durch Energiekanäle verbunden sind. Sieben Chakren werden als Hauptenergiezentren entlang der Wirbelsäule bzw. Körpermittelachse lokalisiert.
3   Chanten (von engl. *to chant*) bezeichnet im engeren Sinn das Singen von religiösen Liedern oder Mantren als religiöse Praxis. Im weiteren Sinn meint es auch das Singen von einfachen Melodien oder das melodische Sprechen von Texten z. B. in Verbindung mit Körperbewegung oder auch Musik und Tanz.

Welche Formen von Spiritualität würden Sie sich in Ihrer Kirchengemeinde wünschen?
Cornelia Blendinger: Das ist eine gute Frage. Als aktive Kirchenvorständin kann ich mich da sogar direkt einbringen. Ich finde Authentizität sehr wichtig. Es ist gut, wenn die Dinge sich von innen her entwickeln – aus Situationen heraus – und nicht künstlich von außen aufgesetzt werden. Ich denke, dass Veränderungen gerade in traditionellen Gemeinden behutsam angegangen werden müssen. Damit der Widerstand nicht gute Dinge blockiert. Hier offen und wachsam für sich verändernde Bedürfnisse der Menschen vor Ort zu bleiben. Sich hier als Kirche anzupassen, nicht stehen zu bleiben und zugleich nicht wankelmütig zu sein, sondern Orientierung und Kontinuität zu bieten. In diesem Spannungsfeld befinden wir uns als Kirche.

Ich finde Offenheit wichtig und auch, dass man über den kirchengemeindlichen Rand auf Dekanatsebene hindenkt. Die Frage ist auch: Braucht es eigene kirchengemeindliche Angebote oder können wir bestehende Angebote miteinander vernetzen? Wie können die Aspekte der Achtsamkeit und der Meditation in bestehenden Konzepten (wieder-)entdeckt und gefunden werden? So habe ich beispielsweise über Yoga einen (neuen) Zugang zur sonntäglichen Liturgie entdeckt und diese lieben gelernt. Diese Verbindungen finde ich unglaublich spannend und bereichernd.

Martin Vorländer ist Frankfurter mit bayerischem Migrationshintergrund. Er hat als evangelischer Pfarrer in Mainburg in Niederbayern, Istanbul, München und Frankfurt gearbeitet. Seit 2014 ist er am Medienhaus der Evangelischen Kirche in Hessen und Nassau tätig und Rundfunkbeauftragter für den Hessischen Rundfunk. Yoga praktiziert er mit Unterbrechungen seit 14 Jahren.

»Mit christlicher Freiheit mache ich Yoga. Ich prüfe alles und behalte das Gute.«

Seit Jahren machen Sie Yoga. Wie kamen Sie dazu und was begeistert Sie noch heute daran?
Martin Vorländer: Eine Freundin hat mich Mitte der 2000er-Jahre darauf gebracht. Sie hat lange in Asien gelebt und dort das kalifornische »Power Yoga«

des Yoga-Lehrers Bryan Kest für sich entdeckt. Eine Geschichte wie aus dem West-östlichen Divan: Eine körperlich-geistige Praxis kommt aus Indien, macht ihren Weg über die Westküste der USA und gelangt von dort zu meiner Freundin nach Hongkong und durch sie zu mir nach Europa.

Die Besonderheit von Power Yoga: Es passt die Yoga-Positionen, Bewegungen und die Atemtechnik an die Praktizierenden an. »Do it on your own degree!« – »Mach die Übung so, wie sie dir entspricht!« lautet die wiederkehrende Aufforderung des Yoga-Lehrers. Das hat mir von Anfang an gefallen. Es vermittelt Achtsamkeit für den eigenen Körper. Man erkundet seine Beweglichkeit, fordert sich durchaus und entdeckt Möglichkeiten, die man nicht für möglich gehalten hat. Aber das tut man mit einer liebevollen, fürsorglichen Haltung zu sich selbst. Seitdem mache ich immer wieder Yoga-Sessions und habe einzelne Übungen in mein Morgenprogramm eingebaut.

Um das Jahr 2015 herum war es eine andere Freundin, die mich zu einer Kundalini-Yoga-Gruppe[4] in der Evangelischen Familienbildungsstätte in Frankfurt brachte. Der Donnerstagabend gehört seither dem Yoga in meiner Woche – zusätzlich zu meinem Morgenprogramm. »Kundalini« ist deutlich spiritueller im Vergleich zum Power Yoga. Man lässt sich wesentlich mehr auf eine andere Weltanschauung ein. Es geht von sieben Chakren aus, Energiezentren, die im Körper verteilt sind. Die Übungen sollen die »Schlangenkraft« (Kundalini) im untersten Chakra wecken und sie ins oberste Chakra aufsteigen lassen. Ziel ist Erleuchtung. Man merkt schon: steil! Ich praktiziere das, was ich gutheißen kann, was für mich nicht im Widerspruch zu meinem christlichen Glauben steht.

Yoga und Christentum – zwei Welten begegnen sich? Hinter Yoga stecken eine Philosophie und eine Weltanschauung. Haben Sie da keine Angst, beeinflusst oder missioniert zu werden?
Martin Vorländer: Es hängt immer von den Menschen ab, mit denen man zu tun hat. Will der- oder diejenige einem Gutes tun oder verfolgen sie damit andere Motive? Das ist übrigens auch entscheidend für uns Christinnen und Christen, wenn wir weitergeben, woran wir glauben. Es muss einzig und allein darum gehen, was der oder die andere braucht an Glaube, Liebe, Hoffnung. Beweg-

---

4   Kundalini-Yoga ist eine Yoga-Praxis, die v. a. im Tantrismus eine Rolle spielt. Kundalini (dt. »Schlangenkraft«) bezeichnet eine Art ätherische Kraft im Körper, die am unteren Ende der Wirbelsäule, im untersten Chakra, lokalisiert wird. Das Ziel des Kundalini-Yoga ist die Erweckung dieser Kräfte und der Aufstieg in die obersten Chakren. Die im Westen verbreitete Form des Kundalini-Yoga sind Übungen mit in der Regel sehr dynamischen Bewegungsabläufen.

grund darf nicht sein, die Missions- und Taufquote zu steigern. Das wäre eine Instrumentalisierung des/der anderen.

Bei meinem Kundalini-Yoga-Lehrer habe ich keine Angst, missioniert zu werden. Ich vertraue ihm – so wie mir als Pfarrer andere ihr Vertrauen schenken. Er erklärt, was der Hintergrund der jeweiligen Übung ist, was die Worte bedeuten, die man dabei spricht oder singt. Ich entscheide, ob und was ich wie mitmache. »Prüft aber alles und das Gute behaltet.«, schreibt Paulus in der Bibel (1. Thessalonicher 5,21). Das ist meine Methode dabei.

Kritisch bin ich übrigens auch an Punkten, die nicht unmittelbar mit Glauben zu tun haben. Wenn mein Yoga-Lehrer beispielsweise anleitet: »Legt die Daumen übereinander – die Frauen den linken Daumen oben, die Männer den rechten«, dann frage ich »Warum?« und mache es, wie es mir beliebt. Meine Vermutung ist, dass dahinter eine starre, binäre Vorstellung von Frau- und Mannsein steht, die ich nicht teile.

Einmal spielte unser Yoga-Lehrer zur Begleitung der Übungen Musik aus Bachs Matthäus-Passion. Ohne Text, rein instrumental, weil ihn die Musik anspricht. Das war dann doch zu viel der Vermischung völlig verschiedener Glaubenswelten, wenn man die Worte aus der Passionsgeschichte Jesu dazu im Ohr hat. Er hat das sofort verstanden und die Musik gewechselt, als meine Pfarrkollegin, die ebenfalls zur Gruppe gehört, protestierte.

Die Gemeinsamkeiten mit christlicher Meditation sowie die Unterschiede zu entdecken, finde ich bereichernd. Wobei ich versuche, nicht vorschnell zu urteilen, sondern mich mit Respekt der anderen Gedankenwelt zu nähern. Ich will erst einmal das spirituelle Anliegen dahinter verstehen. Die Worte einiger Mantren[5] im Kundalini-Yoga klingen für mich so, als ginge es darum, mich durch die Übung selbst zu erleuchten. Da schrillen die evangelischen Alarmglocken: Es gibt keine Selbsterlösung, keine »Werkgerechtigkeit«, wie Martin Luther das sagte. Ich kann noch so viel Yoga machen und meditieren. Ich werde mich trotzdem nicht am eigenen Schopf aus dem Sumpf meines Egos ziehen. Erleuchtung und Erlösung kommen »sola gratia«, allein aus Gnade, allein von Gott her. Aber wenn ich genauer hinhöre und hinschaue, muss ich die Yoga-Übung nicht als Verführung zur Selbsterlösung verstehen. Es geht darum, meine äußeren und inneren Augen zu öffnen für die Erfahrung, dass ich nicht allein um mich selbst kreise, sondern verbunden mit dem, was ich Gott nenne, und mit der Welt, die Gott geschaffen hat.

---

5   Mantra (dt. »Spruch«, »Lied«, »Vers«) bezeichnet eine heilige Silbe, ein heiliges Wort oder einen heiligen Vers. Das repetitive Rezitieren ist eine Form spiritueller Praxis, die in vielen Religionen während der Meditation oder des Gebets üblich ist.

Martin Luther hat gesagt: Der Mensch ist in sich selbst verkrümmt. Auf Latein »incurvatus in se«, sozusagen in sich selbst eingekurvt. Die Formulierung ist aufschlussreich. Sie beschreibt eine Körperhaltung und zugleich einen geistig-seelischen Zustand. Ich kann das ausprobieren: mich in mich selbst einkurven. Kopf runter auf die Brust. Wirbelsäule krümmen. In dieser Haltung sehe ich nur mich selbst, und das noch nicht einmal ganz, sondern nur einen Teil von mir. Wenn ich in mich selbst verkrümmt bin, habe ich keine Augen für die anderen, keine Augen für die Welt – und auch nicht für Gott. Wenn ich mich dann aufrichte und spüre, wie gut das tut, kann ich auch geistig-geistlich besser nachvollziehen, was das meint: Glaube richtet auf. Gott will uns unverkrümmt und aufrecht sehen.

Ich bin ein evangelisch-lutherisch geprägter, überzeugter Christ. Ich glaube nicht daran, dass mich böse Mächte okkupieren, wenn ich diese oder jene Übung mitmache. Ich denke an die Diskussion, die Paulus geführt hat. In der Gemeinde in Korinth gab es einige, die hatten Angst, vom sogenannten Götzenopferfleisch zu essen. Das war Fleisch, das bei den Opfern für die griechischen Götter verwendet wurde. Für die Götter nur das Beste. Es handelte sich um hochwertiges Fleisch, dessen Reste nach dem Ritus unter die Leute verteilt wurden. Für diejenigen mit schmalem Geldbeutel war das mitunter die einzige Gelegenheit, sich einmal nicht rein vegetarisch zu ernähren. Aber manche Christen in Korinth plagte die Sorge: »Gerate ich nicht wieder unter den Einfluss fremder Götter, wenn ich davon esse?« Die Haltung des Paulus war da klar: Es gibt keine Götzen. Es gibt keinen Gott als den einen (1. Korinther 8,4). Also hat jeder Christenmensch die Freiheit, davon zu essen oder es zu lassen. Mit dieser christlichen Freiheit mache ich Yoga, prüfe alles und behalte das Gute.

Was ist Yoga für Sie: Sport, Entspannungsübung oder Meditation?
Martin Vorländer: Alles drei. Yoga fordert sportlich heraus. Es entspannt. Und es lässt mich zu Ruhe und Besinnung kommen. Die Bewegungen verbunden mit dem Atem verlangsamen das Gedankenkarussell im Kopf. Das schafft in mir Raum für das, was ich in meiner christlichen Sprache die Geistkraft Gottes nenne. Es ist eine Art, wie ich mit dem Körper beten kann. So kannte ich das bislang nicht aus meiner protestantischen Praxis Pietatis.

Das Wort »Yoga« lässt sich übersetzen mit »Eins-Werden«: Körper, Geist und Seele sollen sich verbinden. Das Ich-Bewusstsein, das Ego löst sich auf. Ich soll mich als eins mit allem empfinden und mich in allen Wesen sehen. Das erlebe ich tatsächlich, wenn ich Yoga mache. Nicht immer. Es gibt auch Male, aus denen ich unzufrieden herauskomme. Aber oft fühlt sich der ganze Körper danach gedehnt und von Kopf bis Fuß durch-bewegt an. Geist und Seele folgen dem Körper, strecken und weiten sich.

Mich berührt, dass unter uns in der Gruppe eine Verbindung entsteht, ohne dass wir viel voneinander wissen, ohne dass wir viele Worte wechseln. Durch die gemeinsame Yoga-Praxis, die jede und jeder für sich auf der eigenen Matte vollzieht und doch miteinander gleichzeitig, entsteht Gemeinschaft. Mit der Zeit eine tragende Gemeinschaft, weil man spürt, wenn es jemandem nicht gut geht.

Man kann dieses Gemeinschaftserlebnis rein zwischenmenschlich deuten oder als Energiestrom. Für mich weht da der Heilige Geist. Eine Erfahrung, die ich auch auf andere Weise kenne: beim gemeinsamen Singen und Beten in der Kirche, im Chor, beim Musizieren im Trio oder Orchester. Andere kennen das vermutlich vom Fußball oder Marathonlauf. In diesem Sinn ist Yoga für mich ein spirituelles Erlebnis – vom lateinischen »spiritus« für Geist Gottes, der weht und wirkt, mehr als ich allein oder wir als Summe bewirken können.

Was denken Sie, wenn Ihr Yoga-Lehrer auf die Silbe »Om« meditiert oder mit Asanas die Chakren aktiviert werden?
Martin Vorländer: Erst mal zu den Begriffen. Die Silbe »Om« steht für den Sound des Universums, für die Gegenwart des Absoluten. Das ist ein offener, weiter Begriff. Ich habe keine Schwierigkeit, dabei meine Anrede an Gott mitzudenken, mitzusummen. Zudem hatte ich von Kindheit an Gesangsunterricht und arbeite jetzt als evangelischer Rundfunkbeauftragter viel mit der Stimme. Die Silbe »Om« zu sprechen oder zu singen, ist ein ausgezeichnetes Warm-up für die Stimmbänder.

Asanas sind ruhende bzw. gehaltene Körperpositionen wie der Lotussitz, der »herabschauende Hund« bzw. das Dreieck, »Kobra« oder »Baum«. Chakren sind die bereits oben genannten Energiezentren im Körper. Meine Erfahrung ist: Wer diese Körperstellungen länger hält, kann erleben, dass sie Energie freisetzen.

Bei den Mantren will ich immer die Bedeutung des Textes wissen. Wiederkehrend im Kundalini-Yoga ist das Mantra »Sat nam«. Das lässt sich übersetzen mit »Ich verbinde mich mit der Wahrheit, die allem zugrunde liegt«. Wer kritisch sein will, wird sagen: Das lädt ein zum religiösen Wischiwaschi. Aber schwammige bzw. positiv gesagt offene Begriffe gibt es auch in der Bibel, wie die Formulierung »Denn in ihm [Gott] weben, leben und sind wir« (Apostelgeschichte 17,28). Die Unbestimmtheit solcher Formulierungen ist keine Schwäche, sondern einbeziehende Stärke. Und es liegt die Ehrfurcht darin, dass die Gegenwart des Absoluten, die Erfahrung Gottes als des »totaliter aliter« (Karl Barth), des ganz Anderen sich nicht fassen lässt, auch nicht in einen Begriff.

Zum Abschluss einer Yoga-Stunde spricht man »Namasté«. Das lässt sich übersetzen mit: »Ich verbeuge mich vor dem Göttlichen in dir.« Wieder schrillen evangelische Alarmglocken: »Da werden Mensch und Gott in eins gesetzt! Der Mensch maßt sich an, göttlich zu sein!« Kann man so verstehen. Muss man nicht.

Den Gedanken von der »Vergottung des Menschen« gibt es auch in der christlichen Theologiegeschichte. »Theosis« (Vergottung, Vergöttlichung) ist ein zentraler Begriff in der Theologie der orthodoxen Kirchen: Christus rettet den Menschen aus seinem Schlamassel und nimmt ihn hinein in die Heiligkeit Gottes. In Mitteleuropa um das Jahr 1300 kann der christliche Mystiker Johannes Tauler über Christus schreiben: »dar umbe wart er mensche, das der Mensch Got wúrde.«[6] »Ich verneige mich vor dem Göttlichen in dir.« Das verstehe ich auch als den Respekt vor dem göttlichen Funken, vor der gottgegebenen Würde eines jeden Menschen.

Kann Yoga auch ein Angebot für Kirchengemeinden sein? Worauf müsste man achten?
Martin Vorländer: Meine Yoga-Gruppe ist ein Angebot der Evangelischen Familienbildung in Frankfurt, ist also Teil des Kirchenprogramms. Ich erlebe das als produktiv. Es ist nicht beliebig, an welchem Ort die Yoga-Stunde stattfindet. Es wird nicht immer ausdrücklich thematisiert, aber die Teilnehmenden wissen, unter welchem Dach sie Yoga praktizieren. Unser Yoga-Lehrer selbst stellt mitunter Verbindungen zu Vorstellungen aus dem christlichen Glauben her. So hat er flammend beschrieben, wie er die biblische Pfingstgeschichte vom Geist Gottes in jedem Menschen versteht. Auf diese wechselseitige Aufgeschlossenheit sollte man achten. Wenn in der Gruppe Menschen sind, die im christlichen Glauben zu Hause sind, ergibt sich nach meiner Erfahrung von allein das Gespräch über Gemeinsamkeiten, Grenzen und Unterschiede.

Achtsamkeit, Meditation, Exerzitien, Yoga: Können sich diese Spielarten der Spiritualität gegenseitig bereichern?
Martin Vorländer: Meiner Meinung nach eindeutig: Ja. Yoga kann Elemente verstärken, die es auch in anderen kontemplativen Formen gibt. Zum Schweigen und Still-Werden kommt beim Yoga die Körperbewegung dazu. Es fängt an mit der Yoga-Matte. Die hat ihre eigene Spiritualität. Sie definiert den Platz, den ich im Raum einnehme, und schützt ihn. Ich konzentriere mich bereits dadurch, dass ich meine Bewegungen auf die Fläche der Matte beschränke oder sie damit fülle. Ich habe meinen Platz und lasse anderen den ihren.

Der Atem spielt beim Yoga eine prominente Rolle. Ob man den Atem lang und tief strömen lässt, ob man bei der Ujjayi-Atmung[7] die Luftröhre etwas ver-

---

6 Zit. nach Stefan Zekorn: Gelassenheit und Einkehr. Zu Grundlage und Gestalt geistlichen Lebens bei Johannes Tauler. Würzburg 1993, S. 35.
7 Ujjayi (dt. »Siegreiche«) ist eine Atemtechnik, die häufig beim Ausüben der Asanas Verwendung findet. Es ist ein bewusstes, tiefes Atmen, das kontrolliert erfolgt. Dabei konzentriert man sich v. a. auf das in der Kehle entstehende Geräusch.

engt und der Atem dadurch rauscht wie der Ozean oder ob man die Luft bei der Feueratmung[8] durch schnelles Anziehen des Bauchnabels ausstößt, man macht sich dabei mit dem Körper das bewusst, was die Bibel »Odem« nennt: Gottes Lebenshauch in jedem Geschöpf. Meine hauchdünne Verbindung zu dem, was Leben ist.

Welche Formen von Spiritualität würden Sie sich in Ihrer Kirchengemeinde wünschen?
Martin Vorländer: Jede Kirchengemeinde verfügt mit Bibel, Gesangbuch und Kirchengebäude bereits über einen Schatz an Spiritualität, an Gedanken, Worten und Musik, die inneren Halt geben, mit Geist erfüllen, trösten und beschwingen. Insofern kann jede Kirchengemeinde aus einer Fülle schöpfen. Ich wünsche mir, dass meine Kirchengemeinde darauf achtet, was die Menschen suchen und brauchen, die etwas von ihr erwarten. Und sich selbst prüft: Welche Formen bieten wir an? Was kommt zu kurz? Mein Eindruck ist: An Worten und Wörtern fehlt es in den meisten evangelischen Kirchengemeinden nicht. Es sind die Anleitung zur Stille, die Erfahrung des Körpers übers Händefalten hinaus und die Aufmerksamkeit für den eigenen Atem, die mehr vorkommen dürfen.

Kerstin Gnodtke ist begeisterte Sportlerin: Laufen, Schwimmen, Klettern, Radfahren und vieles mehr. Auch der Glaube spielt in ihrem Leben eine wichtige Rolle – ebenso wie Yoga. Seit 2016 arbeitet sie als Personal Trainerin und Coachin. Sie ist ausgebildete Yoga-Lehrerin und eröffnete 2020 ihr eigenes Trainings- und Yoga-Studio »Lebenslauf«. Sie möchte die Freude an individuellen und ausgeglichenen Bewegungskonzepten an andere Menschen weitergeben. Und sie ist überzeugt: Yoga kann den Glauben vertiefen.

»Yoga befähigt mich, meinem Leben Sinn zu geben.«

---

8   Die sogenannte Feueratmung ist eine Atemtechnik, die den Fokus auf das Ausatmen legt. Sie ist kraftvoll und aktiv, während die Einatmung eher passiv bleibt.

Seit Jahren machen Sie Yoga. Wie kamen Sie dazu und was begeistert Sie noch heute daran?
Kerstin Gnodtke: Ich praktiziere seit etwa 15 Jahren Yoga. Ursprünglich bin ich zum Yoga gekommen, weil ich schon sehr jung unter Rückenschmerzen litt, die sich mit keiner konventionellen Behandlung verbesserten. Eine Kollegin meinte zu mir, komm mal mit zum Yoga, das wird dir bestimmt guttun und nahm mich einfach mit. Seitdem praktiziere ich Yoga eigentlich täglich. Zu den Asanas ist irgendwann die tiefe Entspannung und dann die Meditation hinzugekommen. Heute kann ich mir nicht mehr vorstellen, ohne Yoga zu leben. Es befähigt mich, tiefes Glück in meinem Leben zu empfinden und meinem Leben einen Sinn zu geben. Deshalb bin ich auch als Yoga-Lehrerin tätig, um anderen Menschen diese wunderbare Erfahrung zu ermöglichen.

Yoga und Christentum – zwei Welten begegnen sich? Hinter Yoga stecken eine Philosophie und eine Weltanschauung, haben Sie da keine Angst, beeinflusst oder missioniert zu werden?
Kerstin Gnodtke: Yoga ist für mich tatsächlich mehr als einfache Gymnastik. Yoga bedeutet, Körper, Atem und Geist in Einklang zu bringen. In unseren ruhelosen Zeiten ist dies so wohltuend, da sich der Mensch erst einmal selbst wieder wahrnehmen kann und so die Wahrnehmung des Göttlichen überhaupt wieder ermöglicht wird. Yoga ist schon immer ein Weg der Suchenden, ein Weg zu Spiritualität. Am Ende ist es jedem freigestellt, wie er dieses Göttliche (Isvara[9]) für sich füllt. Deshalb steht mein Yoga-Weg nicht im Gegensatz zu meiner Religion, sondern beide stützen sich.

Was ist Yoga für Sie: Sport, Entspannungsübung oder Meditation?
Kerstin Gnodtke: Yoga ist für mich in meinem gesamten Leben verankert. Denn integraler Yoga besteht aus acht Gliedern: 1. Yamas – der Umgang mit der Umwelt; 2. Niyamas – der Umgang mit sich selbst; 3. Asanas – der Umgang mit dem Körper; 4. Pranayama – der Umgang mit dem Atem; 5. Pratyahara – der Umgang mit den Sinnen; 6.–8. Samyama – der Umgang mit dem Geist; 6. Dharana – Konzentration; 7. Dhyana – Meditation; 8. Samadhi – die innere Freiheit.[10]

---

9   Im Sanskrit bezeichnet »Isvara« die höchste Gottheit.
10 Die Begriffe stammen aus dem Sanskrit und bezeichnen acht Stufen des Raja Yoga (oder auch Asthanga Yoga). Die Stufen bezeichnen eine Art Verhaltenskodex. Das Raja Yoga (dt. »königlich«) ist einer der klassischen Yoga-Wege. Hier werden die Entwicklung und Beherrschung des Geistes angestrebt.

Konkret bedeutet dies, ich mache Yoga-Übungen auf der Matte genauso wie meine tägliche Meditation. Mein Umgang mit meiner Umwelt und meinen Mitmenschen, meine Werte und was ich als Sinn meines Lebens erachte, gehören aber genauso dazu.

Was denken Sie, wenn Ihr*e Yoga-Lehrer*in auf die Silbe »Om« meditiert oder mit Asanas die Chakren aktiviert werden?
Kerstin Gnodtke: Ich arbeite ja auch als Yoga-Lehrerin mit Kindern zusammen. Den Kindern erkläre ich das Om-Singen so, dass das Om der Ur-Ton des Universums ist. Wenn einmal alles ganz still wäre, kein Lärm mehr wäre, selbst unser Atem und Herz ganz ruhig wären, dann könnten wir das Universum hören und das würde sich ungefähr so wie der Om-Laut anhören. Wenn wir uns dann in einen Kreis setzen und das Om anstimmen, dann spüren wir durch den Ton und die Vibrationen die unglaubliche Ur-Kraft in uns selbst und die Verbindung, die zwischen uns als Menschen besteht.

Die Chakren nehme ich während der Asanas ganz bewusst als meine Energiezentren wahr. Ich merke ganz stark, dass nach meiner Yoga-Praxis auf der Matte die Energie wieder besser in mir fließen kann. Westlich pragmatisch könnte man wohl auch sagen, meine Verspannungen sind gelöst, mein Blut kann wieder freier fließen, meine kreisenden Gedanken sind zur Ruhe gekommen, ich fühle mich wohl und entspannt. Das sieht man den Teilnehmer*innen eines Yoga-Kurses auch nach der Stunde deutlich in ihrem Gesicht an. Das ist eine der größten Motivationen und Inspirationen für mich und meinen Yoga-Unterricht.

Kann Yoga auch ein Angebot für Kirchengemeinden sein? Worauf müsste man achten?
Kerstin Gnodtke: Ja, ich denke, Yoga ist auch bereits dabei, einen Platz in den Kirchengemeinden zu bilden. Für mich wäre es sehr schön, wenn in das Yoga in der Kirche der christliche Kontext mit eingebunden würde und Yoga in der Kirchengemeinde damit zu einem integralen Yoga wird als z. B. das körperlich orientierte Yoga im Fitnessstudio. Viele Menschen fragen sich doch, wie sie die beiden Aspekte denn nun konkret verbinden können und es herrscht hier viel Unsicherheit.

Achtsamkeit, Meditation, Exerzitien, Yoga: Können sich diese Spielarten der Spiritualität gegenseitig bereichern?
Kerstin Gnodtke: Achtsamkeit ist eine Grundvoraussetzung der Meditation. Beides sind wichtige Bestandteile des Yogas. Das heißt für mich, dass Yoga die Vertiefung des Glaubens z. B. in Exerzitien vielleicht auch erreichbarer machen könnte.

Welche Formen von Spiritualität würden Sie sich in Ihrer Kirchengemeinde wünschen?
Kerstin Gnodtke: Spiritualität verstehe ich als eine Suche nach Sinn und Werten in meinem Leben oder auch als eine Verbundenheit mit etwas Übergeordnetem, das uns alle untereinander verbindet und erst zu Menschen macht. Diese Verbundenheit zu erleben, ist für mich seit meiner Jugend immer wieder ein existenzielles Erlebnis. Ich würde mir daher für meine Kinder wünschen, dass unsere Kirchengemeinde noch stärker auf die Bedürfnisse, die Lebensweise und auch die Kommunikationskanäle der jungen Menschen eingeht.

Harald Homberger lehrt Yoga am Benediktushof in Holzkirchen bei Würzburg. Er ist Kinder- und Jugendlichenpsychotherapeut, Diplom-Sozialpädagoge, Heilpraktiker und ausgebildeter Yoga-Lehrer. »Samyama Integrale Yogameditation integriert Körper, Atem, Geist und Handlungsanweisungen für den Alltag zu einem ganzheitlichen Übungsweg«, erläutert Harald Homberger seinen Ansatz.[11] Atemachtsamkeit, Stillepraxis, Gehmeditation und vieles mehr sind Bestandteile seiner Arbeit. Sein Herzenswunsch im Blick auf Yoga und Glaube: Eine gelebte Stillepraxis in jeder Kirchengemeinde.

»Yoga ist, durch seine Vielschichtigkeit, bildlich gesprochen, wie eine Apotheke.«

Seit Jahren machen Sie Yoga. Wie kamen Sie dazu und was begeistert Sie noch heute daran?
Harald Homberger: Das Interesse am Yoga und der Beginn meines Übens vor fast 40 Jahren ist aus der damaligen Wahrnehmung meines Körpers und meiner Gefühle entstanden. In den Anfängen meiner beruflichen Tätigkeit empfand ich in meinem Beratungsalltag im Jugendamt ein hohes Maß an Stress, der sich in körperlichen Verspannungen bemerkbar machte. Zudem nahm ich wahr, dass

---

11 Samyama (dt. »Sammlung«) ist Fachbegriff in der Theorie des Yoga und bezeichnet die Einheit dreier kontemplativer Übungen.

meine Stimme ab der dritten Sitzung am Tag immer heiserer wurde, bis sie am Ende des Arbeitstages häufig sogar wegblieb. Ich suchte Hilfe und wurde auf das Angebot eines Yoga-Kurses des örtlichen Kneipp-Vereins aufmerksam. Die nächsten vier Jahre ging ich regelmäßig Mittwochabends zum Yoga-Kurs und habe meine ersten Erfahrungen mit dem Üben von Asana, Pranayama und Meditation sammeln können.

Die Yoga-Lehrerin bot in jeder Stunde eine Art »Schlussentspannung« an, in der ich in der Regel vor »Erschöpfung« einschlief. Dies führte mich zu meiner ersten tieferen Erkenntnis, dass ich mich in meinem alltäglichen Tun überforderte und dass die Überforderung sich in meinem Körper, in meinem Atem und in meinem Geist spiegelte. Auch lernte ich, dass nicht unbedingt das Außen, also mein »Stress am Arbeitsplatz und in meinen Beziehungen«, für meine Überforderung verantwortlich war, sondern meine Art und Weise, wie ich darauf reagierte. Ich begann, durch das Üben mich selbst in den Blick zu nehmen, gab meinem Körper die Gelegenheit sich zu entspannen, lernte meinen Atem, meine Gedanken und Gefühle zu beobachten und auch zu beruhigen.

Die Erfahrung, dass ich mit meiner Yoga-Praxis selbst etwas für mein Wohlbefinden und meine Gesundheit auf allen drei Ebenen bewegen konnte, beeindruckte mich sehr. Da ich schon zu Schulzeiten an religiösen und philosophischen Fragen Interesse hatte, fanden auch die gelegentlichen Hinweise der Yoga-Lehrerin auf die philosophischen Wurzeln des Yoga und die angebotenen Meditationen im Kurs in mir positiven Widerhall. Mein Interesse war nachhaltig geweckt und ich entschied mich, eine vierjährige berufsbegleitende Yoga-Lehrerausbildung zu absolvieren, und begann, Yoga nach bestandener Prüfung zu unterrichten. Wie vieles im Leben ist Yoga ein lebenslanger Lern- und Wandlungsprozess: Es folgten Fortbildungen, Weiterbildungen und ein einjähriger Studienaufenthalt in Indien, um Philosophie und verschiedene Aspekte des Yoga zu vertiefen. Dies führte zum nächsten Schritt: Der Gründung einer eigenen Yoga-Schule in Verbindung mit Yoga-Lehrausbildungen nach den Rahmenrichtlinien des Berufsverbandes der Yogalehrenden in Deutschland (BDY/EYU), die ich, mit zwei Kolleginnen, fast 20 Jahre leitete.

Die Erfahrungen meiner täglichen Yoga-Übungspraxis, der wöchentlichen Unterrichtstätigkeit im Einzelkurs und in der Gruppe, meine Lehrtätigkeit in der Yoga-Lehrerausbildung, verbunden mit meiner eigenen Meditationspraxis in Yoga und Kontemplation füge ich jetzt in meinem derzeitigen Angebot zusammen. Heute biete ich Meditationskurse auf der Basis von Yoga an und habe die »Samyama Integrale Yogameditation« gegründet, um auch zu verdeutlichen, dass Yoga im Kern ein geistiger Weg ist. Meine Begeisterung und mein Engagement für Yoga sind seit meiner ersten Begegnung mit Yoga ungebrochen. Das

Besondere am Yoga-Weg ist für mich das Zusammenwirken und das sich gegenseitige Bedingen von Körper, Atem und Geist. Yoga ist nicht nur in der Theorie ein ganzheitlicher Weg, sondern bietet auf viele Lebensfragen mögliche und begehbare Antworten.

Yoga und Christentum – zwei Welten begegnen sich? Hinter Yoga stecken eine Philosophie und eine Weltanschauung, haben Sie da keine Angst, beeinflusst oder missioniert zu werden?
Harald Homberger: Yoga und das Christentum sind in unterschiedlichen kulturellen und gesellschaftlichen Kontexten entstanden und sind für mich deshalb im Wesentlichen nicht miteinander vergleichbar. Das Christentum hat sich von den Anfängen im Alten Testament über Jesus Christus und denen, die in seiner Folge stehen, zu einer Weltreligion hin entwickelt. Die christliche Religion ist natürlich nicht nur der Glaube an Jesus Christus und an den dreieinigen Gott, sondern spiegelt sich auch in wesentlichen christlichen Werten wie der Liebe zu Gott und der Nächstenliebe wider. Im Blick zu behalten ist auch die Entwicklungsgeschichte der Institution »Kirche«, unterschiedlichste Glaubensauslegungen und Glaubensgemeinschaften bis dahin, dass viele Menschen die christliche Religion auch als ihre kulturelle und gesellschaftliche Identität begreifen.

Gerade das Empfinden der »Normalität« eigener Werte verstellt oft den freien, unvoreingenommenen Blick auf das andere und damit verbunden, den Blick auf den anders denkenden und handelnden Menschen. Der andere, der sich gleichermaßen seinen Werten und damit seiner »Normalität« verbunden weiß und danach handelt. Bei dem Zusammentreffen dieser »Normalitäten« ist also essenziell, dass eine beidseitige Offenheit vorhanden ist, voneinander zu lernen, und dass damit die Möglichkeit entsteht, sich gegenseitig wertschätzend zu bereichern.

Yoga ist ein über 5000 Jahre alter, aus Indien kommender Übungsweg und leitet sich etymologisch von der Wortwurzel »yui« ab, was neben weiteren zahlreichen Bedeutungen »zusammenbinden« oder »vereinigen« heißt. Das Erscheinungsbild des Yoga der heutigen Zeit ist jedoch anders einzuordnen. Neuere wissenschaftliche Forschungen belegen beispielsweise, dass der heute meist praktizierte Schwerpunkt des Yoga, die »Asana-Praxis«, ihre Ausformung und besondere Betonung für einen gesunden Körper erst im 20. Jahrhundert bekam und nicht, wie bisher angenommen, seit dem Auftreten der ersten Nath-Yogis im 13. Jahrhundert.[12]

---

12 Nath ist eine Subtradition im Hinduismus. Als mittelalterliche Bewegung kombinierte sie Ideen aus den Traditionen des Buddhismus, des Shaivismus und des Yoga in Indien.

Yoga hat, entsprechend der langen Geschichte, eine Vielzahl von philosophischen Systemen, Traditionen und Praktiken entwickelt, die allein nur zu beschreiben schon einer umfangreichen Enzyklopädie bedarf. Als wesentlich zu unterscheidendes Merkmal ist geblieben, dass Yoga entsprechend der Zielabsicht des Anbieters angewandt werden kann. Die Ramakrishna-Mission, beispielsweise, die erste indische religiöse Organisation, die auch außerhalb von Indien aktiv wurde, benutzte im Rahmen ihrer Mission, die Vedanta-Lehre zu verbreiten, auch Praktiken aus dem Hatha Yoga.[13] Yoga wird hier eingebunden in einen Strang der Hindu-Religion, deren originäres Merkmal per se ist, aus verschieden religiösen Strömungen zu bestehen.

In den westlichen Nationen geschieht heute Gegenteiliges. In der Integration von Yoga in die westliche Kultur hat sich eine, in der Regel, unbewusste Übernahme von Elementen der Hindu-Religion entwickelt. Im heute gängigen, leider unreflektierten Selbstverständnis vieler Yoga-Lehrenden gehört zum Beispiel das Singen von Mantren wie das »Om« oder das Ausstatten eines Yoga-Übungsraumes mit indischen Götterfiguren als dem Yoga zugehörig. Unterstützt wird solche Adaption durch die weltweit aufgetretene Kommerzialisierung. T-Shirts mit Aufdrucken von Jesus, Buddha, Ganesha, Schlüsselanhänger und bedruckten Tassen gehören zum »Lifestyle« dazu.

Jedoch: Yoga ist weder eine Religion noch ein Glaubensbekenntnis, und es gibt auch keine organisatorischen Strukturen, die mit den Institutionen der Weltreligionen annähernd vergleichbar wären. Yoga ist im Kern ein Übungsweg, eine Methode, die den Menschen unterstützt, sich auf seinen Seinsebenen, seinen Körper, Atem und Geist, zu konzentrieren. Yoga setzt eigenes Handeln voraus, ist also ein Weg der Selbstaktivierung mit unterschiedlichen Zielsetzungen. Manche Menschen kommen zum Yoga, um körperlich fit und flexibel zu werden. Andere suchen gezielt Entspannung für ihre beruflichen oder familiären Anforderungen. Einige Yoga-Übende finden im Yoga einen später auszuübenden Beruf, oder erkennen im Yoga einen spirituellen Weg, den sie in Begleitung mit einem Lehrer, einer Lehrerin gehen. Yoga ist, durch seine Vielschichtigkeit, bildlich gesprochen, wie eine Apotheke und kann entsprechend, in unterschiedlichsten Dosierungen, das passende Mittel für den jeweiligen Menschen bereitstellen.

---

13 Vedanta ist eine der bekanntesten Richtungen der indischen Philosophie. Hatha Yoga (dt. »Kraft«) ist eine Form des Yoga, bei der das Gleichgewicht zwischen Körper und Geist vor allem durch körperliche Übungen, durch Atemübungen und Meditation angestrebt wird.

Was ist Yoga für Sie: Sport, Entspannungsübung oder Meditation?
Harald Homberger: Mein persönlicher Schwerpunkt im Yoga liegt eindeutig auf Yoga als spirituellem Weg, ein Weg der Meditation. In meiner Unterrichtung beziehe ich mich wesentlich auf das Yogasutra des Patañjali, einer Lehrschrift die zwischen 300 v. Chr. bis 300 n. Chr. entstanden ist. Sie ist in 195 Sutren niedergeschrieben, die zum Verständnis der Kommentierung eines Lehrers bedarf.

Die Hingabe an eine größere Kraft, auf Mitgefühl, universeller Liebe, Mitfreude und respektvollem Abstandhalten, den achtsamen Umgang mit sich selbst und anderen und vieles mehr fügen sich im Yoga-Weg zu einem praktizierbaren Übungsweg zusammen. Das Besondere in dem Angebot des Yoga liegt für viele Übende darin, dass es nicht an eine Glaubensvorstellung gebunden ist, sondern ausschließlich auf Erfahrungen beruht, zu der Übende eingeladen sind, sie selbst zu erleben. Das alles macht Yoga zu einem ganzheitlichen Weg, der seinen Ausdruck in einem friedvolleren Geist, einem achtsameren Umgang mit dem eigenen Atem, Körper und mit der Mitwelt finden kann.

Was denken Sie, wenn Ihr Yoga-Lehrer auf die Silbe »Om« meditiert oder mit Asanas die Chakren aktiviert werden?
Harald Homberger: Yoga als Methode muss hinterfragbar bleiben, und ich hoffe, dass der Yoga-Lehrer weiß, was er tut. Das Mantra »Om« wird in vielen Texten der Hindu-Religionen, wie den Veden und den Upanishaden, u. a. als »heilig«, ursprünglich, den Hindu-Religionen zugehörig verstanden.[14] Yoga im Ursprung, und das gilt für die erfahrbaren Tiefen auch noch heute, bedarf einer kompetenten Anleitung seitens eines Lehrers, der selbst unter Anleitung geübt hat. Das ist das ursprüngliche Prinzip: »Parampara«, die Weitergabe des Wissens von Lehrer zu Schüler, der, wenn geeignet, wieder zum Lehrer wird und die Lehre weitergibt.

Kann Yoga auch ein Angebot für Kirchengemeinden sein? Worauf müsste man achten?
Harald Homberger: Ein regelmäßiges Yoga-Angebot für Interessierte aus der Gemeinde kann in vielerlei Hinsicht bereichernd sein. Wenn Yoga mit dem Schwerpunkt auf die Körper- und Atempraxis angeboten wird, kann es möglicherweise als ein »niederschwelliges Angebot« wahrgenommen werden. Als ein erster Schritt hin, oder wieder hin, zur gemeinsamen Glaubensgemeinschaft. Die alleinerziehende Mutter, der gestresste, überwiegend im Beruf sitzende Angestellte, die isolierte Rentnerin – nur als Beispiele – könnten über regel-

---

14 Der Veda – oder auch die Veden (dt. »Wissen«) – ist eine zunächst mündlich überlieferte, später verschriftlichte Sammlung religiöser Texte im Hinduismus. Die Upanishaden sind eine Sammlung philosophischer Schriften des Hinduismus und Bestandteil der Veda.

mäßige Übung möglicherweise einen spürenden Zugang zu ihren Körpern und Gefühlen erhalten und sich in einer Gruppe Gleichgesinnter erleben. Die spürbare Entlastung und initiierte Selbstwahrnehmung, die in der Regel mit dem Üben von Yoga einhergeht, öffnen den Zugang zu den inneren Bewegungen der eigenen Gefühle und Gedanken. Die existenziellen Fragen, wie zum Beispiel »Wer bin ich?«, »Wo komme ich her?«, »Wo gehe ich hin?«, die durch eingebundene Stille- und Meditationszeiten der Übungspraxis in den Blick kommen, lassen ein vertieftes Interesse an einer gelebten Religiosität entstehen.

Einige Ideen aus dem Yoga können anregen, sich mit seinem Glauben auseinanderzusetzen, ihn zu vertiefen. Es ist nicht zielfördernd und notwendig, ein »christliches Yoga« anzubieten. Es reicht, das Wissen und die Anerkennung, dass Yoga aus einem anderen Kontext heraus erwachsen ist und dass dieser Umstand im Blick behalten wird. Das, was im Yoga als erfahrene und gespürte Praxis erlebt wird, findet dann wie von selbst die entsprechenden Inhalte im reichhaltigen Christentum. Der Unterschied besteht möglicherweise darin, dass die Erfahrung nicht vorgegeben wurde, sondern selbst entdeckt wird.

Achtsamkeit, Meditation, Exerzitien, Yoga: Können sich diese Spielarten der Spiritualität gegenseitig bereichern?
Harald Homberger: Meine Antwort auf diese Frage geht in eine ähnliche Richtung wie bei der vorigen Frage: Bereichern ja, aber es ist hilfreich, hinzuschauen, in welchen Zusammenhängen Worte entstanden sind und was sich dahinter verbirgt.

Welche Formen von Spiritualität würden Sie sich in Ihrer Kirchengemeinde wünschen?
Harald Homberger: Mein Herzenswunsch ist eine gelebte Stillepraxis in jeder Kirchengemeinde. Im christlichen Kontext gibt es einen zu entdeckenden Meditationsweg: Die Kontemplation – ein Weg der gegenstandslosen Ausrichtung des Geistes auf das Göttliche auf den Spuren der Mönchsväter. Eine absichtslose Begegnung in der Stille mit Gott.

»Take these golden wings …« – eine kleine Einführung

Carola Spegel

Carola Spegel hat Philosophie und katholische Theologie studiert. Sie ist ausgebildete Yoga-Lehrerin mit dem Schwerpunkt Yoga-Philosophie und christliche Mystik. Zuvor arbeitete sie als Pastoralreferentin, heute ist sie als freie Referentin für Kinderpädagogik und Religionspädagogik tätig. Seit 25 Jahren verbinden sich bei ihr Philosophie, Theologie, Religion, Spiritualität und Yoga. Vom Konzept »Biga« – Bibel ganzheitlich erfahren – war Carola Spegel sofort begeistert. Sie ist der Überzeugung: »Bibel und Yoga – das harmoniert, weil wir uns mit Yoga dem Geheimnis der göttlichen Schöpfung nähern. Das Konzept Biga finde ich reizvoll und spannend, weil wir durch beide Traditionen neue Impulse bekommen und daran wachsen können. Wir können uralte Menschheitswurzeln wiederfinden.«

Mitten in einem Seminar, mitten in der Versenkung in meine inneren Bilder, hörte ich in mir singen: »Take these golden wings and learn to fly again, learn to live so free …«. Der Song mit dem Originaltitel »Broken Wings« der amerikanischen Pop-Rock-Gruppe Mr. Mister aus dem Jahr 1985 war einer der Lieblingssongs meiner Jugendzeit. Jetzt, 35 Jahre später, taucht dieses Lied wieder in meinem Leben auf, dieses Mal allerdings nicht von außen, sondern von innen, mit einer verwandelten Aufforderung – die »goldenen« statt die »zerbrochenen« bzw. »gebrochenen« Flügel zu nehmen. Dazwischen liegt über die Hälfte meines Lebens, geprägt durch den Weg über die Philosophie, die Theologie, Pfarreiarbeit, die Ausbildung zur Yoga-Lehrerin SKA (Sebastian-Kneipp-Akademie) in der Tradition nach B. K. S. Iyengar (Bellur Krishnamachar Sundararaja Iyengar), das Vertiefen und Unterrichten der Yoga-Philosophie und Kinder-Yoga. Oder in den poetischen Worten von Khalil Gibran ausgedrückt:

»Wenn die Liebe dir winkt, folge ihr, sind ihre Wege auch schwer und steil.
Und wenn ihre Flügel dich umhüllen, gib dich ihr hin,
Auch wenn das unterm Gefieder versteckte Schwert dich verwunden kann.
[...]
Wie Korngarben sammelt sie dich um sich.
Sie drischt dich, um dich nackt zu machen.
Sie siebt dich, um dich von deiner Spreu zu befreien.
Sie mahlt dich, bis du weiß bist.
Sie knetet dich, bis du geschmeidig bist;
Und dann weiht sie dich ihrem heiligen Feuer,
damit du heiliges Brot wirst für Gottes heiliges Mahl.
[...]
All dies wird die Liebe mit dir machen,
damit du die Geheimnisse deines Herzens kennenlernst
und in diesem Wissen ein Teil vom Herzen des Lebens wirst.«[1]

Wie soll ich die Essenz aller zurückliegenden Erfahrungen und Erkenntnisse in Worte fassen? Was sollte ich aus dem unglaublichen Reichtum des menschlichen Bewusstseinsfeldes herausziehen? Gleichwie die Mystiker*innen aller Zeiten und aller religiösen bzw. spiritueller Traditionen – darunter zähle ich auch die vom Göttlichen berührten und im Geiste erwachten Yogis –, stehe ich vor dem gleichen Problem: Wie soll das Unsagbare, Unendliche, Unfassbare in brüchige, begrenzende Worte und Erklärungen gefasst werden? Das Göttliche, das Große-Ganze, in unsere kleine, bedingte Welt? Das unwandelbare, ewig Seiende in die menschliche Ebene der steten Wandlung? Nun, ich werde mich in die Fußstapfen der mystischen Tradition mit ihrem Sprechen in Bildern und Symbolen begeben, in Vergleichen und Geschichten, in und durch Poesie. Einzig diese Sprache vermag den Hauch des Transzendenten und Geheimnisvollen zu wahren, das, was die Sprache des Verstandes nicht kann.

Daher möchte ich an dieser Stelle – in Verlängerung meines Erlebnisses mit den »goldenen Flügeln« – die Geschichte vom Adler auf dem Hühnerhof setzen. Erzählt nach James Aggrey[2] (1875–1927), leicht geändert.

---

1 Khalil Gibran: Von der Liebe. In: Khalil Gibran: Der Prophet. Düsseldorf ⁴2016, S. 13 ff.
2 Vgl. James Aggrey: Der Adler, der nicht fliegen wollte. Wuppertal 1998.

Der Adler

Es war einmal ein Mann, der in den Wald ging, um sich einen Vogel zu fangen. Er kam mit einem jungen Adler zurück, den er dann zu seinen Hühnern in den Hühnerhof sperrte. Er gab ihm Hühnerfutter zu fressen, obwohl er ein Adler war, der König der Vögel.

Nach einigen Jahren kam ein Naturforscher zu Besuch. Er erblickte den Adler und rief aus: »Aber das ist doch kein Huhn dort, das ist ein Adler!« »Stimmt«, sagte der Mann, »Aber ich habe ihn zu einem Huhn erzogen. Er ist jetzt kein Adler mehr, sondern ein Huhn, auch wenn seine Flügel eine Spanne von drei Metern haben. »Oh nein«, sprach da der Forscher. »Er ist noch immer ein Adler, denn er hat das Herz eines Adlers. Und das wird ihn hoch hinauffliegen lassen in die Lüfte.« Der Mann aber schüttelte den Kopf: »Nein, er ist jetzt ein richtiges Huhn und wird niemals fliegen.«

Die beiden Männer beschlossen, es auszuprobieren. Der Forscher ließ den Adler auf seinen Arm springen und sagte zu ihm: »Du, der du ein Adler bist, der du in den Himmel gehörst und nicht auf die Erde: breite deine Schwingen aus und fliege!« Der Adler saß auf dem gestreckten Arm des Forschers und blickte um sich. Hinter sich sah er die Hühner nach ihren Körnern picken und sprang zu ihnen hinunter. Der Mann lachte und sagte: »Wie ich es sagte: Er ist jetzt ein Huhn.« »Nein«, sagte der andere, »er ist ein Adler. Ich versuche es morgen noch einmal.«

Am anderen Tag stieg er mit dem Adler auf das Dach des Hauses, hob ihn empor und sagte: »Adler, der du ein Adler bist, breite deine Schwingen aus und fliege!« Aber als der Adler wieder die scharrenden Hühner im Hofe erblickte, sprang er abermals zu ihnen hinunter und scharrte mit ihnen. Da sagte der Mann wieder: »Ich habe dir gesagt, er ist ein Huhn.«

Doch der Forscher schüttelte den Kopf und sagte: »Nein, er ist ein Adler und er hat noch immer das Herz eines Adlers. Lass' es uns noch ein einziges Mal versuchen; morgen werde ich ihn fliegen lassen.«

Am nächsten Morgen stand der Forscher früh auf, nahm den Adler und brachte ihn hinaus aus der Stadt, weit weg von den Häusern an den Fuß eines hohen Berges. Die Sonne ging gerade auf und vergoldete den Gipfel des Berges. Jede Zinne erstrahlte in der Freude eines wundervollen Morgens. Er ließ den Adler wieder auf seinem Arm sitzen und hob den Arm hoch: »Du bist ein Adler. Du gehörst in den Himmel und nicht auf die Erde. Breite deine Schwingen aus und fliege!« Der Adler blickte umher und zitterte, als erfülle ihn neues Leben, aber er flog nicht.

Da ließ ihn der naturkundige Mann direkt in die Sonne schauen. Und plötzlich breitete der Vogel seine gewaltigen Flügel aus, erhob sich mit dem Schrei eines Adlers, flog höher und kehrte nie wieder zurück. Er war ein Adler, obwohl er wie ein Huhn aufgezogen und gezähmt worden war![3]

Der Adler erhebt sich

Das Motiv des Vogels bzw. zweier Vögel finden wir auch in den Upanishaden, den heiligen Schriften, die gegen Ende und nach der Entwicklung des vedischen Schriftenkomplexes verfasst wurden. Die Mundaka-Upanishad beginnt ihren dritten Teil folgendermaßen:

> »Wie zwei goldene, in engster Freundschaft auf ein- und demselben Baum thronende Vögel wohnen das Ego und das Selbst in demselben Körper. Das Erstere isst die süßen und sauren Früchte vom Baum des Lebens, während das Letztere innerlich losgelöst zusieht. [...] Sobald du dessen innewirst, dass du das Selbst bist, die höchste Quelle des Lichts, die höchste Quelle der Liebe, transzendierst du die Dualität des Lebens und trittst in den Vereinigungszustand ein.«[4]

Die beiden Vögel repräsentieren zwei Bewusstseinszustände, die unser Leben prägen. Sie sind vorgegeben durch unser Ausgespanntsein zwischen Himmel und Erde. Auch unser Alltagsbewusstsein ist eingebettet in die Komponenten Zeit und Raum, also in eine Welt der Polarität. Die *Upanishaden* werden nicht müde – so wie Jesus auch –, uns stets aufzurütteln, um uns in die göttliche Sphäre hochzuziehen: »Das Reich Gottes ist in euch!« (Jesus, vgl. Lukas 17,21) »Der Herr der Liebe leuchtet in den Herzen aller.« (Mundaka-Up. III, 4a) Dieser Bewusstseinszustand drückt sich aus als Erwachen, Erleuchtung, Erlösung, Einung, Vereinigung, *hieros gamos* (mystische Liebeshochzeit), *unio mystica* (mystische Vereinigung), pure Präsenz, Gewahrsein, Sakrament des Augenblicks, das ewige Jetzt, Aufgehen in den Urgrund der Formlosigkeit u. v. m.

---

3   Aus: https://www.lichtkreis.at/gedankenwelten/weise-geschichten/der-adler/ (Zugriff am 01.05.2020). Diese Geschichte aus Afrika endet im Original mit diesem Aufruf: »Völker Afrikas! Wir sind geschaffen nach dem Ebenbilde Gottes, aber Menschen haben uns gelehrt, wie Hühner zu denken, und noch denken wir, wir seien wirklich Hühner, obwohl wir Adler sind. Breitet eure Schwingen aus und fliegt! Seid niemals zufrieden mit den hingeworfenen Körnern.«
4   Vgl. Mundaka-Up. III, 1a.3, zit. nach Eknath Easwaran (Hg.): Die Upanishaden. München [1]2008, S. 161.

Derjenige Vogel, der von den süßen und sauren Früchten des Baumes isst, entspricht dem Alltagsbewusstsein, das sich in den Koordinaten von »angenehm und unangenehm« bewegt und gefesselt ist an ständige Wertungen des Verstandesapparates. Ein Hühnerhof, auf dem wir scharren und unsere Körner picken, Tag für Tag. Derjenige Vogel, der seinem Freund zusieht, innerlich losgelöst bleibend, symbolisiert die wort- und definitionsentbehrende Bewusstheit, die Ziel unserer Sehnsucht ist, das Ziel aller Yoga-Wege, das Ziel der christlichen Mystik. Es ist der Blick in die Sonne, die den Adler, unsere Seele, unser höheres Selbst, dazu bringt, die Flügel auszuspannen und zu fliegen. Die ganze bisherige Welt des kleinen Hühnerhofes von hoch oben zu sehen. Sich zu erinnern, was die Seele des Adlers ausmacht. Ein solches Sich-Erinnern ist identisch mit Eins-Sein mit dem eigenen göttlichen Wesenskern, dem *atman,* dem Gottesfunken in uns. Die Seele erhebt sich zu ihrer eigenen Bestimmung. Es ist kein Tun und Machen mehr, einzig ein gedankenbefreites Zulassen: in die Sonne eintauchen, in *brahman,* in die »Universelle Seele«.

Brahman kommt von der Sanskrit-Wurzel *bri* = werden, wachsen; die in allem Lebendigen und Wachsenden wirksame Kraft, eine aufbauende positive Energie.

Hierzu sind die Forschungen von Carola Hempel und Team zu den Kernlehren und Grundzügen interessant, die in allen ursprünglichen Religionen, vor allem in den naturbezogenen Religionen und Glaubensformen unserer Vorfahren zu finden sind. »Diese Energie, die wir in unserem Unvermögen mit dem Begriff des Positiven – ›*dem gutthen Willen in allem*‹ – bezeichnen, wurde in der sprachlichen Kurzform dann ›das Guthe‹ genannt, aus dem phonetisch der Begriff ›Gott‹ entstand. Als ›Gott‹ wurde diese Urenergie, um sie besser zu verstehen, künstlich in dem Begriff ›Vater‹ personifiziert.«[5]

»Die Seele ist geschaffen an einem Ort zwischen Zeitlichkeit und Ewigkeit, in die beide sie hineinragt. Mit ihren höchsten Kräften rührt sie an die Ewigkeit, aber mit ihren untersten Kräften berührt sie die Zeitlichkeit. Seht, so wirkt sie in der Zeit nicht nach der Zeitlichkeit, sondern nach der Ewigkeit, die sie mit den Engeln gemein hat.«

»Im Grund der Seele zeigt sich eine Weite, die hat weder Bild noch Form, noch eine Weise und kennt kein Hier und Da. Denn es ist ein grundloser Abgrund, schwebend in sich selber ohne Grund. In diesem Abgrund ist Gottes Wohnung, viel eigentlicher als im Himmel oder in allem Geschaffenen.«

---

5   Carola Hempel: Die Quelle der Spiritualität. Die Verbindung von Wissenschaft, Religion und Philosophie. Güllesheim 2017, S. 41.

»Nähme ich Flügel der Morgenröte und bliebe am äußersten Meer, so wird deine Hand mich auch dort finden, finden am äußersten Meer.«[6]

Bleiben wir in der Sprache der Dualität, der Sprache eines Entweder-oder, vermögen wir nie die Tiefe der mystischen Erfahrungen auch nur ansatzweise zu verstehen. Wir bleiben auf dem Hühnerhof. Ein Erklärungsmodell, das sich auf dieser Ebene bewegt, kämpft innerlich mit dem mutmaßlichen Gegensatz von »sich selbst erlösen« oder »erlöst werden«. Dahinter verbirgt sich der Zwiespalt von Personalität und Transpersonalität, von einem personalen Gott und einem undefinierbaren, absoluten Sein. Meister Eckhart (ca. 1260–1328) unterscheidet zwischen Gott und der Gottheit, die er hinter jeglicher Trinität als Seelengrund selbst erfahren hat. »Gott und Gottheit sind unterschieden durch Wirken und Nichtwirken [...]. Alles das, was in der Gottheit ist, das ist *eins,* und davon kann man nicht reden.«[7]

Möglicherweise bäumt sich unser Inneres erst einmal dagegen auf. Aber auch unsere christliche Tradition umkreist diese Thematik mit Begriffen wie »Immanenz und Transzendenz Gottes«, um genannte Gleichzeitigkeit zu erfassen.

Um die Essenz des Yoga und der (christlichen) Mystik zu berühren, müssen wir es wagen, uns zu erheben. Mutig sein, über das Entweder-oder hinauszugehen, in einen Raum, in dem alles zugleich existiert. Nikolaus von Kues (lat. Nicolaus Cusanus, 1401–1464) spricht von Gott als der *coincidentia oppositorum,* dem Zusammenfall aller Gegensätze. Letztlich ermutigt uns Cusanus dazu, nicht nur in unserem Denken, sondern auch in unserem Gefühl, alles zuzulassen und jedem Aspekt nachzuspüren. Statt der Angst vor dem Fremden – die mir in meiner Zeit der Pfarreiarbeit in Kombination mit dem Yoga immer wieder begegnet ist – sollen wir auf das Vertrauen setzen. Die Neugierde, geboren aus dem Durst nach dem Adlerblick. Ins yogische Bewusstsein gehen: in die Einung. Alles ist gleichzeitig da, in Gott, ich in Gott, daher ist alles in mir. Nach Meister Eckhart: Wäre ich nicht, wäre Gott nicht »[...] in meiner ewigen Geburt wurden alle Dinge geboren, und *ich war Ursache meiner selbst und aller Dinge;* und hätte ich gewollt,

---

6   Die drei Zitate nach 1. Meister Eckhart, 2. Johannes Tauler, 3. Psalm 139, frei formuliert und zusammengestellt für ein Lied auf der CD »Klangmärchen. Flügel der Morgenröte«, Martin Gottstein und Michi Krämer, Eigenproduktion 2010, nicht mehr erhältlich.
7   Meister Eckhart: Erhebe dich, meine Seele. Mystische Texte des Mittelalters, 72; zit. nach Peter Reiter: Geh den Weg der Mystiker. Meister Eckharts Lehren für die spirituelle Praxis im Alltag. Petersberg ³2010, S. 57.

so wäre weder ich, noch wären alle Dinge; *wäre aber ich nicht, so wäre auch Gott nicht:* dass Gott Gott ist, dafür bin ich die Ursache.«[8]

Das große »ICH BIN« ist zugleich das hier in mir seiende »ICH BIN das Göttliche Seiende in Aktion auf Erden«: ICH BIN Gottes Liebe, Freude, lichtvolle Macht, Weisheit, Reinheit, Schöpferkraft ... in Tätigkeit auf Erden. Alles Aufgeführte erinnert an das kosmische Gesetz: *Makrokosmos im Mikrokosmos.* In physikalischer Sprache: *fraktales bzw. holistisches Universum.* Alles ist ein Sowohl-als-auch.

Gott und sich selbst finden

Das vorliegende Konzept »Biga – Bibel ganzheitlich erleben« vereint Yoga, Körperübungen, Geist, Seele, Spiritualität und Bibel. Anhand der in diesem Buch behandelten und erlebten biblischen Figuren erkennen wir, dass »Gott finden« immer einhergeht mit »sich selbst finden«. Sich selbst finden ist zugleich meine Lebensaufgabe und meine eigene Identität finden. Und umgekehrt: Setze ich mich Gott aus, so setze ich mich mir selbst, meiner Seele, meinem höheren Selbst aus. Setze ich mich mir selbst aus – z. B. in der Stille, dem Schweigen, der Meditation –, dann setze ich mich dem Göttlichen aus. Es gibt keine Trennung – das ist der Adlerblick, die »Einung«. Es ist das, was Yoga als Weg und Ziel meint. Die heiligen Schriften Indiens, des Hinduismus und des Buddhismus, fassen diese Tiefenerfahrung in kurze Sätze wie: »Gott/*Brahman* ist die Fülle, die Fülle ist die Leere, und die Leere ist die Fülle.« Dies ist das berühmte buddhistische *purna, purna,* »Fülle, Fülle, nichts als Fülle«. Die vier großen Lehrsätze, die *Mahavacyas* der *Upanishaden,* offenbaren die mystische Urerfahrung gleicher Art in kristalliner Form:

> prajnanam brahma – Das Bewusstsein ist das Absolute (Aitreya-Up. 3.3)
> aham brahma asmi – Ich bin das Absolute (Brhadaranyaka-Up. 1.4.10)
> tat tvam asi – Das bist du (Chandogya-Up. 6.8-16)
> ayam atma brahma – Dieses Selbst ist das Absolute (Mandukya-Up. 2)[9]

Da kommt unser kleiner (Hühner-)Verstand einfach nicht mehr mit. Ja, so ist es. Mag er auch noch die größten und erhabensten Modelle über Gott und die Wirk-

---

8   Meister Eckhart, zit. nach Reiter 2010, S. 45.
9   Nach Eckard Wolz-Gottwald: Yoga-Philosophie-Atlas. Erfahrungen ursprünglicher Bewusstheit. Petersberg ³2006, S. 61 f.

lichkeit liefern, letztendlich scheitert er daran, das Göttliche in seinem unendlichen Sein zu begreifen. Wir können das Göttliche nie per Denken erreichen, geschweige denn erkennen. Wir können das Göttliche nur *sein*. Mutter Teresa lebte in den Armenvierteln von Kalkutta diese Grundhaltung, indem sie betonte, es gehe ihr nicht darum, Lehren von Jesus zu vermitteln, sondern darum, bei den hilfsbedürftigen Menschen Jesus zu *sein*. Das absolute Sein lebt und verwirklicht sich durch uns alle, in jedem einzelnen Augenblick.

> »Alle Modelle für ein spirituelles Leben oder die persönliche Weiterentwicklung verführen uns zur Vorstellung, dass wir etwas werden, statt nur zu sein. Das Sein ist nichts Statisches.«[10]

> »Er-lösung« – meint, dass wir uns lösen von allen bedingten und bedingenden Konditionen, uns lösen aus allen alten Identifikationen und Einprägungen, von übernommenen Überzeugungen und versteckten Glaubenssätzen. »Er-leuchtung« – meint, dass wir uns unser Leuchten im eigenen Sein erlauben und dass wir uns an das erinnern, was uns im Innern ausmacht. Wir »er-innern« uns an die eigene Heiligkeit als Mitschöpfer/in des Göttlichen Wirkens; im Bild des Tantrismus gesprochen: Wir sind »Shakti«, d. h. kosmische göttliche Kraft, die als weibliche Kraft das ganze Universum durchwaltet und belebt, eben: »Gott in Aktion«. »Selbst-Erlösung« – meint das göttliche Selbst, der göttliche Seelenfunke in uns wird freigelegt, indem es sich aus dem Klammergriff aller uns erniedrigenden Gedanken- und Gemüts-Konstrukte löst. … »Du bist weder deine Erfahrungen noch deine Erinnerungen, sie sind nur das Füllmaterial deines Egos. Du bist Bewusstsein.«[11]

> »Jedes bewusste Leben ist Yoga.«[12]

Wagen wir nun den Flug ins Ungewisse, in nicht bekanntes Land. Unser Vertrauen ist hierfür gefragt. Vertrauen fällt den einen leichter, den anderen schwerer. Es ist nicht zu erzwingen, aber wir können uns immer wieder dafür entscheiden: alte Sicherheiten aufgeben und Grenzen ausweiten, vor allem über das duale, polare Denken in »Gott – Mann oder Frau?« »Gott – Vater oder Mutter?«,

---

10 B.K.S Iyengar: Licht fürs Leben. Die Yoga-Vision eines großen Meisters. Frankfurt a. M. 2007, S. 336.
11 Christine Arana Fader, inspiriert durch Osho, in: Zeit der Göttin, Kalender 2020, Monat Dezember. Offenbach 2019.
12 Sri Aurobindo: Der integrale Yoga. Hamburg 2018, S. 7 ff.

»Monothe*ismus,* De*ismus,* Panthe*ismus,* Panenthe*ismus,* ...?« hinaus. Denn solche sind und bleiben Konzepte, sogenannte *-ismen*, philosophische Begriffe, die einzig unseren urteilenden Verstand bedienen. Dieser bildet einerseits diejenige Instanz in uns, die wir benötigen, weil sie uns durch das Leben mit den alltäglichen Aufgaben führt und uns oft ganz wunderbar durch schwierige Zeiten und Herausforderungen manövriert. Andererseits birgt diese Instanz Stolpersteine in sich, weil sie so veranlagt ist, stets zu analysieren, zu bewerten und einzuteilen. Damit teilt und fragmentiert sie das Leben. Sie ur-teilt, sie teilt das UR.

Richard Rohr, ein zeitgenössischer berühmter Franziskaner in den USA, hielt sich einst in der Einsiedelei in Kentucky auf. Er erzählt in seinem Buch, wie dort ein Klausner (ein »besonders einsiedlerischer Einsiedler«) ihn beauftragte: »Richard, [...] wenn du wieder draußen bist und predigst, sag den Leuten nur das eine: *Gott ist nicht ›draußen‹,* Gott segne dich.« Rohr weiter:

> »Der Glaube, dass Gott ›draußen‹ ist, ist die Basis des Dualismus, der uns alle zerreißt. Er ist der Grund, dass wir die Erde vergewaltigt haben und dass unser Verständnis von unserem Körper, unserem Wirtschaften und unserer Gesundheit so armselig ist. Deshalb ist unser ganzes Leben so wahnsinnig und so getrennt von allem. Das ist umso schlimmer, als Jesus genau dazu gekommen ist, um alles zusammenzuführen.«[13]

Yoga kommt von der Wurzel *yuj* = anbinden, vereinen, anschirren, so, wie man Ochsen vor oder an einen Karren spannt. Sprachlich verwandt ist es mit dem lateinischen *jungere* = verbinden, *jugum* = das Joch, zusammenbringen, zusammensetzen und dem deutschen »Joch«. Yoga meint das Gleiche wie unsere Re-ligion. Yoga lädt uns ein zur *re-ligio* (lat.) = Rückbindung, zur Vereinigung mit dem/der EINEN. Yoga lädt uns ein, zum UR zurückzukehren. »Yoga ist Vereinigung. Die Vereinigung der individuellen Seele mit dem Universellen Geist ist Yoga. [...] Yoga [ist] die Vereinigung des Körpers mit dem Geist und des Geistes mit der Seele [...].«[14]

Etwas hat sich in unserem Adler bewegt. Er beginnt, sich mehr und mehr zu bewegen, die Flügel der Freiheit auszubreiten und sich in die Lüfte hoch zu schwingen. Unser Adler sieht nun die Welt von oben und erkennt darin das große Ganze, die »All-Einheit«, den Erdenkreis in seinem Hell- und Dunkel-Spiel des Yin und Yang. Die Yoga-Philosophie benennt diese Fähigkeit von »oben« zu

---

13 Richard Rohr: Wer loslässt, wird gehalten. Das Geschenk des kontemplativen Gebets. München [8]2020, S. 113.
14 B.K.S Iyengar: Baum des Yoga. Frankfurt a. M. 1988, S. 12.

sehen, als *buddhi* = höhere Vernunft. Sie kann sich als kultivierte Intelligenz zu *prajna* = Weisheit formen. *Prajna,* die Weisheit erkennt das Göttliche in allem.

In dem daoistischen Symbol des Yin-Yang könnte man dies so erklären: Es gibt in dem umfassenden Kreis ein weißes und ein schwarzes Feld. Abgetrennt sind die beiden durch eine schwingende Linie, eine Art Sinuskurve. Es ist eine weiche Linie, die aus dem umfassenden Kreis in und durch den Raum zwischen den beiden Feldern hinein- und wieder zurückschwingt in den großen Kreis. Es ist keine gerade scharfe Linie, sondern eine Linie, die das pulsierende Sein anzeigt. Der eine Pol existiert nur durch den anderen. Sie ergänzen sich, sie »spielen« und schwingen miteinander, sie stehen miteinander und mit dem umfassenden Kreis in einer Beziehung. Hell gibt es nur, weil es dunkel gibt. Die Qualität »heiß« empfinden wir nur, weil es die Qualität »kalt« gibt. Der Tag wird als Tag erkannt, weil es die Nacht gibt. Das Göttliche existiert und erkennt sich nur, weil es die Schöpfung gibt, so Meister Eckhart.[15] Es ist das Prinzip der Komplementarität. Das Yin-Yang-Symbol liefert uns einen weiteren interessanten Schlüssel: In dem weißen Feld finden wir einen schwarzen Punkt und in dem schwarzen Feld einen weißen Punkt. Übertragen heißt dies, dass wir hier auf der Erde nie einen Pol in Reinform haben. Das entlastet uns von allem schnellen Urteilen. Überdies: Extreme machen krank, so lautet die yogische Sicht von emotionaler und geistiger Gesundheit. Gesundheit bedeutet Balance.

Mit dem Adlerblick auf dem Weg zu einer biblischen-yogischen Reise

Der Blick unseres Adlers möge nun für unsere biblische und yogische Reise die Kategorien »entweder« – »oder« ersetzen durch die Kategorien »sowohl« – »als auch«. Erstere pflanzt unweigerlich Gegensätzlichkeit, Dualität, Konkurrenz, Fremdheit, Rivalität, Angst, Auseinandersetzung, Streit, Kampf und Ähnliches. Letztere führen zur Komplementarität und achten das Zusammenspiel beider Pole, das Zusammenwirken vom männlichen und weiblichen Schöpfungsprinzip. Die Pole sind nicht zu trennen, weil sonst keinerlei Schöpfung, kein Universum, kein Leben möglich wäre. Ein komplementärer Ansatz bereitet den Boden für Gleichwertigkeit, Kooperation, Nähe, Vertrauen, Würdigung aller Lebensäußerungen, sich gegenseitig anerkennen und bereichern. So finden wir endlich Frieden.

---

15 Vgl. Meister Eckhart, Predigten, zit. nach René Bütler: Die universelle Botschaft der Mystik. Mystische Wahrheiten aus 4 Jahrtausenden. Petersberg 2007, S. 55.

Der Flug des Adlers: Samadhi – Illuminatio – Erleuchtung – Selbsterlösung – Einung?

Schauen wir an, wie die allgemein als »erleuchtet« geltenden Yogis in den traditionellen yogischen Schriften ganz unterschiedlich gekennzeichnet werden. Hier schimmern feine Nuancen durch, die den Weg und die Tiefenerfahrung betreffen, wenn das Bewusstsein einen oder mehrere Durchbrüche bzw. Stufen erlebt.

Der vollendete Yogi ist ein:

vivekin = einer, der die unsichtbare Seele von der sichtbaren Welt unterscheidet
jnanin = ein Weiser, ein Wissender
bhakta = ein Gottesverehrer
vairagin = ein Entsagender
paravairagin = ein vollkommen Entsagender
yogeshvara = ein Herr des Yoga
gunatitan = einer, der die *gunas* überwunden hat, einer, der nicht mehr ihrem Spiel unterliegt
(*gunas* = die drei Grundqualitäten der gesamten materiellen sowie geistigen Schöpfung und Universen)
jivanmukhti = ein in diesem Leben Befreiter
kirta-arthan = ein Vollendeter, der Herrschaft über die Natur gewonnen hat
dharmin = eine in rechter Weise lebende Person, die nur ihre Pflicht als Ziel und Erfüllung in sich selbst ausführt

Ebenso finden wir in den alten Sanskrit-Texten unterschiedliche Begriffe für das, was wir als »Erleuchtung« oder »Selbsterlösung« übersetzen. Die alten Yogis waren Meister in der Erforschung der inneren Welten. Ihre entdeckten Feinheiten und Differenzierungen verdienen unsere Hochachtung. Zugleich entlasten sie das für uns so ferne und unerreichbar scheinende yogische Ziel. (Diese Auflistung erhebt keinen Anspruch auf Vollständigkeit.)

samadhi = Erfahrung der Einung, Einswerden, Verschmelzung, Vereinigung, das Leben aus der inneren Mitte heraus
sabija samadhi = ein Eintauchen in das Einswerden, aber noch mit dem Keim, dass das erhöhte Bewusstsein wieder in das Alltagsbewusstsein zurückfallen kann, entspricht dem
samprajnata = das wiederum in feinste Stufen unterschieden wird
nirbija samadhi = die Einung des eigenen Seelenkerns, dem *atman*, mit der unendlichen Seele, dem
Brahman = eine Identitätserfahrung mit dem formlosen Absoluten

viveka-khyati = die Schau der Unterscheidung, von dem, was der wandelbaren, bedingten Welt und was der Ewigkeit angehört

dharma-megha-samadhi = die Einung in der Wolke des Gesetzes der universellen kosmischen Ordnung, pure Hingabe an den Willen des Göttlichen fließt daraus

kaivalya = die ursprüngliche Freiheit, der Ort ohne Wiederkehr, entspricht dem

nirbija samadhi = die Erfahrung der Absolutheit ist nun dauerhaft, die vollkommene Loslösung und Befreiung

jnana = Einsicht, das Verstehen der Dinge und Wesen von innen heraus, ein *interlegere*, ein das »innere Wesen der Dinge/der Welt lesen«, spirituelles Wissen

atma-jnana = Einsicht in das Selbst

bodhi = ein Erwachen (des Bewusstseins), vergleichbar mit dem Erwachen aus dem Schlaf, bei dem man weiß oder wahrnimmt, dass man geschlafen hat, übertragen: dass man in der Un-bewusstheit des Alltags verfangen war

unmani und manomani = ein Zustand von »keinem Geist«, der Zustand der Meditation, in dem man im reinen Sein wandelt, ohne irgendeinen Gedanken, der Geist ist frei von Gedankenwellen

asamprajnata-samadhi = Eintauchen und Identifikation mit dem *purusha*, dem höchsten, absoluten Geist, in den Hatha-Yoga-Texten als *raja-yoga* bezeichnet

Vielleicht erahnen wir den Umfang dessen, was Jesus ansprach mit seinem Satz: »In meines Vaters Hause sind viele Wohnungen.« (Johannes 14,2) Mystiker*innen von Ost und West benutzen das Bild der verschiedenen Himmel, der himmlischen Hierarchie, der sieben, neun oder zwölf Himmel. Teresa von Avila (1515–1582) erläutert dazu das Bild der inneren Burg und den Weg durch die äußeren, mittleren und inneren Mauerringe hindurch. Sie beschreibt, was uns in jedem Mauerring begegnet, um endlich, so wir durchhalten und unaufhaltsam weitergehen, im Innersten der Burg den Königs- bzw. Königinnenraum aufzufinden. Aufgestiegene Meister*innen erleben den innersten Raum als ekstatische Liebesvereinigung, andere sprechen davon, dass nach dem zwölften Himmel, nach der zwölften Dimension sich alles auflöst in den göttlichen Raum der Formlosigkeit, ins reine Licht, in die Leere, in die Fülle, ins *nirvana* (buddhistisch) oder *kaivalya* (Yogasutra), in die »Gottheit« (Meister Eckhart).

Wo sollen wir uns bei all dem Verwirrenden nun aufhalten? Am besten auf unserer Yoga-Matte und im Hier und Jetzt, wach und bewusst jeden heiligen Augenblick unseres Lebens erleben, denn das Leben besteht nur im ewigen Jetzt, in der Gegenwart. Heilig, weil »heil sein« »ganz sein« bedeutet. Authentisch sein, dankbar sein, im inneren Frieden sein. Derartige Momente sind reinste Gnade für mich, stille Daseinsfreude.

Woher kommt der Begriff »Erleuchtung«?

In der indischen Tradition bzw. im Yoga ist weder der Begriff »Erleuchtung« noch der der »Selbsterlösung« bekannt oder verwendet worden. Dazu Eckard Wolz-Gottwald:

> »Der Ursprung der Lichtmetaphorik zur Bezeichnung höherer Erkenntnisformen ist nicht im Osten, sondern in der westlichen Kultur zu orten. Die Wurzeln des Begriffs findet man in der antiken Philosophie bei Platon und seinen späteren christlichen Nachfolgern. Insbesondere der Kirchenvater Aurelius Augustinus prägte im 4. Jahrhundert n. Chr. mit seiner Rede von der ›illuminatio‹ (lateinisch Erleuchtung) das christliche Verständnis von Erleuchtung als Aufleuchten der Einsicht in die göttliche Wahrheit in den Tiefen menschlicher Existenz. Im Laufe der Jahrhunderte wurde der Begriff Erleuchtung in diesem platonischen/christlichen Sinn immer mehr vergessen. Im Englischen hat sich in der Neuzeit sogar eine philosophische Bedeutung durchgesetzt. Spricht man im englischsprachigen Raum heute vom ›age of enlightenment‹, so versteht man hierunter meist das ›Zeitalter der Aufklärung‹, also die Epoche, die im 17. und 18. Jahrhundert mit Philosophen wie Hobbes, Voltaire oder Kant verbunden ist. Als die modernen Meister dann nach einem Wort in einer westlichen Sprache suchten, um das Ziel der spirituellen Wege Asiens zu benennen, fanden sie den vergessenen, ursprünglich christlichen Begriff ›Erleuchtung‹. Sie sprachen vor dem interessierten abendländischen Publikum von der Erleuchtung als dem Ziel des Yoga. Der moderne Begriff von Erleuchtung als Durchbruch zu höheren Bewusstseinszuständen war geboren.«[16]

Der Adler auf dem Baum

Zum wiederholten Mal singt es in mir »Take these golden wings …«. Der Adler landet auf einem Baum. Ich frage ihn, ob ich denn schon ›erleuchtet‹ oder zumindest ›erwacht‹ sei. Ein Lächeln streift sein Gesicht. Gewiss, meine Reise führte mich im Laufe der Jahre durch etliche Mauerringe: Studien und Schulungen, Workshops und Ausbildungen, Weltanschauungen und spirituelle

---

16 Eckard Wolz-Gottwald: Yoga-Philosophie als Übungspraxis. Yoga Aktuell, 88, 6/2014, 111 f.

Erklärungsmodelle, Arbeiten, Einsamkeiten, Familien- und Gemeinschaftserleben, Erfolge und Misserfolge, Höhen und Tiefen, Yoga und Gemeinde, diverse körperliche und geistige Übungen, hinfallen und wieder aufstehen, gelitten und geliebt, gelacht und geweint. Gewiss, meine Sinne haben sich verfeinert, geschärft, ähnlich dem Blick des Adlers.

Ist es wichtig, zu wissen, ob ich fliege oder auf dem Baum sitze? Ist es wichtig, zu wissen, ob ich *simul iustus et peccator* (gleichzeitig Heilige und Sünder, so Martin Luther) bin? Ist es »sündhaft«, dem Göttlichen verschiedene Namen zu geben und dem nachzuspüren – z. B. der Göttin in mir, der großen Mutter, an die ich mich wende? Jesus betete in aramäischer Sprache: *Awúhn d'bashmáya*, was wörtlich »Muttervater alles Geschaffenen« heißt[17] oder »O Gebärer(in), Vater-Mutter des Kosmos«[18].

Einzig wichtig erscheint mir: Was hilft mir, mich als Ebenbild Gottes, als lichtvoll und geliebte Seele zu empfinden? Welche Anrede hilft mir, mich als göttliche Tochter, als göttlicher Sohn zu fühlen? Mich als vollkommenes Geschöpf zu sehen und zu erkennen? Sich in diese innige Verbindung hineinzuwagen, erfordert Demut und Anerkennung, dass ich mir tatsächlich diese göttliche Größe, die mit innewohnt, zugestehe. Was daraus erwächst, ist eine Grundhaltung der Achtung, der Würde, des Respekts vor dem Leben und die Hingabe an das Leben.

»Spiritualität ist kein im Außen existierendes Ziel, das man anstreben muss, sondern Teil des göttlichen Wesenskerns in uns, den wir enthüllen müssen. Für den Yogi sind Geist und Seele nicht vom Körper getrennt. Spiritualität […] ist nichts Ätherisches und Außernatürliches, sondern etwas, das uns in unserem eigenen Körper zugänglich und in ihm spürbar greifbar ist. Ja schon der Begriff des spirituellen Pfades ist eigentlich falsch. Wie kann man sich denn auf etwas zubewegen, das wie die Göttlichkeit seiner Definition nach schon allerorten existiert?«[19]

»Nicht mehr ich lebe, sondern Christus lebt in mir.« (Galater 2,20, Einheitsübersetzung 2016)

---

17 Stephan A. Richter: Die Esoterik-Falle. Eine Gefahr für die Leichtigkeit des Seins. Norderstedt 2010, S. 102; vgl. Matthäus 6.
18 Neil Douglas-Klotz: Das Vaterunser. Meditationen und Körperübungen zum kosmischen Jesusgebet. München ²2007, S. 34.
19 Iyengar 2007, S. 50.

Der Wald ruft. Sein Duft wirkt betörend.

Ich atme, wissend, dass *die Seele auf dem Atem reitet*. Einatmen, ausatmen, pulsierendes Leben. Ich bin. Ich bin eine *standing wave* (Gregg Braden[20]). Ich bin Licht. Licht vom Lichte. Der Rest scheint bedeutungslos zu sein. Stille in mir, Schweigen. Ich tauche ein in meine eigene pure Präsenz. Ich bin.

»Sei still und erkenne, dass ich Gott bin.
Sei still und erkenne, dass ich bin.
Sei still und erkenne.
Sei still.
Sei.«[21]

Stille. Einatmen. Ausatmen. Geschenkte Momente.

Ein Gedanke strömt an mir vorbei. Ein weiterer fließt in mich hinein. Die dazugehörigen Emotionen folgen. Sie ergreifen Besitz von mir. Ein dritter Gedanke. Umklammerung aus Erinnerungen und Zukunftsängsten. Ich bin zurück auf dem Hühnerhof, Körner pickend.

»Welcome to the Real World« – so lautet der Titel des Albums von Mr. Mister mit dem Song »Broken Wings«. Hier sind wir angekommen in unserer »realen Welt«.

---

20 Gregg Braden: Im Einklang mit der göttlichen Matrix. Wie wir mit Allem verbunden sind. Dorfen 2007.
21 Rohr 2020, S. 57.

Biga – ein biblisches Training für Sport und Spirit
Ideen und Anregungen zur Umsetzung in Gruppen und Gemeinden

Günter Kusch

Biga – Bibel ganzheitlich erleben: Dieses Fitness-Programm für Leib und Seele ist überaus vielfältig und bei unterschiedlichen Gelegenheiten anwendbar. Man kann einzelne Texte, Meditationen oder Übungen auswählen und am Morgen zum Tagesbeginn oder am Abend vor dem Schlafengehen nutzen. Vorstellbar sind zudem kurze »Fitness-Tage« oder ein längeres Wochenende mit den biblischen Männern und Frauen, die uns geistig, geistlich und körperlich auf Vordermann oder -frau bringen. Lassen Sie sich von den Erzählungen und Übungen im folgenden Teil dieses Buch inspirieren. Bevor wir nun mit den acht Übungen starten, hier drei Beispiele für die Umsetzung in der Praxis.

Biga – ein tägliches Programm für mich persönlich

Durchschnittlich vier Minuten am Tag tun wir es. Manche nehmen sich jeden Tag dafür Zeit, andere regelmäßig und manche nie: beten. »Gebete verändern die Welt nicht«, sagte der berühmte Arzt, Philosoph und Theologe Albert Schweitzer (1875–1965) einmal. Ja, wie wahr, mögen viele vielleicht denken. Da lässt man sich mal drauf ein, öffnet sich und fleht um Hilfe, doch der dringliche Wunsch geht einfach nicht in Erfüllung. Gebete verändern die Welt nicht. Doch Albert Schweitzer fährt fort: »Gebete verändern die Menschen, und die Menschen verändern die Welt.« Beten ist nicht nur eine kurze Bitte, sondern eine Grundhaltung. Es ist ein bewusstes Sich-Zeit-Nehmen, ein In-der-Stille-Bedenken, dass man nicht allein, nicht nur unter Menschen, sondern unter Gottes Gegenwart lebt. Dann wird das Gebet, wie es die Mystikerin Theresa von Avila (1515–1582) bezeichnete, zum »Herzensgespräch mit Gott«.[1]

---

1   Kristen, Peter: Gebete verändern die Welt nicht ... Von der Grundhaltung des Gebets, hr1 ZUSPRUCH, 2018. https://www.kirche-im-hr.de/sendungen/02-gebete-veraendern-die-welt-nicht-von-der-grundhaltung-des-gebets/ (Zugriff am 08.02.2021).

Für solch einen »himmlischen« Dialog eignet sich ein Jesus-Gebet oder auch ein anderer bewährter Text. Beten ist keine große Kunst, sondern eine Haltung. Hier eine kurze Anleitung:
- Suchen Sie sich einen ruhigen Ort, an dem Sie niemand stört.
- Setzen Sie sich entweder auf einen bequemen Stuhl, eine Meditationsbank oder auf eine Yoga- bzw. Turnmatte in den Schneidersitz.
- Achten Sie darauf, dass Sie so sitzen, dass Sie aufgerichtet und dabei gleichzeitig entspannt sind, dass Sie guten Bodenkontakt haben und Sie ruhig und frei atmen können.
- Schließen Sie die Augen und beginnen sie mit einer Atemübung. Atmen Sie zunächst bewusst ruhig ein und aus. Nehmen Sie Ihren Körper wahr. Spüren Sie den Kontakt zum Boden. Spüren Sie Ihre Füße, Ihre Beine und gehen Sie mit Ihrer Aufmerksamkeit über den Rücken, die Schultern, den Hinterkopf bis zum Scheitel. Spüren Sie die Ausrichtung zum Himmel. Dann gehen Sie über das Gesicht und die Arme zum Atem im Brust- und Bauchraum. Entspannen Sie sich. Lassen Sie sich Zeit.
- Nutzen Sie nun zum Beispiel die Worte des Jesus-Gebets. Beim Einatmen sprechen Sie »Jesus Christus«, beim Ausatmen »Erbarme dich meiner«. Das Jesus-Gebet geschieht ganz entspannt, ohne zeitlichen Druck und im Bewusstsein, dass Jesus anwesend ist, in meinem Herzen, in meinem Innersten. Nehmen Sie Ihren Atem wahr, achten Sie auf die kleinen Pausen zwischen dem Aus- und dem Einatmen. Beim Ausatmen lassen Sie alles los, werden Sie leer. Beim Einatmen lassen Sie sich füllen mit Gottes Gegenwart.
- Nehmen Sie sich nun Zeit für eine der Personen in unserem Buch. Lesen Sie vielleicht ein paar geschichtliche Informationen, nicht alle, nur ein paar, um diesem Mann oder dieser Frau gegenüberzutreten. Sprechen Sie in Gedanken Ihren Namen: »Ich bin ..., heute und jetzt schaue und höre ich auf dich!«
- Lesen Sie einen der Erzählteile. Lassen Sie sich von einem der Impulse geistig in Bewegung bringen. In der Stille und mit geschlossenen Augen finden Sie Ihre persönliche Antwort.
- Wenn Sie wollen, können Sie nun die dazugehörige Yoga-Übung nutzen, um auch körperlich den Gedanken nachzuempfinden, der Ihnen in der Stille gekommen ist.
- Zum Schluss steht wieder das Jesus-Gebet oder ein Body-Scan[2].
- Der Segen am Schluss bringt uns in den Alltag zurück.

---

2 Body-Scan ist eine Entspannungstechnik, bei der der*die Übende durch seinen*ihren Körper hindurchgeht. Beim Bodyscan-Entspannungsverfahren spürt man in die einzelnen Körperteile hinein, ohne das Erlebte zu analysieren, zu beurteilen, darauf zu reagieren. Durch Body-Scan

Biga – zwei Menschen der Bibel bringen uns auf den Weg

- Bei dieser Tagesveranstaltung kann man einen Mann der Bibel wählen, wenn es sich um einen Oasentag für Männer handelt, oder eine Frau, falls eine reine Frauengruppe zusammenkommt. Bei gemischten Gruppen bieten sich zwei Personen der Bibel an, die die Teilnehmer*innen gedanklich und spirituell bereichern können.
- Meistens beginnt eine solche Tagesveranstaltung gegen 10 Uhr mit einem Willkommenskaffee. Während des ersten Austausches gehen die Teilnehmenden in dem Raum herum und betrachten Bilder der beiden biblischen Personen, wie sie in der Kunstgeschichte dargestellt werden. Auch Texte aus Romanen oder Gedichte können einen ersten Zugang zu den Menschen des Alten und Neuen Testaments erleichtern.
- Nach einer Begrüßungsrunde gibt es theoretische Einheiten zu den biblischen Personen, die für diesen Tag ausgewählt wurden. Lesen Sie dazu die Einleitungen in diesem Buch genau durch und entscheiden Sie sich für die Stellen, die an diesem Tag wichtig werden sollen. Die Bilder und Texte an den Wänden können Ihre Ausführungen zusätzlich unterstützen.
- Nach einem Austausch im Plenum und dem Mittagessen gehen die Teilnehmenden in Kleingruppen. Diese können auch nach Geschlecht getrennt werden. Hier stehen kreative Arbeit und Körpererfahrung im Mittelpunkt. Neben den Yoga-Übungen wird über einige Impulse gesprochen, die in den jeweiligen Kapiteln aufgelistet sind.
- Im Plenum stellt jede Gruppe den anderen Teilnehmenden in fünf Sätzen die Person vor, um die es sich handelt, zeigt die Yoga-Übungen (evtl. machen alle mit) und nennt einige Ergebnisse aus der Impuls-Diskussion.
- Nach einer Feedbackrunde sind alle noch einmal eingeladen zu einer Schluss-Meditation. Ein Body-Scan oder eine Atemübung (z. B. das Jesus-Gebet, siehe oben) und eines der beiden Segensworte beschließen den spannenden und ganzheitlichen Tag.

---

gelingt es einem, die Position, die Haltung eines*einer Beobachtenden einzunehmen und sich so zu lösen von allem Aktuellen, egal ob es Stress, Schmerzen, Sorgen sein mögen. Body-Scan gehört ebenso wie die Achtsamkeitsmeditation zu den Techniken der Achtsamkeit, die auch zum MBSR (Mindfulness-Based Stress Reduction = Achtsamkeitsbasierte Stressreduktion) gehören. Body-Scan ist eine hochwirksame Übung der Tiefenentspannung.

Biga – von der Bibel ins Jetzt
Eine Spirit-Tour für acht Abende

Gerade für Bildungswerke sind Veranstaltungsreihen gut geeignet. Acht Treffen, wöchentlich, immer Donnerstagabend, Männer und Frauen der Bibel begleiten uns. Bei einer einwöchigen Freizeit sind es eben sechs Personen, die den Teilnehmenden »persönlich« begegnen. Und an einem Wochenende treten eine Frau und ein Mann der Bibel auf.

Die einzelnen Treffen der Erwachsenenbildung können inhaltlich so gestaltet werden, wie es unter Punkt 2 geschildert wird. Die einwöchige Freizeit kann noch mit weiteren kreativen Elementen bereichert werden: Die Geschichten werden von kleineren Teams nachgespielt. Die Figuren der Bibel werden von Kindern gemalt oder auf Plakate gesprayt, während Erwachsene aus den Impulsen kurze Gedichte oder Kurzgeschichten aus ihrem eigenen Leben verfassen. Das Konzept lässt sich auch gut mit Biografiearbeit verbinden. Bei einem gemeinsamen Abend der Begegnung oder einem Preacher oder Poetry Slam, am Ende der Freizeit, stellen sich die Teilnehmenden ihre Ergebnisse vor.

Biga praktisch – in Begegnung mit Bewegung

Günter Kusch

Nun beginnt sie, die Reise nach innen und nach außen. Wir atmen tief ein und aus, bevor wir starten. Vier Männer und vier Frauen der Bibel nehmen uns mit in ihre Zeit. Wir werfen einen Blick auf ihr Leben, empfinden nach, was sie gedacht und gefühlt haben – hören von ihren Ideen, Plänen und Emotionen. Sie treten uns gegenüber und werden zum Gegenüber. »Biga«, so heißt unsere Expedition, bei der wir die *Bi*bel *ga*nzheitlich erleben.

Auf der ersten Etappe nimmt uns Mose in seine Obhut. Wir reisen mit ihm an einen Ort, an dem ihm Gott begegnet. Danach übernimmt Debora die Leitung. Wir sitzen mit ihr hoch oben auf einem Berg, stillschweigend unter Palmen. Spürbar gelangen wir zu mehr positiver Energie und zu der Erkenntnis, dass Gott mit uns geht. Auch die Prophetin Hulda weiß, dass beide Welten, die sichtbare und unsichtbare, ineinander verwoben sind. Wir folgen ihr und werden zu Futurist*innen, die mutig Kritik üben, aber auch Möglichkeiten einer hoffnungsvollen Zukunft aufzeigen. Schließlich nimmt uns Salomon mit in seine Welt der Träume und Poesie. Seine Frage an uns lautet: Wie hältst du es mit Liebe und Gerechtigkeit? Amos, unser nächster Begleiter, vertieft diesen Gedanken mit mahnender Sozialkritik: In Gottes Volk dürfen die einen nicht die anderen ausbeuten, übervorteilen oder unterdrücken.

Über das Thema »Hausfrauen und Hausmänner« dürfen wir dann mit Josef und Martha ins Gespräch kommen. Während Josef für Liebe und Treue einsteht, legt uns Martha Werte wie Aufrichtigkeit und Gastfreundschaft ans Herz. Die letzte Etappe unseres biblischen, ganzheitlichen Weges übernimmt dann Maria Magdalena. An der Seite Jesu erlebt sie einschneidende Wendepunkte – Leben und Sterben. Es ist überwältigend und lehrreich zugleich, wie sie ihre Trauer über den Tod Jesu verarbeitet, Ohnmacht und Verzweiflung durchleidet und dennoch einen guten Weg zurück ins Leben findet. Wir hören ihre Geschichte, empfinden ihre Wandlung mit einer Dreh- und Streckübung nach, nehmen unsere Geschichte mit hinein und bekommen – wie Maria Magdalena, unsere Vorgängerin – Gottes großes JA zugesprochen. Ich sage JA zu mir – und ich sage JA zum Leben.

Um die unterschiedlichen Biga-Übungen mit der Kraft des Atems und mit dem ganzen Körper zu verbinden, gibt es folgende Abkürzungen in den Trainingseinheiten:

AA: Ausatmen
AZ: Atemzug/Atemzüge
BhG: Die »Bhagavad Gita« ist eines der meist gelesenen Bücher in Indien und hilft, den Alltag bewusst zu leben und spirituell zu füllen. Man kann das Sanskrit-Wort auch mit »Lied«, »Gedicht« übersetzen. Der vermutlich zwischen dem 5. und 2. Jahrhundert v. Chr. entstandene Text hat die Form eines spirituellen Gedichts.
BWS: Brustwirbelsäule
EA: Einatmen
HWS: Halswirbelsäule
HYP: Die »Hatha Yoga Pradipika« gilt als wichtigster klassischer Text über Hatha Yoga, den körperorientierten Yoga. Er wurde zwischen dem 13. und 17. Jahrhundert v. Chr. verfasst.
LWS: Lendenwirbelsäule
NS: Nervensystem
PA: Partnerarbeit
WS: Wirbelsäule
YS: Das »Yogasutra« (Sanskrit: »Yogaleitfaden«) ist ein zentraler Ursprungstext des Yoga. Es besteht aus 195 Versen in vier Kapiteln, in denen in hochkonzentrierter Form die Essenz des Yogaweges gebündelt ist.

Hinweis: Der praktische Teil in den acht Kapiteln ist eine Übungsanleitung. Deshalb wird hier die direkte Ansprache gewählt und geduzt. Die biblischen Figuren sind nicht nach Geschlecht in den Übungen aufgeteilt, da sie von Männern und Frauen gleichermaßen ausgeübt werden können. Wenn Sie ein Mann sind, machen Sie sich doch mal mit Maria auf den Weg. Und wenn Sie eine Frau sind, dann lassen Sie sich doch mal ein auf die Erfahrungen, die Mose macht! Die beigefügten Fotos helfen dabei, die Übungen gut durchzuführen.

Doch nun lassen Sie uns starten, zu einer Reise ins Land der Bibel und zu einer Reise zu uns selbst – Mose wartet schon ...

Mose – ein Mann mit Makeln

Günter Kusch und Carola Spegel (Biga-Übungen)

Einführung

»Man müsste ihn erfinden, wenn die Tradition nicht von ihm berichtete«, schreibt der Alttestamentler Rudolf Smend.[1] Mose gilt als Begründer des Monotheismus – das erste der von ihm übermittelten Gebote Gottes lautet: »Du sollst keine anderen Götter haben neben mir« (Exodus 20,3) – und damit als Stifter von Judentum, Christentum und Islam. Moses Dekalog, die Zehn Gebote, haben als ethische Ordnung die ganze Welt beeinflusst. Doch hat er überhaupt existiert, so fragt nicht nur die Forschung in regelmäßigen Abständen. Alles, was wir von ihm wissen, steht schließlich nur in einer einzigen Quelle, dem Alten Testament.

Bis in die Zeit der Aufklärung waren die Kirchenlehrer*innen davon überzeugt, dass er die fünf Bücher Mose selbst geschrieben hat. »Heute, nach 150 Jahren wissenschaftlicher Bibelkritik, ist diese Annahme verworfen«, fasst Ralf-Peter Märtin den Stand der Forschung zusammen.[2] Eine Art Redaktionsteam jüdischer Priester*innen habe die Schriften im fünften Jahrhundert v. Chr. zusammengestellt – erst 800 Jahre nach der Zeit, in der Moses, wenn es ihn denn gab, vermutlich gelebt hat. Anerkannte Historiker*innen betrachten die Exodus-Erzählung weder als glaubhaften Tatsachenbericht noch als pure Erfindung. »Die fünf Bücher Mose seien vielmehr ein Konzentrat von Geschichten, welche die Stämme Palästinas über Jahrhunderte hinweg mündlich weitergegeben hätten, von Generation zu Generation.«[3]

---

1   Rudolf Smend: Mose als geschichtliche Gestalt. In: Rudolf Smend: Bibel, Theologie, Universität. Göttingen 1997, S. 5–20.
2   Ralf-Peter Märtin: Moses: Held der Bibel, Befreier Israels. Geo Epoche, o. J. https://www.geo.de/magazine/geo-epoche/10726-rtkl-moses-held-der-bibel-befreier-israels (Zugriff am 04.08.2020).
3   Märtin o. J.

Moses (hebräisch »Mose«) trägt einen ägyptischen Namen (»ist/hat geboren«). Dieser hängt familiär mit Midian zusammen, einem Sohn Abrahams und Keturahs (Genesis 25,2), Namenspatron eines Beduinenstamms auf dem Sinai. Mose führte zwischen 1300 und 1200 v. Chr. die »Hebräer« aus der Gefangenschaft durch die Ägypter heraus. Er wird als Befreier der Israeliten aus der ägyptischen Gefangenschaft und als Überbringer der göttlichen Gesetze dargestellt. Drei Themen stehen im Mittelpunkt der Mose-Berichte im Buch Exodus, Kapitel 2–6: Die Herausführung aus Ägypten, die Offenbarung Gottes am Sinai und die Führung durch die Wüste. Auf die theologische und historische Forschung zu Mose wird hier nicht eingegangen, dafür auf vier symbolische Stichworte.

Orte der Gottesbegegnung: Mose befindet sich in der Wüste in der Nähe des Berges Horeb. Aus dem hebräischen Namen des Berges »Ödland«, »Wüstengebiet« ergeben sich zwei Symbole: der Berg und die Wüste. Berge führen den Menschen weg von der Erde, hin zum Himmel. Berge sind Orte, die Himmel und Erde verbinden. In der Wüste erfährt der Mensch Hitze und Kälte, Mangel und Weite, Staunen über Gottes Schöpfung.

Barfuß unterwegs: Mit bloßen Füßen spüren Menschen den Grund, auf dem sie stehen. Sie sind »geerdet«, aber zugleich verletzlich. Barfuß gehen schärft die Sinne. Biblisch ist mit dem Ausziehen der Schuhe ein Rechtsanspruch verbunden: Indem Mose seine Sandalen ablegt, akzeptiert er den Ort als Einflussbereich Gottes. Nicht er steht im Mittelpunkt, sondern der Schöpfer, der seinem Geschöpf begegnet und ihm einen Auftrag gibt.

Der brennende Dornbusch: Er symbolisiert Grunderfahrungen des Menschen: Vernichtung und Wärme, Gefahr und Bewahrung sowie die Ambivalenz menschlicher Existenz zwischen irdischer Not und Gottes Nähe (Theodizee-Frage). Die Zusage »Ich bin der ›Ich bin da‹« gilt auch in lebensbedrohlichen Situationen, eben auch in einer unheilen Welt. Zu der Frage, warum Gott gerade in einem Dornbusch erscheint, gibt es eine schöne Geschichte: Ein Schüler fragte seinen Rabbi Josua ben Karechah: »Warum wählte Gott einen Dornbusch, um mit Mose aus ihm zu reden?« Der Rabbi antwortete: »Hätte er einen Johannisbrotbaum oder einen Maulbeerbaum gewählt, so würdest du ja die gleiche Frage gestellt haben. Doch es ist unmöglich, dich ohne eine Antwort fortgehen zu lassen. Daher sage ich dir, dass Gott den ärmlichsten kleinen Dornbusch gewählt hat, um dich zu belehren, dass es auf der Erde keinen Platz gibt, an dem Gott nicht anwesend ist. Noch nicht einmal in einem kleinen und unscheinbaren

Dornbusch.«[4] Gleichzeitig schwingt bei diesem Symbol des Dornbusches die Solidarität Gottes mit dem unterdrückten Volk in Ägypten mit.

Gelobtes Land: In dem Wort stecken Bedeutungen wie »geloben« und »versprechen«. Martin Luther bezog den Ort auf das Land Kanaan, das Heilige Land, das Gott nach der Erzählung der Genesis (13,14 f.) im Alten Testament Abraham für seine Nachkommen auf ewig versprach.[5] Für das Verständnis des »Landes« als einer Gabe Gottes ist es konstitutiv, dass der Boden von den Menschen nicht »erworben« wird. Das Volk Israel erhält ihn vielmehr als »Erbteil«, das Land selbst bleibt Eigentum Gottes: »Darum soll das Land nicht für immer verkauft werden; denn das Land ist mein, und ihr seid Fremdlinge und Beisassen bei mir.« (Levitikus 25,23)[6]

Anstatt auf den Konflikt zwischen Palästinenser*innen und Israelis einzugehen, sind für unsere Biga-Übungen andere Aspekte wichtig, z. B. das verheißene Land als Metapher: Mose stirbt, ohne sein Lebensziel zu erreichen. Josua, sein Nachfolger, übernimmt nun seine Aufgabe. Thematisch geht es um nicht erreichte Ziele, um ein gelungenes Abgeben-Können und um ein Sich-verzichtbar-Machen. Abschied und Neuanfang, eine gute Übergabe, Verabschiedung von Lebenszielen und dennoch Zufriedenheit im Blick auf das Erreichte sind Themen, die an dieser Stelle an Bedeutung gewinnen.

Praktischer Biga-Teil

Einstiegsübung – Entlastung von Lasten

Wenn dir die Last des Lebens zu schwer wird, die Herausforderungen zu groß, die gestellten Aufgaben unüberwindlich werden, dann wisse: Wenn der Weg zu schwer für dich wäre, würde Gott ihn dir nicht zumuten. Deine Seele hat sich zu diesem Weg entschieden, damals, vor aller Zeit. Vertraue in deine Zukunft. Dein Herz hat gewählt.

---

4   Herbert Vinçon: Spuren des Wortes. Biblische Stoffe in der Literatur. Materialien für Predigt, Religionsunterricht und Erwachsenenbildung 3. Altes Testament. Stuttgart 1990, S. 285.
5   Martin Luther, z. B. in der Weimarer Ausgabe (WA) 6, 357, 8; WA 49, 539, 30.
6   Siehe Orientierungshilfe der Evangelischen Kirche in Deutschland: Gelobtes Land? Land und Staat Israel in der Diskussion. Gütersloh/München 2012, S. 23 f.

Savasana/Totenstellung mit Atem-Visualisierung

1. Spüre die Auflageflächen deiner Körperrückseite mit dem Boden: die Berührungspunkte deiner Fersen – deiner Unterschenkel und Oberschenkel – deines Gesäßes – deines Rumpfes mit den Schulterblättern – deines Hinterkopfes. Mutter Erde trägt dich, mitsamt deiner Last. Vertrauensvoll übergib dich ihr, und wenn du bereit bist, dann auch all deine körperlichen Lasten.

2. Entspanne deine Gesichtsmuskeln: um die Stirne – Augenbrauen – Nasenflügel und Wangen – Ober- und Unterkiefer – löse die Zunge vom Gaumen und lasse sie in ihrem Bett, im Unterkiefer ruhen. Mit jedem AA entspanne die Kehle – die Schultern – die Arme – den oberen Rumpf – den Unterleib – die Ober- und Unterschenkel – die Füße. Lass die oberen Augenlider auf den unteren ruhen. Ziehe die Augäpfel Richtung Hinterkopf, ziehe ebenso den Gehörsinn nach innen. Beobachte deinen Atem, wie er von allein kommt und wieder geht, überlasse ihn seinem eigenen Rhythmus. Lasse deinen Atem sanft werden, er bewegt dich in einem steten Auf und Ab wie Wellen auf dem Meer. Lausche auf sein Strömen.

Dein Körper lädt dich ein, auch dein gesamtes Gemüt zu entspannen. Entlasse mit der folgenden geführten Atem- und Visualisierungsübung all die Inhalte deiner Gefühls- und Gedankenwelt.

3. Nimm einen AZ in deine Füße und Fußgelenke hinein, mit dem AA spüle dort alle Anspannungen hinaus.

Nimm einen AZ in deine Unterschenkel und Knie hinein, mit dem AA spüle/lasse dort alle Anspannungen und Blockaden hinaus.

Im gleichen Muster weiter mit AZ in Oberschenkel und Becken – Bauch und Rumpf – Schlüsselbein und Schultern – Oberarme und Ellenbogen – Unterarme und Handgelenke – die Hände und Finger – in die Kehle: Atme hier zusätzlich violettes Licht (= Farbe der Umwandlung/Transformation) in deine Kehle und entlasse auf dem violetten Lichtstrahl alle deine festgefahrenen Überzeugungen, die dich am Weitergehen hindern. Du brauchst sie nicht mehr! – Gesicht und Kopf mit den Sinnesorganen.

Dann stelle dir vor, du atmest goldenes gleißendes Licht vom Scheitelpunkt deines Hauptes in die Mitte deiner beiden Gehirnhälften hinein – mit dem nächsten AZ weitet dir das golden-gleißende Licht den Raum zwischen den Hemisphären deines Großhirns. Das Licht klärt alle Bereiche deines Gehirns und deines NS, die ganze WS hinunter.

Für das Zurückkommen in die Aktivität ziehe die Beine zu dir an und stelle die Füße auf den Boden. Rolle über die rechte Seite und mit Unterstützung der Arme hebe den Rumpf hoch zum Sitzen. Lasse dich tragen und führen!

Höre die biblische Geschichte – Teil 1: Mose in den Untiefen des Lebens

Es ist die Angst, die ihn zu diesem Schritt veranlasst. Die Sorge, seine Macht zu verlieren. Die Furcht vor Konkurrenz. Deshalb lässt der Pharao in Ägypten vor rund 3000 Jahren alle ältesten Söhne ermorden. Mose hat Glück. Seine Mutter legt den Neugeborenen in ein Weidenkörbchen. Sie weiß, dass die Tochter des Pharaos sich an dieser Stelle des Flusses regelmäßig wäscht und den Jungen entdecken wird. Der Fluss trägt das Kind davon. Tatsächlich entdeckt die Pharaonentochter den Korb. Sie zieht ihn an Land und rettet den kleinen Mose. Mirjam, die Schwester von Mose, beobachtet das Geschehen. Sie wendet sich an die Retterin und empfiehlt der Tochter des Pharaos eine Amme – ihre eigene Mutter. So wächst Mose doch noch bei seiner Familie auf. (Exodus 1–2)

Biga-Übung Teil 1

Mose im Korb. Das Leben wie ein reißender Fluss. Der Mensch, von wogenden Wellen umgeben. Situationen der Unsicherheit und des Ins-Schwimmen-Kommens. Fragen tauchen auf: Was gibt mir Halt im Strudel der Zeit?

Dandasana – Stockhaltung oder Langsitz

Stütze dich nun mit den Händen oder mit den Fingerkuppen auf dem Boden ab, schwenke die ausgestreckten Beine und Füße in einem schnellen Rhythmus locker nach innen und außen.

Lass einige Male sanft dein Becken nach hinten sinken und richte es wieder auf. Beobachte, wie sich dabei deine gesamte WS, dein Nacken und deine Kopfhaltung anpasst bzw. mitschwingt. Halte dein Becken auf der Mitte deiner Sitzknochen. Fällt dir die aufrechte Rückenhaltung schwer, so nimm eine Sitzunterlage. Wähle diese so hoch, dass du dein Becken und deine WS aufrecht zu halten vermagst. Je intensiver und eindeutiger deine Basis-Arbeit der Beine und deines Beckens gelingt, desto leichter kannst du dich mit dem Rumpf zum Himmel strecken. Dazu folgende Feinanweisungen:

Strecke die Beine intensiv nach vorn, bleibe in festem Bodenkontakt mit der Mitte des hinteren Fersenrandes und den Fußgelenken, die Füße bleiben dabei im rechten Winkel, entsprechend dem Winkel im Stehen. Bringe die Waden flächig zum Boden, ziehe die inneren und äußeren Knieränder Richtung Boden, ebenso die Rückseite der Oberschenkel. Achte stets darauf, dass die Mitte deiner Kniescheiben nach oben ausgerichtet bleiben, ebenso die Stellung deiner Füße. Streckung bedeutet das Gefühl der Dehnung bzw. Verlängerung der Beine und zugleich den Einsatz der Muskulatur. Die Muskeln dienen dir dazu, deine

Knochen in die korrekte Ausrichtung zu bringen und in Linie zu halten. Erlebe dazu zwei zentrale Bereiche: Ziehe die obere Linie deiner Kniescheiben zum Boden, sodann die vordere obere Beinmuskulatur, die Quadrizepse, zu den Oberschenkelknochen bzw. zu den Beinrückseiten. Die Kniescheiben werden dadurch nach oben gezogen und finden so Schutz und Halt.

In Linie deiner Hüfte strecke deine Arme seitwärts und tippe mit den Fingerkuppen der Mittelfinger auf den Boden. Löse die Hände und drehe die Handflächen auf, führe sie in einem weiten Bogen seitwärts über deinen Kopf, die Handflächen schauen sich an. Der Abstand deiner Arme und Hände ist deine eigene Schulterbreite. Sauge die Schulterblätter an die Rippen, die Achseln führe zu einer subtilen Kreisbewegung, d. h. führe die hinteren Ränder deiner Achseln zu den vorderen Rändern. Behalte dies bei, wenn du die Flanken und die Arme noch mehr zum Himmel hoch streckst.

Tiefe, weiche Atemzüge – lasse dich so sicher über das Meer deines Lebens fahren.

- Deine eigene Zentrierung gibt dir Halt. Deine stete Achtsamkeit auf jedes Körperteil hilft dir, in der Gegenwart zu verweilen. So wie du in einer Biga-Haltung lernst, auf die Signale deines Körpers zu hören und auf die Empfindungen bei jeder Feinabstimmung zu achten, so lernst du, für das Gebetsleben präsent zu sein, um die göttlichen Impulse in dir wahrnehmen zu können. Diese vermitteln sich dir über Deine körperlichen Sinne, über dein feines Empfinden und über Intuitionen, die zu dir kommen, bevor dein Verstandesapparat mit seiner Interpretationsaufgabe beginnen will.

- Wer in den Strudel gerät, verliert jeglichen Halt. Alle Sicherheiten scheinen sich aufzulösen. Allein ausgesetzt sein, dahingetrieben, an einen unbekannten Ort. Das verunsichert uns Umtriebige, Planende und Arbeitsaktive. Manche verfallen in einen Ozean der Mutlosigkeit: Wir fühlen uns frustriert oder depressiv, aggressiv, wollen am liebsten aufgeben und weglaufen. Und doch finden wir Gott nur in der Gegenwart, in der Präsenz des Augenblicks. Daher sprechen Mystiker*innen gern von der Heiligkeit des jeweiligen Hier und Jetzt, von dem Sakrament des Augenblicks.[7] Genau auf diese Qualität wollen wir durch Biga-Übungen stets neu einstimmen: wach sein, eigene Empfindungen wahrnehmen, in sich hineinlauschen, die Gedanken immer

---

7   Hier wären ein kleiner »Ausflug« zu den Wüstenvätern und ein Exkurs über aktuelle Angebote von Visionssuche und Vision Quest interessant. Auch von Jesus, den biblischen Propheten und den Wüstenvätern wird überliefert, dass sie sich in die Einsamkeit und Wildnis der Wüsten und Berge zurückzogen, um Weisheit und Kraft zu empfangen, eine Vision für ihr Leben zu erlangen, um Gott zu begegnen.

wieder zurückholen in den eigenen Körper und von dort ins eigene Zentrum hinein. Unser Körper ist ein wunderbares Instrument. Er hilft uns enorm, unsere Aufmerksamkeit halten zu lernen. Es wäre empfehlenswert, ihm ab und zu zu danken, ihn zu würdigen und zu pflegen.

- »Oder wisst ihr nicht, dass euer Leib ein Tempel des Heiligen Geistes ist, der in euch wohnt und den ihr von Gott habt? Verherrlicht also Gott in eurem Leib!« (1. Korinther 6,19a.20, Einheitsübersetzung)
- »Tue deinem Leib Gutes, damit die Seele Lust bekommt, darin zu wohnen.« (Teresa von Ávila)

Armstreckung – zentriert bleiben im Wellengang des Lebens

Höre die biblische Geschichte – Teil 2: Moses Auftrag

Es sind die züngelnden Flammen, die Mose in den Bann ziehen. Für einen Moment lässt er die Schafe, die er bewacht, aus den Augen. Wie kann das sein? Ein Busch, der brennt, ohne zu verbrennen. Als Mose sich dem lodernden Licht nähert, sieht er eine Erscheinung – »Ist das ein Engel?«, fragt er sich. Eine Stimme ruft ihn beim Namen: »Mose! Mose!« Ist das Gott, der zu ihm spricht? »Komm nicht näher, ziehe deine Schuhe aus, du stehst auf heiligem Boden«, fordert ihn die Stimme auf. Dann erhält Mose einen Auftrag: »Führe mein Volk, die Israeliten, aus Ägypten heraus.« Doch Mose wehrt ab: »Ich kann das nicht, das überfordert mich, ich brauche Hilfe.« Gott verspricht: »Ich werde dir beistehen! Dafür stehe ich mit meinem Namen JAHWE ein, der übersetzt bedeutet: Ich bin da und ich werde stets da sein.« Gestärkt und ermutigt kann Mose seine Aufgabe annehmen. (Exodus 3)

Biga-Übung Teil 2

In dem Bewusstsein, dass unser Körper ein göttliches Geschenk ist, dass er Tempel des Heiligen Geistes/der Heiligen Geistin (*ruach* ist im Hebräisch ein weiblicher Begriff) ist, betreten wir nun mit Mose das Heilige Land, wo Gott auf uns wartet. Das (innere) Land ist heilig, daher zieht Mose, ziehen wir im Biga die Schuhe aus. Mit nackten Füßen stehen wir da. Demut heißt: Mut, dem Göttlichen begegnen zu wollen. Mut, sich vor dem göttlichen Licht zu verneigen und seine Erde zu heiligen, deren Kinder wir sind. Das Wort Erde (lateinisch *humus*) ist auch mit dem englischen *humility* (Demut, Ergebenheit, Bescheidenheit) verwandt. Mit Mut zur Demut betreten wir Schritt für Schritt neuen Boden. Der Humus macht die Erde fruchtbar. Unsere Füße verbinden uns mit der Segen spendenden mütterlichen Erde. Über die nackten Füße nehmen wir die lebensnotwendige Kraft des Erdmagnetismus auf. Mutter Erde lädt zur Demut ein: Mit unseren Füßen stehen wir alle gleich hoch auf ihr. Hier, auf ihr, will Gott uns begegnen.

Achtsame Fußmassage im Sitzen und Stehen

Wähle einen dir bequemen Sitz auf dem Boden oder auf einem Stuhl. Siehe deine Füße wertschätzend an. Wie viele Jahre haben deine Füße dich schon durchs Leben getragen? Tue ihnen nun etwas Gutes!

1. Ziehe deinen linken Fuß zu dir her und streiche ihn mit den Fingern aus: den Fußrücken, die Zehen und die Zwischenräume der Zehen, die Innen- und Außenkante, die Fußfläche. Die Fußfläche beherbergt die Reflexzonen deines gesamten Körpers mit allen Organen sowie auch die drei Bereiche, die uns Menschen konstituieren: Drücke mit den Daumenkuppen die Ferse ab, sie symbolisiert den Körper und das Handeln. Drücke mit den Daumen systematisch das Fußgewölbe ab, es steht für die Seele und das Fühlen. Gehe über zum Fußballen, den Unterseiten und Zwischenräume der Zehen. Dieser Bereich wird dem Geist und dem Denken zugeschrieben.

2. Schlüpfe mit den Fingern deiner rechten Hand in die Zehenzwischenräume des linken Fußes. Mit deiner Hand flexe und strecke den Fuß einige Male, sodann fixiere mit der linken Hand die Ferse, mit der rechten Hand umfasse den Fuß und wringe ihn aus (= seitliche Spiraldrehung des Fußes). Am Schluss klopfe ihn mit den flachen Händen liebevoll wach. Verfahre ebenso mit dem rechten Fuß.

3. Stehe auf, stehe bewusst auf den Füßen. Verlagere das Gewicht auf das linke Bein. Beginne mit dem rechten Fuß: Ziehe den Fußrücken zum Schienbein hoch, dabei bleibt die hintere Ferse geerdet, die Fußfläche hebt sich vom Boden

weg. Rolle dann den Fuß auf dem Boden aus: über die Fußfläche, die Ferse hebt sich, wenn du weiter rollst, über die Zehenspitzen auf die Oberseite der Zehen. Lass Deinen Fuß einige AZ in dieser Stellung und intensiviere die nun spürbare Dehnung des Fußrückens mit leichtem Druck. Rolle über die Zehenspitzen wieder zurück und hebe erneut die Fußfläche vom Boden weg, bleibe nur auf der hinteren Ferse in Erdung. Intensiviere das Anziehen des Fußrückens zum Schienbein. Rolle den Fuß wieder über die Zehenspitzen auf die Oberseite der Zehen und dehne den Fußrücken. Wiederhole diese Wechselübung fünf bis sechs Mal mit dem rechten, dann mit dem linken Fuß.

Fußmassage im Sitzen zur Mobilisation

Fuß strecken und flexen zur Dehnung

Tadasana und Urdhva Hastasana –
der Berg und die Berghaltung mit Armstreckung

Oben auf dem Berg Horeb stellt sich Gott dem Mose als JHWH vor. Etymologisch ist dies kein Name, kein Substantiv, sondern ein Partizip des Wortes »sein«, nämlich: seiend. Da es im Hebräischen keine Zeitformen der Vergangenheit, Gegenwart und Zukunft gibt, impliziert das Tetragramm JHWH das ewige JETZT: »Ich bin seiend. Ich bin der, der ich bin, der ich war und der ich sein werde.« Der allumfassenden heiligen göttlichen Gegenwart wollen wir ganz gesammelt begegnen. Erlebe, wie die detaillierten Anweisungen für Körperkorrekturen in der Berghaltung dich tiefer in dein Präsent-Sein führen.

1. Stehe aufrecht, stehe still, die Füße hüftbreit auseinander, die Arme seitwärts Richtung Boden gereckt. Hebe deinen rechten Fußballen und lege ihn lang gestreckt wieder auf den Boden, vergleiche die Füße. Hebe deinen linken Fußballen und lege ihn lang gestreckt wieder ab. Vergleiche die Füße. Hebe die rechte Ferse, ziehe sie nach hinten und lege sie ab, ebenso mit der linken Ferse. Ziehe die Innenknöchel nach oben, dann die Außenknöchel. Diese Bewegungen sind kaum sichtbar, dennoch aktivieren sie das Fußgewölbe mit und halten die Füße mittig, und das Körpergewicht verlagert sich mehr auf die Fersen. Behalte diese Fuß-Aktionen bei, wenn du nun zu den Beinen kommst: Bringe die oberen Ränder der Kniescheiben nach hinten. Die inneren Leisten werden weicher, wenn du ihren Ansatzpunkt (= die Stelle an der Beininnenseite) nah am Schambein nach hinten führst und dort hältst, und wenn du zum Ausgleich der Beckenhaltung das Gesäß nach unten ziehst.

Gehe nun zu deinen Armen. Strecke sie zu Boden, die Handflächen zeigen zum Körper hin, lasse etwas Raum in den Achseln. Ziehe die Schulterblätter zur WS und rolle mit den hinteren Achselrändern zu den vorderen. Du bekommst als Reaktion eine Weite im Schlüsselbeinbereich geschenkt. Blicke weich nach vorn in die offene Weite des Raumes. Die Krone des Kopfes mittig nach oben und in Linie mit der Mitte des Beckenbodens.

2. *Urdhva Hastasana – Berg mit Armstreckung:* Gehe mit deiner Achtsamkeit noch einmal alle gesetzten Aktionen durch und hebe dann die gestreckten Arme parallel nach vorn und oben, über dem Kopf bleiben sie in Schulterbreite. Rolle noch einmal die hinteren Achselränder zu den vorderen, um die Arme mit den Flanken noch höher zum Himmel zu dehnen. Du bist tief geerdet und streckst dich dem Himmel zu. Du bist gleichzeitig »geerdet« und »gehimmelt«, du bist die Verbindung zwischen Erde und Himmel. Bleibe so einige AZ, ganz präsent, dann löse die Haltung rückläufig auf.

Tadasana, der Berg, ist die Ausgangsstellung für jegliche Stehhaltungen.

Berghaltung mit gestreckten Armen nach unten und dann nach oben

Madre Vandanam – Gruß an Mutter Erde

Alle alten naturnahen Kulturen verehrten Mutter Erde. Sie wussten, nur im Einklang und in der Kooperation mit ihr können wir Menschen überleben. Sie nährt und trägt uns. Der indische Gruß an Mutter Erde, im Buddhismus als »108 Niederwerfungen« bekannt, lädt uns ein, die Erde mit unserem Körper zu berühren und aufrecht auf ihr zu stehen. Mit der inneren Haltung der Verehrung, der Achtung, des Respekts, der Hingabe, in einem beständigen Fließen der Körper- und Atembewegungen.

Beginne in *Tadasana,* die Hände bzw. Handfläche in der Gebetshaltung *Namasté:* Lege die Handflächen zusammen, die Daumenseite an die untere Brustbeinspitze. Tief EA – ausatmend beuge die Knie und setze zuerst die Knie auf, dann lege die Fußrücken auf den Boden, das Gesäß auf die Fersen. Du sitzt so im Fersensitz/*Vajrasana,* die Hände sind noch in *Namasté.* Tief EA – ausatmend beuge den Rumpf und die schulterbreit geöffneten Arme nach vorn, die Handflächen mit den aufgefächerten Fingern und die Stirn berühren den Boden, das Gesäß bleibt auf den Fersen. Tief EA – ausatmend hebe den Kopf, um dann den Bauch auf den Boden abzulegen, die Arme strecke dann ganz nach vorn, die Beine intensiv nach hinten. Du berührst nun Mutter Erde mit deiner gesamten Körpervorderseite, der Stirn, den Handflächen.

Wenn du willst, kannst du dir vorstellen, wie du dein Herz mit dem Herzen von Mutter Erde verbindest, z. B. mit einem Lichtstrahl. Der Zyklus wird rückläufig aufgelöst: Tief EA – ausatmend setze die Hände neben deinem Rumpf auf. Tief EA – ausatmend schiebe Deinen Oberkörper wieder zurück, bis das Gesäß auf die Fersen kommt, die Arme sind in Schulterbreite nach vorn gestreckt, die Stirn ruht auf dem Boden. Tief EA – ausatmend hebe den Rumpf, die Hände

Mose – ein Mann mit Makeln

führe zu *Namasté*. Du sitzt wieder im Fersensitz. Tief EA – ausatmend komme zuerst auf die Fußballen, mit leichtem Schwung bring die Knie vom Boden weg und komme zum aufrechten Stehen, die Hände weiterhin in *Namasté*. Mit dem nächsten tiefen EA gehen die noch zusammengelegten Handflächen nach oben zum Himmel, mit dem AA öffne die Hände und in einem weiten Armkreis gehen die Arme über die Seiten zurück nach unten und zu *Namasté*.

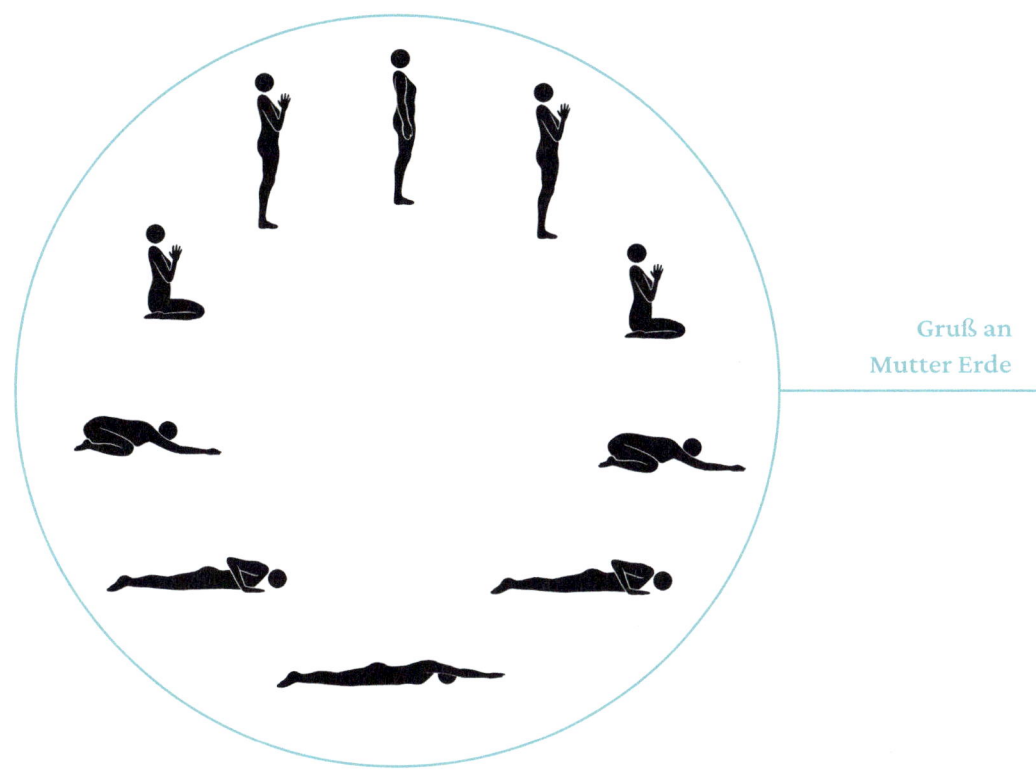

Gruß an Mutter Erde

Höre die biblische Geschichte – Teil 3: Mose und das gelobte Land

Das Volk Israel befindet sich auf der Flucht aus der Sklaverei. Der Weg in die Freiheit führt durch die Wüste. Es gibt ein klares Ziel: den Berg Horeb, den Berg Sinai. Doch Hunger, Durst, Ängste werden wach. Es kommt zu Konflikten, Streit, das Volk ist unzufrieden. Es fehlt an Wasser für Tier und Mensch. Es murrt und schimpft gegen Mose und Gott. Und Mose reagiert, er schreit zu Gott: »Nur wenig fehlt und sie steinigen mich.« Mose soll mit seinem Stock gegen den Felsen schlagen, damit frisches Wasser fließt und die Menschen vor dem Verdursten gerettet werden. Psalm 23,2: »Er führet mich zum frischen Wasser.« So ziehen sie weiter Richtung Ziel, in ein Land »wo Milch und Honig fließen« sollen. Mose selbst darf das gelobte Land nicht betreten, er stirbt kurz vor dem Ziel. Zumindest einen Blick darauf darf er werfen. Gott spricht zu ihm: »Dieses Land will ich deinen Nachkommen geben. Du hast es mit eigenen Augen gesehen, aber du sollst nicht hinübergehen.« Das Ziel, auf das er jahrelang hingearbeitet hat, bleibt für ihn persönlich unerreichbar. Sein Lebenswerk bleibt Bruchstück, unfertig, unvollkommen. Josua übernimmt. Kein Mensch ist unersetzlich. Niemand soll meinen, ohne ihn*sie könne es nicht weitergehen. (Exodus und Numeri)

Biga-Übung Teil 3

Weitergehen heißt: Wage den Schritt heraus aus den Fleischtöpfen Ägyptens, aus der Versklavung von angelernten Konzepten und Konditionen, von übernommenen Denk- und Gefühlsmodellen, von antrainierten Gewohnheiten, Sicherheiten, Bequemlichkeiten und Kompromissen. Suche die versteckte Seelenbotschaft hinter vermeintlichen Brüchen und Krisen. Was willst du wirklich: zweifeln und hadern im Land der Knechtschaft oder vertrauen und offen sein für Neues und Fremdes im gelobten Land? Du kannst wählen!

»Die Stimme des Herzens geht keine Irrwege. Wenn du sie einmal überhörst, wird dich der Schmerz der Sehnsucht wieder zu ihr zurückführen.«[8]

»Solo Dios basta!« (Teresa von Ávila): Nur Gott allein genügt, um unsere eigene Sehnsucht nach dem Unendlichen zu stillen. Bedenke, du stehst im Raum: Raum über dir und unter dir, Raum rings um dich herum. Du stehst und bewegst dich im göttlichen unendlichen Raum! – Daher bereiten wir für unser »Gehen« jetzt unsere Beine mit Dehnungen vor.

Hanumanasana – Spagat – Vorbereitungsübungen im Ausfallschritt

Ausgangsposition ist der Kniestand. Falls Hilfsmittel benötigt werden: zwei Blöcke oder ein Stuhl. Bei den folgenden Beindehnungen ist zu beachten, dass die Linie beider Hüftknochen bzw. die Linie der Rollhügel der Oberschenkel[9]

---

8 Barbara Schenkbier: Das Geheimnis der Quelle. Ein Yogamärchen. Petersberg ²1988, S. 56.
9 Der Rollhügel bezeichnet die Rundung am oberen Ende des Oberschenkelknochens. Dieser ist sehr leicht und gut zu spüren, wenn man dort die Finger oder Handfläche auflegt und das jeweilige Bein belastet bzw. die Hüfte etwas zur Seite kippen lässt.

erhalten bleibt und sich nicht in die Diagonale verschiebt. Wir intendieren damit den Aspekt der Mose-Geschichte: unsere Beine auf die nächsten herausfordernden Schritte einzustimmen.

1. Im Kniestand schwenke dein rechtes Bein so weit wie möglich nach vorn, dann strecke es aus und erde den hinteren Fersenrand. Beuge den Rumpf vor und verlängere dabei stets die Körpervorderseite. Die Hände finden Halt auf dem Boden. Falls du nicht so tief beugen kannst, setze die Hände auf zwei Blöcke bzw. auf den bereitgestellten Stuhl. Je tiefer du beugst und den Rumpf lang nach vorn streckst, desto intensiver wirst du die Dehnung in der Beinrückseite spüren. Ziehe die Hüfte des gestreckten rechten Beines Richtung linker Ferse, das erlaubt deinem Becken, sich wieder in der parallelen Linie einzufinden. Nun spiele mit deinem rechten Fuß: Flexe ihn, dein rechter Hüftknochen tendiert dadurch leichter nach hinten. Behalte den Hüftknochen genau an dieser Position, wenn du deinen rechten Fuß ballettmäßig streckst und mit dem großen Zeh den Bodenkontakt herstellen willst. Der Großzehballen und die Unterseite des großen Zehs sind wichtige Quellpunkte, die deinen Fuß führen, mittig halten und aktivieren.

Kehre in den Kniestand zurück, vergleiche die Beine, übe den Zyklus nun mit dem linken Bein vor.

Beindehnung

2. Erneut rechtes Bein so weit wie möglich nach vorn aufsetzen, eventuell mit dem Fuß noch etwas weiter nach vorn krabbeln. Rumpf nach vorn strecken, Hände auf den Boden/die zwei Blöcke/die Stuhlfläche. Achte darauf, dass das rechte Knie im rechten Winkel zur rechten Ferse bleibt. Presse den linken Fußrücken und die Zehen auf den Boden, ebenso den rechten großen Zeh und Großzehballen und ziehe den rechten Hüftknochen zurück in die Linie mit dem lin-

ken Hüftknochen. Behalte dies bei, wenn du nun den linken Fuß aufsetzt und das Knie vom Boden weghebst. Lasse deine linke Kniekehle mehr und mehr aufgehen wie eine strahlende Sonne. Knie aufsetzen, zurück in den Kniestand. Das gleiche mit dem linken Bein nach vorn.

3. Aus dem Kniestand das rechte Bein weit nach vorn bringen, Knie und Fersen bleiben im rechten Winkel übereinander. Senke dein Becken und übertrage erneut die Feinkorrekturen der vorherigen Übung. Lass dein Becken tief, wenn du deine Handflächen auf dem rechten Oberschenkel knapp oberhalb des Knies positionierst. Sie bieten dir nun einen Gegenhalt und zugleich einen Impuls für die folgenden Details: Richte deinen Rumpf auf, senke dein Becken noch mehr; dabei schiebe mit den Händen den Oberschenkel nach vorn, zugleich ziehe den rechten Hüftknochen zurück. Der gewünschte Effekt ist, dass du mehr Raum zwischen dem rechten Oberschenkelansatz und dem Unterbauch herstellst. Die vordere rechte Leiste bekommt Raum, um weich zu werden.

4. Mit ganzer Konzentration halte alle Anweisungen, setze den linken Fuß auf, hebe dein linkes Knie vom Boden weg und öffne mehr und mehr deine linke Kniekehle, aber achte beständig darauf, dass dein Becken abgesunken und der Raum zwischen rechtem Oberschenkel und Unterbauch erhalten bleibt.

Linkes Knie wieder aufsetzen, in den Kniestand zurückkommen – das Gleiche mit dem linken Bein vorn aufgesetzt üben.

Spagatvorbereitung mit großem Ausfallschritt

Prasarita padottanasana – Grätschstellung mit Vorbeuge

Ausgangsposition: *Tadasana,* einen Stuhl in etwas Abstand vor sich bereitstellen.

1. Beginne mit den Handflächen auf dem Beckenkamm aufgestützt, die Beine in die Grätsche stellen, Fußaußenkanten stehen parallel zueinander. Hebe die

Fußaußenkanten und erde so die Fußinnenkanten, von dort aus verankere auch die Fußaußenkanten im Boden. Ziehe die Innenknöchel nach oben, dann die Außenknöchel, achte darauf, dass sie in einer Linie zueinander kommen. Diese feine Fußarbeit aktiviert deine gesamten Beine. Ziehe intensiv die Kniescheiben hoch und die Oberschenkelmuskeln an die Knochen heran. Öffne die auf dem Beckenkamm abgelegten Hände so, dass die Handflächen mit den gestreckten Fingern parallel zum Boden ausgerichtet sind. Presse mit den Handinnenkanten deinen Beckenkamm nach unten und erlebe, wie diese Aktion deine Flanken verlängert und deinen Rumpf vom Becken weg hebt und den inneren Organen Raum verschafft. Dein Blick geht weich nach vorn in die Weite und zugleich in die Weite deines inneren Raumes. Tief EA, tief AA.

2. Bringe aus dieser vorbereiteten Grätsche deinen Oberkörper mit der bleibend langen Bauchseite parallel zu Boden, ziehe die Ellenbogen der aufgestützten Arme nach hinten, weg von der Ohren; halte deinen Kopf in Verlängerung der WS. Halte diese Position für einige tiefe AZ. Eine mögliche Steigerung für die Rückenmuskulatur erreichst du, wenn du deine Arme vom Becken löst und zuerst seitwärts in Schulterhöhe ausstreckst, dann führe sie weiter nach vorn, halte sie in Schulterbreite und in Ohrenhöhe. Die Handflächen sind zueinander gewandt, die Augen schauen wach nach vorn. Tief EA, tief AA. Eine Alternative dazu: Stütze deine Unterarme auf der Stuhlkante auf.

3. Ziehe den Stuhl zu dir heran, lege Unterarme und Kopf darauf. Es soll eine entspannende Haltung sein, daher wähle ausreichend hohe Kissen, Polster oder zusammengefaltete Decken als Arm- und Kopfunterlage. Vorwärtsstreckungen mit aufgestütztem Kopf beruhigen das NS. Mit jedem AA übergib die Schwere deines Kopfes an die Unterlage: deine »Kopflastigkeit«, schwere Gedanken und unangenehme Gefühle – Sorgen, Pläne, kürzliche Streitereien, Druck von all dem, was noch (dringend) zu erledigen ist, usw.

Grätsche im Stehen oder mit Kopf auf der Matte

Entspannung – Rückenlage mit den Unterschenkeln auf einem Stuhl

Zum Schluss lege dich auf deinen Rücken und lagere die Unterschenkel auf der Stuhlfläche derart, dass die Kniekehlen die Stuhlkante berühren. Die Arme befinden sich in etwas Abstand zu den Flanken, sodass etwas Raum in den Achseln erhalten bleibt. Dein Becken ist wie eine Schale, in der sich nun Deine Bauchorgane betten dürfen. Unterstützend wirkt hierfür eine zusammengelegte Decke unter der Rückseite des Beckens.

Mit jedem AZ genieße die Ruhe, die Körperschwere, das Nichts-tun-Müssen. Schenke dir ein inneres Lächeln – das entspannt dein Gesicht und dein Gemüt. Dein Körper ist dem Himmel zugewandt, an die offene Weite des Seins hingegeben. Reines Dasein. JHWH/Jahwe – Ich bin, der ich bin. Ich bin, der ich bin, der ich war und der ich immer sein werde. – Ich bin, die ich bin. Ich bin, die ich war und die ich immer sein werde. – Amen, in Liebe.

Ausklang

Wenn es in den Alltag zurückgeht, sei gewiss: Erfolg ist das, was folgt, wenn du dir treu bleibst, wenn du authentisch handelst, wenn du aus deiner Zentrierung heraus den neuen Aufgaben begegnest. Wo liegt das Land deiner Verheißung? Gehst du, wie Mose, einem Ziel entgegen? Wovon musst du wie Mose Abschied nehmen? Wo sind alle deine Kräfte gefragt? In deinem liebenden Handeln wirkt Gott in der Welt. Sei mutig, halte durch. Sei offen für Zeichen auf deinem Weg, vor allem für Weggefährten, die sich einfinden werden. Du bist nicht allein! Mose musste das Abgeben erst lernen: Bestimmte Aufgaben lassen sich eben besser gemeinsam meistern oder auch von Anderen, zum Beispiel der jüngeren Generation, vollenden.

Moses Morgensegen

Ich begrüße diesen Tag mit Freude;
dieser Tag ist voll Licht und Liebe.

Gegrüßt seist du, wunderbarer Tag;
du hältst für mich nur das Beste bereit;
du bringst mir Glück und Sonnenschein.

In all meinen Angelegenheiten
zieht göttliche Ordnung ein.
Ich bin von Engeln geführt,
so bin ich immer am richtigen Platz,
zur richtigen Zeit.

Wo immer ich bin, ist Göttliche Harmonie,
Göttliche Fülle und Weisheit.

Heute beachte ich nur das Schöne
an mir und meiner Umgebung.
So ziehe ich immer mehr Schönheit an.

Ich segne alle Menschen, die mir begegnen.
Ich sende nur gute Gedanken aus.
Meine Gefühle sind nur auf das Gute gerichtet.

Ich bin frei von belastender Vergangenheit.

Ich danke für die Zufriedenheit in meinem Herzen,
denn Gott ist meine vollkommene Versorgung.
Ich vertraue und glaube.
Immer mehr Gutes umgibt mich,
erfüllt mich, kommt zu mir.

Dieser Tag ist ein wundervoller Tag,
er ist einmalig, er kommt nie zurück.

So nehme ich mein Leben dankbar an.
Ich nehme an, was mir göttlicher Wille schickt.

Ich danke für meine Lebenskraft.
Ich danke, dass ich danken kann.

DANKE DANKE DANKE[10]

---

10   Verfasser unbekannt, entnommen aus dem Kinderyoga-Skript von Carola Spegel.

Debora – eine Frau, ein Wort

Andrea König und Carola Spegel (Biga-Übungen)

Einführung

Wenn man an eine Palme denkt, denkt man zugleich an Meer, Wind, Weite, Sonne und Wärme. Die Palme steht als Symbol für Frieden, Freiheit, Urlaub, Fernweh und Entspannung. Auch Debora saß unter einer Palme auf einem Berg. Welch ein idyllisches, fast meditatives Bild. Doch der Anschein trügt. Es ist eine martialische Geschichte, die im Richterbuch im vierten Kapitel erzählt wird. Mittendrin: Debora – Richterin, Prophetin, Kriegerin. Am Ende gibt es Tote und einen brutalen Mord. Und Debora behält recht: Den Sieg wird sich nicht der Militärführer auf die Fahnen schreiben können, sondern eine andere Frau.

Debora ist eine wirklich außergewöhnliche Frau. Nicht nur, dass sie die einzige Frau ist, von der die Bibel als Richterin berichtet, sie ist auch eine einflussreiche Führungspersönlichkeit, die Menschen beruft, ihnen Aufträge erteilt und die ihr Folge leisten. Zudem ist sie Prophetin und kann Ereignisse der Vergangenheit, Gegenwart und Zukunft in Verbindung mit Gottes Willen und Wirken setzen. Die Bibel berichtet nur von sehr wenigen Prophetinnen. Frauen sind im Alten Testament in der Regel Mütter oder Ehefrauen, manchmal Zweitfrauen, Hebammen, Sklavinnen oder Verführerinnen. Debora ist anders – sie ist eine Frau in gehobener Position.

Zum Zeitpunkt der Erzählung hat Israel noch keinen König, sondern besteht aus Sippen und Stämmen. Politisch-strategisch ist das ein Nachteil, denn die Stämme begeben sich immer wieder in kriegerische Auseinandersetzungen mit ihren Nachbarn. Die großen Anführer wie Mose und Josua sind schon lange tot, und weil Israel kein richtiger Staat ist, fehlt es an einer einheitlichen Gesetzgebung. So übernehmen immer wieder vorübergehend Menschen die Führung, die offenbar charismatisch genug sind, die Sippen und Stämme hinter sich zu bringen, um im Miteinander konkrete Bedrohungen zu überwinden. Debora ist eine dieser Führungspersönlichkeiten.

20 Jahre lang unterdrücken der Kanaaniterkönig Jabin und sein Heerführer Sisera schon die Stämme Israels mit brutaler Gewalt. Die Not ist groß und Debora

hört die Klagen des Volkes. Sie sitzt auf einem Berg unter einer Palme und übt dort ihre Tätigkeit als Rechtsprechende aus. Sie lässt Barak, den General, zu sich rufen und gibt ihm den Auftrag, Israel für den Kampf zu rüsten und in den Krieg zu ziehen. Das ist außergewöhnlich. Eine Frau sagt nicht nur einem Mann, sondern einem Heerführer, was er militärisch zu tun hat. Gleichzeitig sagt sie den Sieg voraus. Und Barak? Er erhebt Einspruch und akzeptiert nur unter einer Bedingung: wenn Debora mit ihm geht. Debora stimmt zu.

Debora ist offensichtlich keine schwache Frau. Sie ist auch nicht passiv. Debora ist durchsetzungsfähig und aktiv. Ihr Name, im Hebräischen דְּבוֹרָה *(devorah)*, bedeutet übersetzt »Biene«. Das lässt auf Fleiß schließen oder sich aber als Anspielung darauf lesen, dass sie den Kanaanitern einen schmerzhaften Stich versetzte. In der Bildersprache der alttestamentlichen Texte steckt jedoch meist noch sehr viel mehr Bedeutung. Das hebräische *devorah* weist Bezüge zum hebräischen *dabar* (דבר) auf, was so viel wie »Rede« oder »Wort« bedeutet. Ihr Name führt somit schon zur Auslegung. Das hebräische *debir* (דביר) bezeichnet das Allerheiligste, die Allgegenwart Gottes. Die Rednerin ist Prophetin und wenn sie ruft, ruft Gott und es geschieht etwas Heiliges.[1]

Debora ist eine mächtige Frau – eine Frau des Wortes mit direktem Draht zu Gott. Sie wirkt klar, entschlossen, zielgerichtet. Wenn heute Frauen in solchen Positionen so agieren, werden sie eher als dominant wahrgenommen und das ist meist auch nicht als Kompliment gemeint. An Debora zeigt sich auf wundervolle Weise, wie Gott Menschen unabhängig von ihrem Geschlecht in Positionen beruft. Geschlechterkonventionen und Stereotypen, wie wir sie kennen, scheinen hier keine Rolle zu spielen. So gesteht auch Barak, der General, offen seine Angst und spricht sie Debora gegenüber aus. Es ist nicht der kriegerische Held, der hier begegnet, sondern ein Mann, der seine Fähigkeiten, aber auch seine Schwächen kennt. Debora bestimmt und scheut die direkte Auseinandersetzung mit dem Gegner nicht. Wirkt sie deshalb weniger weiblich? Diese Frage stellt sich gar nicht. Sie ist von Gott beauftragt und ihre Entscheidungen bringen nicht nur den Sieg, sondern vierzig Jahre lang Frieden – auch wenn der Preis dafür hoch ist.

Für diese Biga-Einheit rücken wir drei Schwerpunkte der Erzählung ins Zentrum: Deboras Tiefenschau in die menschlichen Dinge des Lebens. Gottes wirksames Wort. Wege gehen statt weggehen.

---

[1] Analogien finden sich in verschiedenen Mythologien und Religionen. So war z. B. am Tempel des Orakels von Delphi ein heiliger Bienenschwarm, mit dessen Hilfe die delphische Priesterin Orakel sprach. Der griechische Dichter Pindar nannte Pythia, die weissagende Priesterin im Orakel von Delphi, die delphische Biene.

Deboras Tiefenschau in die menschlichen Dinge des Lebens: Debora wird vorgestellt als prophetische Frau. Das ist eine Sprache der späteren Königszeit. In der Zeit Deboras ist sie eher eine altisraelische Seherin, die weniger eine Vorausschau für die Zukunft trifft, sondern vielmehr zu einer Tiefenschau in die menschlichen Dinge des Lebens befähigt ist. Das Richterbuch beginnt damit, dass Israel in den Augen Gottes Böses tut und deswegen immer wieder von anderen Völkern bedrängt wird. Angekommen im verheißenen Land Kanaan bröckelt das Vertrauen in Gott. Zwanzig Jahre dauert der Zustand schon – eine halbe Generation. Das Volk Israel wirkt wie gelähmt. Nichts ist an Gegenwehr zu sehen. Die Menschen scheinen sich ihrem Schicksal zu ergeben. Israel droht unterzugehen und Opfer der Feinde zu werden. Gibt es niemanden, der den Mut hat, aufzustehen aus dieser Lähmung und Resignation, um dem Feind Paroli zu bieten? Debora wird eingeführt wie ein Sequenzschnitt im Unheil drohenden Geschichtsverlauf. Auf dem Berg unter der Palme sitzt sie, gibt Rat und trifft Entscheidungen in konkreten Lebensfragen. Sie spürt die Antriebslosigkeit des Volkes. Sie sieht die Situation der Menschen, deutet sie und ergreift die Initiative, den Widerstand zu wecken.

Gottes wirksames Wort: Debora spricht Recht, unter einer Dattelpalme sitzend, die auf einem Berg steht. Es ist ein sehr friedliches Bild. Fast wie ein Traumerholungsort, um in Ruhe Entscheidungen zu treffen. Wann findet man schon eine Palme hoch oben auf einem Berg? Das ist auch für die Region eigentümlich. Doch die Bildsprache steckt voller Symbolkraft. Im Alten Testament steht der Berg als Ort der besonderen Nähe Gottes und die Palme als Hoffnungszeichen und Symbol für Sieg und Frieden. So wird bildhaft deutlich: Gott spricht durch Debora – eine Frau, ein Wort. Sie lässt Barak, den Feldherrn rufen und überbringt ihm die Botschaft und den Befehl Gottes. Es ist eine genaue Anweisung. Hier redet Gott unmissverständlich durch eine Frau. Die Anweisung ist kurz und klar. Debora sagt ihm, wohin er gehen und wen er mitnehmen soll und wo er die Leute findet. Und wie reagiert Barak? Er antwortet: »Wenn du mit mir gehst, so will ich gehen; gehst du aber nicht mit mir, so will ich nicht gehen.« (Richter 4,8) Das erinnert an Mose in Exodus 4. Barak akzeptiert das Gotteswort nur unter einer Bedingung: Ausschlaggebend ist das Mitgehen Deboras.

Wege gehen statt weggehen: Hat Barak Angst? Ist er mit der Situation überfordert? Vielleicht. Deborah interessiert sich nicht dafür. Sie gibt ihm ihre absolut sichere Zusage, die mit der schönen stilistischen Form »Gehend werde ich mit dir gehen!« (vgl. Richter 4,9) zum Ausdruck gebracht wird. Wege gehen statt weggehen. Weil er zögert, relativiert Debora im Folgesatz jeglichen Ruhmesgedanken, den Barak hegt. Sie teilt ihm mit, dass Gott die Ehre einer Frau zuteilwerden lasse, in deren Hand er den fremden Heerführer geben werde. Debora prophezeit damit gleichzeitig den Ausgang des Kampfes. Sie übernimmt es, das Wort Gottes zu sprechen, und wird somit dem Gleichklang ihres Namens im Hebräischen *dabar* vollends gerecht. Das Wort im Namen und Auftrag Gottes ist das Medium, durch das sie als Frau des Wortes und als Prophetin handelt. Sie wirkt entschlossen, klar und zielgerichtet. Entsprechend wird abschließend doppelt betont, dass Debora mitgeht: »So machte sich Debora auf und ging mit Barak nach Kedesch.« (Richter 4,9) Weil Debora geht, geht auch Barak.

10.000 Männer sammeln sich. Debora geht dem Heer voran. Der Gegner Sisera beginnt seinen Feldzug beim Bach Kischon, was sich als Fehler erweist. Ein Unwetter macht aus dem Bach einen reißenden Fluss. Die Streitwagen bleiben stecken und Barak kann das feindliche Heer besiegen. Sisera kann allerdings fliehen. Er trifft auf Jaël und versteckt sich in ihrem Zelt. Die Gastfreundschaft erweist sich jedoch als tödliche Falle. Als Sisera einschläft, tötet ihn Jaël mit einem Pflock, den sie ihm in die Schläfe rammt. So tritt die Prophezeiung ein und der Ruhm des Sieges gebührt letztendlich einer Frau. Das anschließende Siegeslied, das Debora zugeschrieben wird, nimmt die Erzählung auf und rekapituliert in poetischer Form das Geschehen. Es ist einer der ältesten Texte des Alten Testaments. Wie das Mirjamlied, mit dem die Schwester Mose nach der Rettung Israels vor den Ägyptern dem Volk die Verheißung Gottes in ihre Herzen paukte, erinnert das Deboralied an die Zusage Gottes: »Die ihn aber lieb haben, sollen sein, wie die Sonne aufgeht in ihrer Pracht!« (Richter 5,31). Wie Mose durch das Schilfmeer geleitet, führt Barak die Entscheidungsschlacht. Doch nicht Barak steht in der Moserolle, sondern Debora.[2]

Eine interessante Auslegung bietet ein Text der jüdischen Mystik. Einer der einflussreichsten Denker, Rabbi Moses Cordovero (1522–1570), verfasste die Schrift »Der Palmbaum der Deborah«.[3] Der Autor gilt bis heute als einflussreicher Denker jüdischer Spiritualität. Der Text handelt vom Einüben in das radikale Erbarmen Gottes und der wechselseitigen Sympathie zwischen Gott und Mensch. Cordovero betont die unauflösliche Einheit spiritueller Erkenntnis und ethischen Handels. Dazu dient ihm das Bild einer menschlichen Nach-

---

2   Vgl. Klara Butting: Prophetinnen gefragt. Die Bedeutung der Prophetinnen im Kanon aus Tora und Prophetie. Wittingen 2001, S. 121; Irmtraud Fischer: Gotteskünderinnen. Zu einer geschlechterfairen Deutung des Phänomens der Prophetie und der Prophetinnen in der Hebräischen Bibel, Stuttgart 2002. S. 122 f.
3   Vgl. Rabbi Moses Cordovero von Zefat: Tomer Deborah – Der Palmbaum der Deborah. Eine mystische Ethik radikalen Erbarmens. Freiburg i. Br. 2003.

ahmung Gottes. Er skizziert einen Entwurf persönlicher Lebensführung und ein Konzept sozial begründeter aktiver Gemeinschaft. In Debora sieht er Gottes Antwort auf den Schrei des Volkes. In der Deborapalme entdeckt er ein Sinnbild der gelingenden Vereinigung des Männlichen und Weiblichen. Der Schrei des Volkes habe Gottes Verständnis und seine Zuneigung mobilisiert. Nach Cordovero wird der*die Einzelne nur er*sie selbst, wenn er*sie anderen nahekommt und mit ihnen gemeinsam geht. Der Mensch wird zum »Gefährt« Gottes, indem er »Gefährt« oder »Gefährtin« anderer wird und umgekehrt.

Gott schwebt hier nicht drüber, sondern steckt im Leben derer, denen es schlecht geht, wie auch im Handeln derer, die das zu ändern versuchen. Das ist eine Auslegung, die auch gegenwärtig anschlussfähig scheint. Viele Menschen suchen nach einem Weg, auf dem sie zu einem religiös überzeugenden, gesellschaftlich-sozial notwendigen Engagement und einem von sich selbst von innen heraus stimmigen Leben kommen. Wege gehen statt weggehen. Aufstehen wie Debora.

Praktischer Biga-Teil

Debora sitzt oben auf dem Berg unter ihrer Palme in luftiger Höhe. Einzig Stille, Wind und Naturgeräusche umgeben sie. Es ist ein guter Ort, an dem sie zur Ruhe und in ihre Mitte kommen kann. Hier findet sie den Weg in ihr Herz, in ihren inneren Tempel.

Kon-temp-lation: In den inneren Tempel gehen und hier alles zusammenbringen *(con-)* wird in der Yoga Mediation *dhyana* genannt. In der mystischen Praxis von Ost und West meint Meditation nicht im Descart'schen Sinne »über eine Sache tief nachdenken«, sondern Meditation entspricht hier eher dem, was die Wortwurzel *med* in sich birgt: sich einer Sache zuwenden, seine Aufmerksamkeit auf etwas richten und halten, nämlich auf unsere inneren Dimensionen, auf die innere göttliche Präsenz. Eine solche Praxis wirkt heilend wie der *Heil-and,* wie *Med-izin.* Das Geschenk der Stillepraxis ist ein wort- und definitionsloses *Ge-wahr-sein.* Ein intensives, erweitertes Bewusstsein, geschärfte Sinne und ein geklärter Geist. Klarheit und Wahrheit in der göttlichen Ordnung stellen sich ein. Daher wurde Debora, und mit ihr viele geschätzte und geehrte hellsichtige Männer und Frauen in allen Kulturen und Zeitepochen, konsultiert. Man nannte diese Fähigkeit *das zweite Gesicht.*

Sicherlich war diese Fähigkeit eine Gnade, ein von Gott mitgegebenes Geschenk. Allerdings bedurfte und bedarf eine Begabung auch der beständigen Übung, wie z. B. beim Erlernen eines Instruments oder einer Sportart. Aus der

Ruhe heraus fällt Debora die Entscheidung, nicht nur Barak zu rufen, um ihm Gottes Wort zu vermitteln, sondern auch, um ihn schließlich zu begleiten. Innerliche und äußere Haltung kommen zusammen. Eine Frau und ein Mann sind in gleicher Mission unterwegs. Gut erlebbar in Übungen als Partnerarbeit (= PA).

Wir widmen uns zunächst einer innerlich und äußerlich aufrechten Haltung mit liebevollem, klarem Atmen und summen wie eine Biene, zusammen mit *devorah* = Biene.

Einstiegsübung – positive Energie in sich erlauben

Stabiler Sitz (*Siddhasana* oder *Sukhasana* = weiter oder enger Schneidersitz), wähle die Sitzunterlage so hoch, dass dein Becken und deine WS sich mühelos aufrecht halten können; Handrücken ruhen auf den Oberschenkeln, Daumen und Zeigefinger berühren sich zum *chin-mudra* (= Daumen und Zeigefinger berühren sich): Nimm Kontakt zu deinem Atemrhythmus auf, lasse das EA und AA tiefer und länger werden. Wähle aus den folgenden Vorschlägen die für dich stimmige Affirmation aus, gern auch mehrere oder suche dir eigene passende Begriffe zum Atmen. Nach diesem affirmativen Atmen gehe sanft über in *Bhramari*/Bienensummen.

EA – Ich lege Licht – AA – in alles, was ich tu.
EA – Ich lege Liebe – AA – in alles, was ich tu.
EA – Ich lege Klarheit – AA – in alles, was ich tu.
EA – Ich lege Weisheit – AA – in alles, was ich tu.
EA – Ich lege Bewusstheit – AA – in alles, was ich tu.
EA – Ich lege Achtsamkeit –AA – in alles, was ich tu.

Bhramari – Bienensummen

Diese Übung verbindet den Atem mit einem vibrierenden Klang. Vibration, Klang oder Schwingung ist die Grundlage der Schöpfung.

Weichen Kiefer vorbereiten: Kauend kreise einige Male deinen Unterkiefer rechts, danach links herum, sodann wie ein Kamelkauen von vorn nach hinten; neige deinen Kopf nach hinten und erlebe, wie deine Zungenspitze sich entspannt und vom Gaumen weggeht; führe den Kopf zurück, den Scheitelpunkt zur Decke ausgerichtet, Zunge ruht weich im Unterkiefer, spüre den Raum im Mundbereich und lasse die Lippen sich nur noch sanft berühren; es wird sich durch das tiefe EA und AA natürlicherweise jeweils eine Pause nach dem EA und AA ergeben, diese ist zu genießen.

Handrücken ruhen auf den Oberschenkeln: EA durch die Nase – Pause – AA mit Summton »mmmm ...« zwischen den vibrierenden Lippen – Pause.

Daumen verschließen die Ohren, indem du die Handflächen nach oben aufdrehst und so die Daumenkuppen mit einfühlsamen Druck an den Tragus = den kleinen Knorpelvorsprung am Gehöreingang platzierst: EA durch die Nase – Pause – AA mit einem Bienensummen – Pause.

Bhramari mit *Shanmukhi-Mudra* = »Versiegeln der sieben Tore«: Dieses Finger-Mudra verschließt die Öffnungen am Kopf, um die Sinne und den Geist nach innen zu richten und um sie zur Meditation zu erziehen. Die Nasenlöcher werden so verengt, dass sie einen tiefen, stetigen, rhythmischen und feinen Atemstrom erzielen. Daumenkuppen entweder in die Ohren oder die Knorpelhöcker verschließen, Zeige- und Mittelfinger an die oberen Augenlider angelegt, Ringfingerkuppen an die Nasenflügel, die kleinen Finger auf der Oberlippe oder an den Mundwinkeln. Atemstrom fühlen – dann wieder mit dem Summton üben. Die sieben Tore sind zwei Augen, zwei Ohren, zwei Nasenöffnungen und der Mund.

Pratyahara, das fünfte Glied des 8-gliedrigen Yogapfades nach dem YS des Patanjali bedeutet das Zurückziehen, Schärfen und Lenken unserer Sinne. In der *Katha-Upanishad,* einer der frühen heiligen Schriften Indiens, überliefert uns die erste Definition von Yoga als Übungsmethode: Yoga ist hier das *Zurückziehen der Sinne*. Es sollen die fünf Sinne zusammen mit *manas* und *citta,* dem Denken und dem Geist, zum Stillstand kommen (*Katha-Up 2,* aus dem 5. Jahrhundert v. Chr.). Im Wachbewusstsein unseres Alltagszustands kleben unsere Sinne an allen möglichen Objekten der Außenwelt. Dadurch beschäftigt sich unser Geist ständig mit wahrnehmen, und infolgedessen sind unsere Gedanken in ständiger Bewegung, sie schwirren umher wie ein Schwarm Bienen. Yoga zielt mit einer jeden Übung darauf ab, die Aufmerksamkeit auf das eigene Innere zu richten und die Sinne auf diese Weise zu beruhigen.

Verschließen der Tore – die Sinne werden nach innen gezogen

Höre die biblische Geschichte –
Teil 1: Debora – Berg und Palme kommen zusammen

Der Blick ist weit. Die Sicht vom Berg herab ist klar. Menschen kommen zu Debora – der Rechtsprechenden – und erwarten ein Urteil. Überblick bekommen, einen Blick auf das Ganze. Da sitzt sie – auf dem Berggipfel unter einer Palme, die ihr sicheren Schutz bietet. Hier spricht Gott zu ihr. Klar, deutlich, unmissverständlich. Lange schon ist das Volk Israel Unterdrückung und Gewalt ausgesetzt. Die Not wird unerträglich. Die fremde Macht bedroht Israel mit purer Waffengewalt, hochgerüstet bis an die Zähne mit eisernen Kampfwagen. Da wenden sich die Israeliten mit vielen Klagen Debora und Gott zu. Debora sitzt dort wie eine Friedensgestalt, umgeben von Gewalt. Debora hört das Klagen, Gott hört das Klagen, Debora spürt das Leiden, die Resignation. Gott ist bewegt, Debora lässt sich bewegen. Es ist Zeit, zu handeln, Gottes Botschaft zu überbringen und Barak, den Feldherrn zu berufen.

Gottes Begegnung geschieht oft in Momenten der Stille: Wenn ich bei mir bin auf einem Gipfel in den Höhen der Berge oder wenn ich unter einer Palme im Schutz sitzend zu mir komme, wenn ich an einem ruhigen, sicheren Ort bin, der Weite, Raum und Sicherheit erfahren lässt. Gottes Begegnung geschieht auch, wenn ich mich ihm zuwende, den Berg erklimme und seinen Schutz erbitte, wenn ich mich rufen lasse. Welche Widerstände nehme ich in mir wahr? Welche Widerstände nehme ich um mich herum wahr? Kann ich mich auf den Weg machen? Kann ich in mich hineinhören? Kann ich ein inneres Bewegt-Sein spüren?

Biga-Übung Teil 1

Unter ihrer Palme findet Debora das *debir,* das für sie Allerheiligste, die Allgegenwart Gottes, die reine Liebe des Alles. Die stille Gegend ist für sie ein äußerer Tempel, um in ihren inneren Tempel einzutreten. Überdies hat Debora von hier oben einen hervorragenden Weitblick. Das weitet auch das Herz, die eigene Mitte, die Balance und Harmonie. Den wundervollen Debora-Platz integrieren wir in unsere *Asanas:* der Berg, der Baum, die Palme, verbunden mit dem weiten Atem des Himmels.

Spielerische Tadasana-Variationen – Berghaltungen mit Affirmationsatmen

Zu *Tadasana* (vgl. Detail-Anweisungen bei Mose, S. 63 f.). Spüre deinen stabilen Stand und deine Aufrichtung. Integriere die innere Haltung: EA – Ich lege Bewusstheit – AA – in alles, was ich tu und fühle.

Schreite in die Grätsche, Fußaußenkanten parallel, sie schließen mit dem Mattenrand ab: Führe die Handflächen über deinem Kopf zusammen mit dem EA – Ich lege Weite – seitlicher Armkreis nach unten mit dem AA – in alles, was ich tu und fühle. Einige Male wiederholen. Von dieser Position aus fahre wie folgt fort:

Überkreuze das rechte Bein eng über das linke, die linke Hand gleitet seitlich an der Außenseite des linken Beines herab, während du deinen Rumpf seitlich nach links neigst und deinen rechten Arm über dein rechtes Ohr in die Diagonale dehnst. EA – Ich lege Stabilität – AA – in alles, was ich tu und fühle. – Gegengleich üben.

Die gleiche Aktion, nur dass du bei der zweiten Runde jeweils eine Fußspitze auf den Fußrücken des Standbeinfußes stellst. EA – Ich lege Achtsamkeit – AA – in alles, was ich tu und fühle.

Arme seitwärts ausgestreckt, die Handflächen zur Decke geöffnet: Winkle dein rechtes Bein in Bauchhöhe an, mit dem EA das rechte Bein zur rechten Seite öffnen, mit dem AA zurück in die Mitte, mehrmals im Atemrhythmus wiederholen; jetzt nur noch Atem und weiche Bewegung sein, ohne Affirmation. Wechsel des Beines.

Seitwärtsdehnung und Öffnung des Beckens

Vrkasana (gespr. Vriksasana) – der Baum

Tadasana, behalte deine Zentrierung durchgängig in deiner Aufmerksamkeit: Greife dein linkes Fußgelenk und setze die linke Fußfläche möglichst weit oben am Schritt an die Innenseite des rechten Standbeins; um dein Becken in der *Tadasana*-Stellung zu halten, presse fest die linke Ferse und Fußaußenkante gegen den Oberschenkel, welcher einen aktiven Gegenhalt erzeugen soll – presse dafür den

Standbeinfuß mit drei Quellpunkten zu Boden: Großzehunterseite und -ballen, Kleinzehballen und Fersenmitte. Zusätzlich ziehe beim Standbein die gesamte Oberschenkelmuskulatur intensiv hin zum Oberschenkelknochen. Strecke die Arme über die Seite hoch, lasse sie entweder schulterbreit auseinander oder mit den Handflächen zusammen. Tief EA, tief AA – rückwärtig auflösen, Beine wechseln. Beim Baum geht der Blick nach vorne in die Weite. Allerdings ist es auch interessant, für kurze Momente die Augen zu schließen; so bekommst du augenblicklich ein Feedback für dein Gleichgewicht und für deine Stabilität. Öffne die Augen und probiere aus, ob du deine Zentrierung beibehalten kannst, wenn du deinen Baum zur Seite neigst, lege dazu den einen Arm auf den gehobenen Oberschenkel.

Baumhaltung, hier als Partnerübung

Palme mit Vorübungen

Die Palmen-Übungen sind eigentlich Vorübungen zu *Natarajasana,* dem Tänzer. Da es keinen eigenen Namen für die Palme als *Asana* gibt, könnte man aus dem möglichen Sanskrit-Wort *Trinadruma* = Palme einen Asana-Begriff konstruieren. Wir gehen Schritt für Schritt vor.

Scherenschritt, führe deine rechte nach oben geöffnete Handfläche von vorn, nach oben und von dort direkt auf dein rechtes Schulterblatt, den angewinkelten Ellenbogen lasse dicht am Kopf; mit deiner linken Hand greife den rechten Oberarm nahe des Ellenbogens und ziehe ihn hoch und gib ihm dann einen Impuls, um noch mehr nach hinten zu kommen; halten und tief EA und AA. Wechsel der Beine und Arme.

Großer Scherenschritt, Hände an die Hüften aufgestützt; mit aufrechter WS beuge deine Beine so weit, dass das hintere Knie knapp den Boden berührt –

gleich wieder die Beine strecken – erneut beugen – Beine strecken; einige Male im Fluss wiederholen. Beinwechsel.

Palme: Umfasse mit der linken Hand deine linke Fessel hinter dem Rücken, beide Knie bleiben zusammen, d. h. parallel zueinander, wenn du dein linkes Bein gegen die linke Hand drückst und gleichzeitig hebst; deinen rechten Arm nach oben strecken, Handfläche nach vorn geöffnet (Kinderyoga: Kinder imitieren die Palmwedel, indem sie die gehobene Hand runden). – Tief EA und AA. Wechsel der Beine und Arme.

Palme mit Griff von beiden Armen über dem Kopf: Da wir nicht wie einige Yogis die Fußspitze von oben hinter dem Rücken fassen können, verlängern wir unsere Arme mit einem Yoga-Gurt[4]: Lege eine kleine Gurtschlaufe um die linke Fessel, das lange Band-Ende über die linke Schulter – mit den Händen krabble an dem Gurt herunter und zwar über deinem Kopf! Beatme achtsam die intensive Oberschenkeldehnung des gehobenen Beines und genieße die Dehnung.

Wenn du in der Palmen-Haltung wackeln solltest, so stütze eine Hand mit den Fingerkuppen an der Wand ab; bei gehobenem linken Bein fasst die linke Hand den Gurt und die rechte Hand an der Wand hilft dir für dein Gleichgewicht.

Symmetrie und Zentrierung in den Körperhaltungen beruhigen den Geist, Asymmetrie und aus der eigenen Achse fallen, regen ihn zur Unruhe und erneuter Tätigkeit an. Gleichgewichtsübungen schulen die Zentrierung und das Gefühl für die Kraft der Mitte.

»Die Stille ist ein Geben und Nehmen. Je stiller ich werde, umso stiller wird auch der Raum. Die Ruhe des Raumes überträgt sich auch auf mich und ich werde noch ruhiger […]. Stille ist eine Energie, die sich wechselseitig überträgt. […] Auch aus meiner Ruhe strahlt Energie. Es ist eine andere Art Energie als die, die man im Alltag aufbringt. Sie ist ›ursprünglicher‹, schwerer zu fassen und zu erklären. Einerseits sitzt sie wesentlich tiefer in mir drin, andererseits ist sie um mich herum. Es ist eine Auflösung der Räumlichkeit.«[5]

---

4 Ein Yoga-Gurt ist meist ein Baumwollgurt mit stabiler Schnalle. Als Alternative eignet sich z. B. ein Bademantel-Gürtel oder aber auch ein normaler Gürtel.
5 Tamara Dubini: Erfahrungen in einer Stilleübung. Vylk aktuell, 1/2016, S. 16.

Haltung der Palme
als Partnerübung

Höre die biblische Geschichte – Teil 2: Wach auf, wach auf, Debora!
»Wach auf, wach auf, Debora!« (Richter 5,12) Es ist ein rührender Appell, den Debora im Lied an ihr eigenes Herz richtet. Es ist Zeit, zu handeln und aktiv zu werden. Sie lässt den wichtigsten Mann Israels rufen – Barak, den militärischen Heerführer. Sein Name bedeutete »Blitz«, doch trotz all des Klagens angesichts der Unterdrückung war bisher wenig von ihm zu sehen. Debora ist die treibende Kraft. Voller Entschlossenheit überbringt sie die Botschaft an Barak. Es ist eine Ermahnung, Gottes Auftrag auszuführen. Debora beginnt ihren Appell mit einer rhetorischen Frage: »Hat dir nicht der Herr, der Gott Israels, geboten?« (Richter 4,6) Debora – Prophetin. Gemäß ihres Auftrags richtet sie ein Gotteswort an Barak. Barak bekommt eine genaue Anweisung, eine Siegesverheißung und eine sichere Zusage Deboras, mit ihm zu gehen. Mit in die Schlacht an seiner Seite. Debora ist nicht herzlos, sondern eine Frau, die auch den unbequemen Weg mitgeht. Eine Frau, ein Wort, Gottes Zusage.

Gottes Botschaft ist in seinem Wirken oftmals ganz klar. Was können wir tun, damit wir Gottes Wirken wahrnehmen, nicht die Bodenhaftung verlieren, mit beiden Beinen im Alltag stehen und Probleme anpacken können? Wie finden wir die Kraft, Stärke und den Mut, in Aktion zu treten? Wie werden wir begeisterungsfähig, lassen uns positiv mitreißen und schaffen es, mit Energie auch andere zu bewegen und positiv zum Handeln zu inspirieren?

Biga-Übung Teil 2

Debora hat eine schwierige Aufgabe vor sich: Sie soll das Heer zum aktiven Handeln motivieren. Eine Entscheidung ist getroffen. Dennoch bedeutet der Aufruf auch, dass auf beiden Seiten Menschenleben auf dem Spiel stehen. Das Alte Testament weist viele derartige Kriegsgeschichten auf. Verstehen wir beschriebene Kriegsgeschichten rein äußerlich, so landen wir unweigerlich bei einem richtenden und strafenden Gott. Ein Gott, der zudem das eigene Volk bevorzugt. Die anderen Völker scheinen weniger zu zählen, weil sie anderen Göttern huldigen und in anderen religiösen Traditionen beheimatet sind.

Die größte und längste Geschichte über einen gigantischen Bruderkrieg liefert die indische Tradition in dem Epos *Mahabharata*. Mit seinen 100.000 Doppelversen wurde es zwischen 400 v. Chr. bis 400 n. Chr. verfasst und im Laufe der Zeit mit Zusätzen versehen. Eine äußerliche Leseart des Epos würde eine Legitimierung für einen »gerechten Krieg« schlussfolgern. Auf einer anderen Ebene einer innerlichen Leseart geht es jedoch vielmehr darum, das Geschehen als einen großen inneren Kampf zu interpretieren. Auch im Islam sollte es – in einem tief religiösen Verständnis – nicht um den äußerlichen *Dschihād* gehen, sondern um den inneren großen Kampf des kleinen und des großen ICHs. Wir kennen dieses Denkschema aus den christlichen Kreuzzügen im Namen Gottes.

Als eine kontemplative Seherin weiß Debora nur zu gut Bescheid um derartige innere Schlachten, bis der Weg frei ist für die eigene Mitte, in der sich das Göttliche zeigt und die göttliche Stimme spricht. Mit Debora gehen wir aus unserer Mitte heraus in eine die Menschen begleitende Handlung.

Aufwachen mit Fitness-Atemübungen

Stehen in *Tadasana,* Unterarme parallel in Schulterhöhe vor dem Körper gehoben, die Unterarme mit Fäusten bilden einen rechten Winkel dazu, sie schauen senkrecht zur Decke hoch: EA – öffne die Arme mit dem rechten Winkel zu den Seiten – AA führe die Arme zurück in die Ausgangsposition vor dem Körper. Mehrmals wiederholen.

Spiele mit der Dynamik deines Atems: Einige Male die Arme mit langem Atem seitwärts hochheben und wieder zurück; einige Male dynamischer mit schnellerer Armführung und schnellem stakkatoartigen EA und AA; dann wieder mit langem tiefen EA und AA.

Ausgangsposition wie oben, statt Fäusten ausgestreckte Finger, Handflächen schauen zum Gesicht: EA – kreise die angewinkelten parallelen Arme nach oben und hinten, sodass die Finger bzw. Handflächen auf den Schulterblättern landen können. Gehe gleichzeitig in die halbe oder ganze Kniebeuge – AA – zurück in die Ausgangsposition. Mehrmals wiederholen.

Prasarita padottanasana – Vorwärtsstreckung in der Grätsche
Grätsche mit Rumpf zum Boden gebeugt, Hände oder Fingerkuppen berühren den Boden: EA – öffne die rechte Flanke, indem du den rechten Arm zur Decke hochführst, dein Blick folgt deiner Hand – AA – zurück; ebenso mit links. Mehrmals wiederholen.

Grätsche mit Vorwärtsstreckung und Aufdrehen des Rumpfes

Beinstreckung in Ardha Uttanasana – halbe Vorwärtsbeuge und Ardha Parshvottanasana – Brust-Bein-Dehnung an der Wand
Ardha Uttanasana: Stehe vor einer Wand, lege dort die Handflächen in Schulterhöhe an, Finger schauen nach oben und sind aufgefächert: Laufe nach hinten bis die WS in eine Linie kommt und lang wird, Kopf in die Linie integriert, presse v. a. die Zeigefinger und Daumen an die Wand, die Kleine-Finger-Seite bleibt ohne Druck; hebe die Fußspitzen vom Boden weg, so hoch es geht zu den Schienbeinen, spüre die intensivere Beindehnung, die sich durch die Fußstellung und -aktivität ergibt; beuge leicht die Knie, um mit den Füßen auf die Fußballen zu rollen, danach wieder auf die Fersen mit gehobenen Fußspitzen. Wiederhole das Fußrollen einige Male.

Falls zu zweit oder in einer Gruppe geübt wird, bietet sich folgende PA für *Ardha Uttanasana* an: Der*Die P legt einen Yoga-Block[6] quer an die Sitzknochen an und gibt damit Druck; der*die Übende entwickelt dazu Gegendruck und will

---

6   Yoga-Blöcke sind meist aus Kork oder Hartschaum. Wer keine Yoga-Block besitzt, kann auch ein Buch verwenden. Es sollte ein dickes Buch sein. Die meisten Yoga-Blöcke sind ca. 22 cm lang, 15 cm breit und 10 cm tief. Es ist ratsam das Buch zuzukleben.

den Block wegschieben. Der Effekt ist, dass sich die WS des*der Übenden verlängert und die oftmals kritische runde Stelle der WS in Linie eingesogen wird.

Ardha Parshvottanasana: Die halbe Brust-Bein-Dehnung üben wir entsprechend der halben Vorwärtsbeuge bzw. -streckung. Lege deine Hände erneut in Brusthöhe an die Wand, laufe zurück, bis die WS mit dem Kopf in einer Linie steht, nimm dann das rechte Bein nach vorn in Scherenstellung. Tue so, als ob du die Wand von dir wegdrücken wolltest, vor allem mit dem Zeigefinger-Daumen-Bereich, das verlängert deine WS. Für die Fuß- und Beinarbeit: Erde den vorderen großen Zeh und Zehenballen, von dort aus ziehe die rechte Hüfte zurück in den Raum; die hintere Fußspitze stelle leicht schräg nach außen, erde hier auch den großen Zeh und zusätzlich die Fußaußenkante, von dort aus ziehe die linke Hüfte nach vorn Richtung Wand. Dein Becken gewinnt die gewünschte parallele Ausrichtung. Wechsel der Beine.

Alternative: Benutze einen Stuhl, um dich auf der Stuhlfläche oder Stuhlkante abzustützen. Andere Möglichkeit: zwei Yoga-Blöcke.

PA für *Ardha Parshvottanasana* wie in *Ardha Uttanasana*.

Brust-Bein-Dehnung

Parshvottanasana: 1. Variiere die Haltung zunächst als einen Scherenschritt an der Wand. Dazu schwinge dein rechtes Bein an die Wand, den Fuß so hoch wie möglich platzieren, presse den Großzeh in die Wand; sodann setze das hintere Bein weit nach hinten bzw. justiere den Abstand zur Wand, so wie es für dich stimmig ist; strecke die Arme hoch, dann beuge dich mit langer Bauchseite zum rechten Bein an der Wand, stütze dich mit den Händen an der Wand ab; neige deinen Rumpf mit Länge zum gehobenen Bein. Wechsel der Beine.

Alternative: Benutze einen Stuhl für das jeweils gehobene Bein. Dieses kannst du auf die Stuhlfläche legen oder auf die Stuhlkante.

2. Scherenschritt, Detail-Anweisungen wie oben; verschränke die Unterarme hinter deinem Rücken oder die Handflächen auf dem Rücken aneinandergelegt in *Namasté*/Gebetshaltung; schaue nach oben und mit Länge neige den Rumpf zum vorderen Bein.

Alternative: Hände auf zwei Blöcke oder auf eine Stuhlfläche.

Höre die biblische Geschichte –
Teil 3: mit Hand, Herz und Wort Ruhe und Frieden schaffen

Barak ruft das Heer ein und folgt dem Gottesbefehl. Die Israeliten sind zu Fuß unterwegs – ohne Streitwagen, auch Waffen werden nicht erwähnt. Debora muss Barak erneut zum Handeln auffordern. »Auf! Auf!« spricht sie ihm zu – jetzt muss gehandelt werden. Barak folgt. Doch dann ist es Gott selbst, der den Gegner erschreckt und in Verwirrung bringt, sodass Barak erfolgreich handeln und siegen kann. Der gefährliche Sisera flieht zu Fuß, sucht Zuflucht bei Jaël, die ihn in ihrem Zelt tötet. Der Feind ist geschlagen, der Sieg durch die Hand einer Frau und das beherzte Wort einer anderen Frau erreicht. Die männliche Gewaltspirale hat ein Ende. Kein Krieg, keine Gewalt, keine Waffen oder militärische Übermacht werden legitimiert, sondern das Gebaren wird beendet – durch Gott selbst. Friede kehrt ein.

Gottes Handeln kann oftmals auch als Umkehrung unserer Vorstellungen gedeutet werden. Nicht die Kraftprotze mit Superwaffen gewinnen den Kampf. Es ist Gott selbst. Deboras Prophezeiung an Barak gibt ihm die sichere Zusage des Sieges, relativiert aber auch von vornherein seinen Ruhm, der einer anderen Frau zugeschrieben wird. Wie kommt man zu einem selbstlosen Dienst an anderen? Wie hält man bei all seinem Tun an dem Bewusstsein fest, dass Gott der eigentlich Handelnde ist?

Biga-Übung Teil 3

Adho Mukha Vrksasana – Handstand – Variation mit Stuhl

Gott stellt uns und unser Leben mit seinen Aufforderungen oftmals auf den Kopf. Mit dem Kopf nach unten blicken wir anders in die Welt, dann erscheint die Welt wie »auf den Kopf gestellt«. Vermeintliche Werte und Handlungen drehen sich um und fordern uns damit heraus – gleich wie der Yoga-Handstand!

Ausgangsstellung: Nimm *Adho Mukha Svanasana (= AMS)*/Hund mit dem Kopf nach unten ein, deine Fersen mit etwas Abstand zur Wand:

1. *Eka pada in AMS*/ein Bein an der Wand hoch aufgesetzt: Schiebe dazu entweder die linke Fußspitze oder den Fußrücken an der Wand hoch, gehobenes Bein strecken. Alternativ: Hände auf einen Stuhl.

2. Aus *AMS* gehe mit beiden Fußflächen an die Wand und strecke deine Beine, dein Rumpf und die Beine stehen im rechten Winkel zueinander; presse intensiv die Hände in den Boden, schiebe damit die Sitzknochen höher zur Decke, rolle aktiv die hinteren Achseln zu den vorderen, das gibt deinem Nacken Raum.

3. Mit einem Stuhl in genügend Abstand zur Wand: Hände schulterbreit Richtung Wand aufgesetzt, lege deine Schienbeine auf die Stuhlfläche, schiebe die Hände in den Boden und gleichzeitig dein Gesäß nach oben; wenn es dir möglich ist, fahre fort und setzte deine Fußspitzen auf den Stuhl, deine Beine lasse zunächst angewinkelt, wenn du dich in dieser Position sicher fühlst, dann strecke die Beine.

4. Freier Handstand an der Wand: Hebe ein gestrecktes Bein, dieses führt mit einem Schwung zuerst dein »Schwerpunkt«, d. h. dein Becken an die Wand, dann erst die Beine. Hierfür ist die Hilfe eines*einer P förderlich.

»Ein Asana ist keine Haltung, die man mechanisch einnimmt. Es beinhaltet einen achtsamen Prozess, an dessen Ende ein Gleichgewicht zwischen Bewegung und Widerstand steht« (B. K. S. Iyengar).[7] Beide, Debora und Barak, durchliefen ihre inneren Prozesse, die sicherlich auch eine Auseinandersetzung mit inneren Bewegungen und Widerständen bedeuteten. Nun gehen sie *gemeinsam* durch einen weiteren Prozess, Seite an Seite und auf Augenhöhe.

1. Hund mit einem Bein an der Wand

[7] B. K. S. Iyengar: Yoga. Der Weg zu Gesundheit und Harmonie. München 2001, S. 46.

2. Halber Handstand mit Stuhl als Variante

3. Ganzer Handstand

Ausklang

Entspanntes Kurmasana – Schildkröte auf dem Stuhl

Sitze auf dem Stuhl, Knie und Füße auseinander: Neige deinen Rumpf zwischen die Beine und hänge deinen Rumpf und den Kopf mit der eigenen Schwerkraft aus, die Arme locker nach unten mit den Handrücken auf dem Boden. Falls du mit deinem Rumpf tiefer sinken magst, setze dich dafür an die Stuhlkante, beuge dich nach vorn, die Arme unter den Stuhl weit nach hinten schieben, die Handrücken ruhen auf dem Boden. Genieße das Aushängen wie nach einer geschafften Schlacht.

Bei der Meditation greifen drei Bereiche ineinander. Die Wirkungen befruchten sich gegenseitig: zum Ersten die geistige Ruhe *(citta-vritti-nirodha)* mit dem Ziel, innerlich ohne Denkinhalte da zu sein, als eine Art Erholung von sich selbst. Zum Zweiten die emotionale Ausgeglichenheit, in der in der Stille auf positive

Qualitäten geachtet wird. Eines der wichtigsten positiven Gefühle ist *maitri*/ die Freundlichkeit pflegen, und zwar zu sich und zu anderen. Dies stärkt und nährt unseren Körper, unseren Geist, unsere Ressourcen und die eigene Resilienz. Zum Dritten fügt sich die Erkenntnis/*jnana* hinzu: ein tieferes Verständnis von Zusammenhängen, Erklärungen von Widerständen bei sich selbst, und dies sowohl auf der geistigen und emotionalen wie auch der psychischen und spirituellen Ebene. Klarheit in der Erkenntnis verändert das Leben.

In der Mitte bist du
In der Mitte bist du, Liebe – *und ich strebe zu dir.*
In der Mitte bist du, Güte – *und ich strebe zu dir.*
In der Mitte bist du, Kraft – *und ich strebe zu dir.*
In der Mitte bist du, Freude – *und ich strebe zu dir.*
In der Mitte bist du, Friede – *und ich strebe zu dir.*
In der Mitte bist du, Gerechtigkeit – *und ich strebe zu dir.*
In der Mitte bist du, Gott – *und ich strebe nach dir.*

Diese positiven (Zu-)Sprüche kann man zu sich selbst laut oder leise äußern und beten oder auch als gemeinsames Gebet bzw. *Mantren*-Formeln, die man sich gegenseitig zuspricht, oder im Wechsel wie beim zweigeteilten Psalmengebet. Ganz interessante Wirkung hat dieses Gebet, wenn es ohne das Komma gesprochen wird, in zwei Möglichkeiten. 1. Vorbeter*in: *In der Mitte bist du Liebe –* und die anderen Beter*innen sprechen sich diese Qualität zu: *... und ich strebe zu mir.* Der Schluss könnte lauten: *In der Mitte bist du göttlich* (oder z. B. *heilig*) ... *und ich strebe zu mir.* 2. Beter*in: *In der Mitte bin ich Liebe –* die anderen Beter*innen verstärken dies mit: *... und wir streben zu dir.*

Deboras Segenswort
Schließe die Augen mit Debora.
Spüre die Weite des Himmels auf dem Berg sitzend.
Spüre nach,
was dich bewegt,
was dich berührt,
was dich bestärkt.
Gottes Segen komme zu dir,
damit du stark bist in deinem Handeln.
Gottes Segen komme zu dir,
damit du Wirklichkeit veränderst.
Gott bewegt sich mit dir in deiner Selbstwerdung.
Komme zurück in den Raum.
Mache dich auf.
Sei gesegnet.
Bleibe behütet.
Lasse dich leiten.

Hulda – Maulwürfin mit Weitblick

Andrea König und Carola Spegel (Biga-Übungen)

Einführung

Wer kennt sie nicht, die Namen der großen Propheten Jesaja oder Jeremia? Dass es aber auch bedeutende Prophetinnen gab, ist weitaus weniger bekannt. Zu diesen Prophetinnen zählt Hulda. In ihr begegnen wir einer beeindruckenden Frau – spannend und spannungsreich. Hulda ist gebildet, unabhängig und scheint unbestrittene Autorität in Fragen der Schriftauslegung gehabt zu haben. Ihre Geschichte wird im zweiten Buch der Könige im Kapitel 22 erzählt. König Josia lässt gerade den Tempel renovieren. Bei diesen Bauarbeiten machen die Handwerker einen sensationellen Fund: ein alter Gesetzestext. Die Freude darüber währt allerdings nur kurz, denn der Inhalt ist ein Schock.

Der durch den Fund des Gesetzbuches und seines Inhalts völlig bestürzte König Josia befiehlt die Befragung Jahwes. Wie selbstverständlich schickt er dazu eine Delegation seiner höchsten Würden- und Amtsträger zu einer Frau – der Prophetin Hulda. In prophetischer Rede übermittelt sie Gottes Antwort.

Prophet*innen sind Botschafter*innen Gottes, die den Menschen dessen Willen kundtun und vor der Missachtung der Gebote warnen. Von den Prophet*innen des Alten Testamentes wissen wir, dass sie entweder an Prophetenschulen ausgebildet wurden oder direkt den unmittelbaren Ruf Jahwes vernommen haben. Meist ist die Reaktion auf so eine Berufung zögerlich und voller Einwände. Nur von Jesaja wird erzählt, dass er von sich aus und fast mit Begeisterung die anstehende Aufgabe übernimmt. Viele Erzählungen über die biblischen Prophet*innen lassen die Bürde dieses Amtes erkennen. Anfeindungen, Auseinandersetzungen und Verfolgung sind keine Ausnahme. Die Wahrheit, die Prophet*innen verkünden, ist nicht unbedingt das, was die Menschen hören wollen. Daran hat sich bis heute nicht viel geändert.

Hulda ist die einzige namentlich bekannte Prophetin der Königszeit. Sie ist verheiratet mit Schallum, einem hohen Staatsbeamten, und wohnt in der Jerusalemer Neustadt. Damit wird jener Bezirk Jerusalems bezeichnet, der infolge eines Flüchtlingsstroms um etwa das 7. Jahrhundert v. Chr. stark angewachsen war. Allem Anschein nach galt sie als echte Instanz: eine göttlich sanktionierte Expertin in Fragen der Begutachtung der Tora mit unbestrittener Autorität und Kompetenz.

Die Erzählung im zweiten Buch der Könige gehört zum sogenannten deuteronomistischen Geschichtswerk, das rückblickend aus der Zeit des babylonischen Exils (ab 587 v. Chr.) zu erklären versucht, wie es zu dieser Katastrophe kommen konnte. Rückwärts verstehen, um vorwärts zu leben – in dieser Haltung versuchte das Volk, im Nachgang der Ereignisse Antworten zu finden. Die Antwort liegt für das Geschichtswerk in der Verletzung des Machtanspruchs Jahwes als einzigem Gott. Der Bund mit Gott wurde gebrochen. Daher werden im deuteronomistischen Geschichtswerk alle Könige und ihre Politik abhängig von ihrer jeweiligen Haltung gegenüber dem einen Gott Jahwe beurteilt. Dieser Gedanke zieht sich maßgeblich durch das gesamte Geschichtswerk hindurch.[1]

In der Erzählung um Hulda spielt König Josia eine große Rolle. Er war zum Zeitpunkt der Erzählung König des Reiches Juda, vertrat eine Politik der nationalen Vereinigung und führte Reformen durch. Im Gegensatz zu anderen Königen war er gottesfürchtig, lebte streng nach den jüdischen Gesetzen, förderte den Monotheismus und lehnte die Verehrung anderer Götter und Götzen strikt ab. In der Erzählung schickt König Josia zu Beginn den Staatsschreiber Schafan zum Hohepriester. Dieser soll dort die Prüfung des für den Tempel gesammelten Geldes vornehmen. Bei dem Besuch im Tempel wird dem Schreiber das gefundene Buch ausgehändigt. Es ist ein unbekanntes Buch, das aber offenbar schon immer gültige Forderungen enthält. Schafan liest das Buch und berichtet anschließend dem König. Josias Reaktion fällt ungewöhnlich heftig aus: Er zerreißt sich die Kleider und ordnet eine Befragung Gottes an. Er erkennt sofort und als Einziger, welche Bedeutung dem Text innewohnt.

Eine Delegation von Männern wird zu Hulda geschickt, um Gott zu befragen. Die Begegnung mit der Prophetin wird anschließend geschildert. Hulda sagt nicht, was der König tun soll, sondern kündigt das Unheil an. Das Wort der Prophetin wird durch ein zweites Prophetenwort ergänzt. Das Heilswort gilt König Josia, der durch seine Reaktion Einsicht und Buße gezeigt hat. Ihm wird zugesagt, dass er das Unheil zu seinen Lebzeiten nicht mehr mit ansehen muss.

Wer den biblischen Text liest, bekommt den Eindruck, dass die Prophetin völlig unbeeindruckt zu sein scheint von der Delegation der Staats- und Würdenträger, die sie aufsucht. Eigenartig mutet vor allem an, dass ein Hohepriester

---

1 Vgl. dazu ausführlich z. B. Simone Paganini: Deuteronomistisches Geschichtswerk (DtrG). WiBiLex. https://www.bibelwissenschaft.de/stichwort/10678/ (Zugriff am 14.01.2021).

eine Frau und Prophetin konsultiert. Das stellt unser Bild von männlichen Strukturen, Macht und Ansehen in alttestamentlicher Zeit zunächst grundlegend infrage. Bemerkenswert ist auch, dass Hulda die letzte Prophetin ist, die vor der Zerstörung von Tempel und Stadt gehört werden soll. Damit stehen zwei Frauen – und zwar genau am Beginn und am Ende – an prominenter Stelle eines wesentlichen Teils der Geschichte Israels: Debora begleitete furchtlos den Prozess der Sesshaftwerdung. Hulda kündigt Jahrhunderte später unverdrossen das unabwendbare Unheil über Juda an.

Der Name Hulda lässt sich von der weiblichen Form des hebräischen חֹלֶד *(cholæd)* ableiten, was sich mit »Maulwurf« übersetzen lässt. Möglich ist auch das Femininum von חֶלֶד *(chælæd),* was »Lebensdauer« bedeutet. Der weibliche Maulwurf, die Maulwürfin sozusagen, und die lange Lebensdauer finden sich als symbolische Assoziationen in unterschiedlichsten Kulturen. In der griechischen Mythologie ist der Maulwurf ein chtonisches Wesen, d. h. ein Wesen, das der Unterwelt und dem Erdreich zugeordnet ist und für Leben und Fruchtbarkeit stehen kann. Der Maulwurf wird symbolisch aber auch den Nachtgeschöpfen zugerechnet und steht im christlichen Kontext mitunter für die Bedrohung, dass das stabilste Element Erde in Bewegung gebracht werden kann und dadurch instabil wird. Die Stabilität des Bestehenden kann verändert und sprichwörtlich ins Wanken gebracht werden. Huldas Name deutet symbolisch somit bereits das drohende Unheil an.

In der Bibel gibt es nur wenige Frauen, die mit dem Begriff *nebiah,* Prophetin bezeichnet werden. Hulda ist eine von ihnen. Unabhängig davon, ob es sich bei Hulda um eine tatsächlich historische Person handelt, wird in ihr das Bild einer charakterstarken und mutigen Frau gezeichnet. Sie scheut sich nicht, einem gesamten Machtapparat sowie ihrem eigenen Volk eine unbequeme Botschaft zu überbringen. Ihre Wirkung reicht noch bis in die Zeit des Neuen Testaments, denn selbst zur Zeit Jesu sind in Jerusalem die beiden Tore der Tempelmauer nach ihr benannt.

Die Geschichte der Hulda birgt starke Worte, denn die Auffindung des Textes, um den es geht, ist wohl das Urstück der Bibel und führt zu einem theologischen Paradigmenwechsel hin zu einem Monotheismus, der unseren christlichen Glauben bis heute prägt.

Prophetisch begabte Menschen nehmen ihre Zeit hellwach und äußerst sensibel wahr. Sie sind wie Seismografen. Mit besonderer Schärfe haben sie den Mut, die wirklichen Verhältnisse der Gegenwart zu analysieren, Ungerechtigkeiten zu benennen und Einspruch zu erheben. Hulda bestärkt uns, Zeitzeichen zu hinterfragen und bei unserem eingeschlagenen Weg unserer Berufung und Gott zu vertrauen.

Für die nachfolgende Biga-Einheit rücken wir drei Schwerpunkte der Erzählung ins Zentrum: Huldas seismografisches Gespür. Hulda die Futuristin. Huldas AntWort[2] zeigt Wirkung.

Huldas seismografisches Gespür: Hulda hatte sicher ein besonderes Gespür für das Geheimnis. Eine Art seismografische Empfindung für anstehende Veränderungen. Zu ihr kommen die Männer, um Gott zu befragen. Damit ist eine andere Form der Kommunikation zwischen Gott und Mensch bezeichnet, die sich vom Aufsuchen eines Priesters unterscheidet.[3] In der Bibel ist das Amt der Prophetie das höchste Amt. Hier ist der Ort, wo die unmittelbare Begegnung und Vermittlung mit Gott stattfindet. Gott spricht durch Hulda. Es ist eine zentrierte Ausrichtung auf Gott. Hulda ist sein Sprachrohr und sie wirkt seinen Willen.

Hulda, die Futuristin: Veränderung bedeutet für viele Menschen Bedrohung. Sie sind versucht, alles beim Alten zu belassen. Damit die oft unangenehmen Wahrheiten die Zukunft betreffend, die meist nicht sehr willkommen sind, aufgenommen werden, müssen Prophet*innen so wie gegenwärtige Futurist*innen manchmal Provokateur*innen sein. Wenn Menschen nicht mehr wissen, was wirklich wichtig ist, helfen Futurist*innen Informationen zu filtern. Hulda ist eine Provokateurin. Kompromisslos, direkt und ohne Umschweife sagt sie die künftige verhängnisvolle Geschichte Judas in zwei Orakeln bis zum bitteren Ende voraus. König Josia sucht nach Orientierung in einer Zeit, in der das Volk und sein Königreich mitten in einer Transformation steht. Hulda gibt sie ihm, schonungslos, aber klar und eindeutig.

Huldas AntWort zeigt Wirkung: Die prophetische Aktionsform, in der sich das Wort Gottes verdichtet, ist Huldas Rede. Sie antwortet in zwei Sprüchen, die in Botenformeln verpackt sind und ihre Autorität legitimieren: »So spricht der HERR« (2. Könige 22,15 ff.). Kein rhetorisch aufgeplusterter Auftritt, keine poetisch aufgeladenen Mahn- und Drohworte. Keine Visionen, keine Träume, keine Zeichenhandlungen. Es geht einzig und allein um die Tora. So wie Mose am Anfang der Geschichte des Prophetentums Geber und Bewahrer der Tora ist,

---

2   Die Großschreibung im Wort ist an dieser Stelle absichtlich gewählt, um das prophetische Gotteswort zum Ausdruck zu bringen. Hulda ist von Gott beauftragt, die Gottesbotschaft – das Wort Gottes als Antwort – zu überbringen.
3   Vgl. Barbara Schmitz: Hulda – eine gefragte Frau. In: Gabriele Theuer (Hg.): FrauenProphetinnen. FrauenBibelArbeit, Bd. 16. Stuttgart 2006, S. 36.

ist Hulda es am Ende als letzte Prophetin, die befragt wird.[4] Sie wirkt die Moseverkündigung weiter. Sie ist die Tora-Expertin. Sie kennt den Willen und bringt Klarheit. Und: Sie führt die Tora und damit Gottes Wirken weiter. Das zeigt sich in ihrem Spruch an Josia. In Anerkennung seiner Bemühungen und seines richtigen Verhaltens Gott gegenüber bleibt er von den massiven Auswirkungen der Katastrophe verschont. Sein Königreich ist betroffen, sein Königtum nicht. Gottes Wort in Huldas AntWort zeigt Wirkung.

Praktischer Biga-Teil

Hulda als *Seherin* weiß, dass beide Welten, die sichtbare und die unsichtbare, ineinander verwoben sind. Sie findet das Göttliche nicht nur außerhalb von ihr, sondern in ihr selbst. Hulda weiß, dass dabei der Körper das Instrument der göttlichen Vermittlung ist und die Sinne die Schwellen der Seele darstellen. Sie sieht, hört, spürt tiefer. Sie schmeckt und kostet das Göttliche von innen heraus. Oder wie es Ignatius von Loyola, der Gründer des Jesuitenordens, formulierte: »Nicht das Vielwissen sättigt die Seele, sondern das Verkosten der Dinge von innen.«[5]

Das sinnliche Spüren zählt zu den urweiblichen Qualitäten.[6] Daher widmen wir uns mit Hulda dem Spüren und Sensibilisieren von Haut, Nase, Ohren, Augen, der Flankenhaut und dem Mondzyklus, *Chandra Namaskar,* dem Gruß an den Mond bzw. die Mondin[7]. Unser Rücken, den wir ohne einen Spiegel nicht sehen können, zählt als die Mondseite unseres Rumpfes. Unsere Körperrückseite hat bleibend etwas Geheimnisvolles. Die WS und die darin fließende und bestenfalls aufsteigende *kundalini,* die göttliche weibliche Kraft in uns, erleben wir in unserem Rücken, in unserer *Rück*seite, in unserer *Rück*-bindung an Gott, und in dem uns belebenden Atem, dem Odem Gottes.

---

4 Vgl. Erhard S. Gerstenberger: Hulda unter den Schriftgelehrten? Tora als Mitte von Prophetie. In: Ilona Riedel-Spangenberger/Erich Zenger (Hg.): »Gott bin ich, kein Mann«. Beträge zur Hermeneutik der biblischen Gottesrede. Festschrift für Helen Schüngel-Straumann zum 65. Geburtstag. Paderborn 2006, S. 276.
5 Ignatius von Loyola: Die Exerzitien, übertragen von Hans Urs von Balthasar. Einsiedeln 1993, § 2.
6 Mit dem Begriff des »Ur-Weiblichen« ist das göttlich Weibliche bezeichnet oder auch das Weibliche als Gottes schöpferische Kraft. Der Begriff umfasst alles, was sich in den Religionen als Göttinnen-Vorstellung ausdrückte, wie z. B. Maria, die Mutter Gottes. Zum sinnlichen Spüren der urweiblichen Qualität vgl. John O'Donohue: Anam Cara: Das Buch der keltischen Weisheit. München 1998.
7 In den romanischen Sprachen ist der Mond weiblich und die Sonne männlich wie auch in den meisten anderen Sprachen. Im Deutschen ist es umgekehrt, da die Germanen glaubten, dass eine Frau namens Sol den Sonnenwagen lenkt und ihr Bruder Mani das Mondgefährt.

Andrea König und Carola Spegel (Biga-Übungen)

Einstiegsübung

Rückenmassage mit Tennisbällen

Eine wunderbare Möglichkeit, sich selbst Gutes für die Muskulatur um die Segmente der WS zu tun, ist eine äußerst einfache und günstige Technik, nämlich mit einem Tennisball oder mit zwei Tennisbällen in eine Socke gesteckt und diesen zusammengeknotet – fertig ist das Massagegerät, eine Art improvisierte Faszienrolle. Knote die zwei Bälle nicht zu eng zusammen, damit die Wirbel beim Massieren geschont zwischen den Tennisbällen liegen. Du kannst dich mit dem Rücken an eine Wand stellen und mit selbstgewähltem Druck gegen den Tennisball/die Tennisbälle drücken und entlang der WS herauf- und herunterrollen. Auch am Schulterbereich wirkt dies wohltuend und entspannen. Möglich ist auch die Massage in der Rückenlage. Wenn du hierfür dein Becken hebst, wirst du den Druck auf bestimmte Stellen vergrößern können. Verharre an denjenigen Stellen, die es besonders bedürfen, weichgeknetet zu werden.

Savasana – Leichenhaltung

Bleibe entspannt in der Rückenlage, Arme seitlich mit etwas Raum in den Achseln, Handrücken berühren den Boden. Sei mit deiner Aufmerksamkeit rein in der Beobachtung deines Atems: Spüre, wie er sanft und kühl an den Innenflächen deiner Nasenwände einströmt und sanft und warm wieder herausströmt. Lausche seinen subtilen Geräuschen.

Höre die biblische Geschichte –
Teil 1: Hulda – willkommen im Haus einer Prophetin

Das neue Stadtviertel ist belebt. Überall Menschen, viele Flüchtlinge, die sich neu ansiedeln. Es ist lebendig, geschäftig, wuselig. Mittendrin steht das Haus der Prophetin. Hulda. Willkommen in ihrem Haus, ihrem Eigentum. Unweit vom Tempel wohnt sie mitten im Geschehen. Drüben am Tempel arbeiten die Priester. Sie haben anderes zu tun. Seit einiger Zeit wird gebaut. Eine Schriftrolle wurde gefunden. Seither ist Unruhe. Hulda spürt es. Schon seit geraumer Zeit. Um sie herum. Gottes Wort ist klar. Das war es auch schon bei Mose. Doch es geriet in Vergessenheit. Die Menschen handeln anders. Sie fallen ab, vergessen, verlieren sich in Orientierungslosigkeit. Der König hat bereits eine Ahnung, wo das hinführen wird. Mit Reformen hat er es versucht, um den einen Gott wieder in Erinnerung zu rufen. Hulda dagegen weiß darum. Sie braucht die Schrift nicht sehen. Hier in ihrem Haus ist Gott – bei ihr und spricht. Sie braucht nicht zum König zu gehen und ihn hinzuweisen, sie braucht keine Zeichen zu setzen, sie braucht keine Reden zu schwingen. Alles ist klar und deutlich. Sie werden kommen – zu ihr, in ihr Haus. Hierher zu Gott. Sie wird nicht gerufen – auch nicht von höchsten Amts- und Würdenträgern. Gott ruft diese hierher zu ihr ins Haus – die Verantwortlichen, denen sie den Verlauf der unausweichlichen Geschichte mitteilen wird. Es ist Zeit. Sie kommen.

Gottes Begegnung geschieht über das Wort, das wir im Inneren hören. Richtiges Hören kommt nicht nur durch das Aufnehmen von akustischen Signalen zustande, sondern auch durch die bewusste Entscheidung, wie man zuhört. Jede*r kennt den Effekt, wenn man in einem Raum mit vielen Menschen ist, die sich alle unterhalten. Wir nehmen ein Wirrwarr von Stimmen wahr, können aber auch selektieren und einem Gespräch bewusst folgen, wenn wir uns fokussieren und konzentrieren. Auf Gott hören beginnt daher damit, dass man sich auf die Worte konzentriert. Dazu ist ein Ausrichten auf die innere Mitte hilfreich. Wie Hulda an einem vertrauten heimischen Ort mitten in einem belebten quirligen Wohnviertel kann ich das Durcheinander um mich herum ausblenden. Auf Gottes Wort hören beginnt, wenn ich ihm Priorität einräume. So wie auch König Josia, dem Hulda letztlich die Heilszusage überbringen lässt, weil er hörte, was Gott geredet hat. In welchen Situationen nimmt der Wirrwarr um mich herum zu? Wie kann ich mich dann bewusst fokussieren? Wie kann ich mein auditives Wahrnehmen schulen? Wie kann ich mich auf meine Mitte zentrieren und ganz in mich hineinhören?

Biga-Übung Teil 1

> »Zu lange haben wir geglaubt, das Göttliche sei *außerhalb* von uns. [...] Wenn wir daran glauben, dass der Körper in der Seele lebt und dass die Seele geweihter, göttlicher Boden ist, dann ist uns das Göttliche vollkommen gegenwärtig – so nah wie unser eigenes Selbst. [...] Sinnlich sein bedeutet, in Gegenwart seiner eigenen Seele zu sein.«[8]

Wir bleiben im Kontakt mit unseren Sinnen, mit unserem Körper, mit dem Umkreisen unserer Mitte.

Ohr- und Nackenmassage

Nimm einen dir bequemen Sitz ein und massiere dir die Ohrläppchen mit den Fingerkuppen, sodann streiche die Bereiche um die Ohren herum aus. Führe

---

8 O'Donohue 1998, S. 76 f.

das Ausstreichen weiter zu deinen Kiefergelenken, dann die Nackenpartien herunter bis zu den Schultern.

Augentraining – Kompass, liegende Acht und Biene zur Nase

Kompass: Sitze aufrecht, den rechten oder linken Daumen eines ausgestreckten Armes vor deinen Augen: Ohne den Kopf mitzubewegen führe deinen Daumen in die folgenden Himmelsrichtungen und nimm deinen Blick mit: N – S – W – O – N – S – O – W. Mehrere Male im Wechsel. N – NO – O – SO – S – SW – W – NW – N – NW – W – SW – S – SO – O – NO – N. Mehrere Male im Wechsel.

Liegende Acht: Führe deinen Daumen mit dem ausgestreckten Arm zu einer liegenden Acht, gehe mit deinem Blick mit. 1. Beginne mit der Zeichnung nach oben. 2. Beginne, mit dem Daumen nach unten zu zeichnen.

Biene zur Nase: Strecke deinen Zeigefinger aus und folge mit deinem Blick, wenn du mehrmals den Finger auf deine Nasenspitze führst und wieder in die Weite zurück.

Sufikreisen und kosmische Acht

Siddhasana/weiter Schneidersitz, wenn nötig mit einer Sitzunterlage, stütze die Hände auf die Knie auf: 1. Kreise deinen gesamten Rumpf einige Male rechts, danach einige Male links herum. 2. Halte dein Becken stabil und kreise nur deinen Brustbereich. 3. Kreise aus der untersten WS heraus den Rumpf und ziehe mit ihm die Form einer Acht, einige Male rechts, einige Male links herum. 4. Spüre mit aufrechtem Rücken die Krone deiner Sitzknochen und die Krone deines Kopfes. Verbinde sie innerlich miteinander im Bewusstsein darum, dass die Sitzbeinhöcker auch Teile des Gehirns stimulieren.

Ohrenmassage

Augentraining

Sufi-Kreisen

Höre die biblische Geschichte –
Teil 2: Hulda – Klarheit des Geistes, Klarheit der Worte

Die Delegation des Königs trifft ein. Mit dabei der Staatsschreiber und sogar der Hohepriester des Tempels. Alle kommen sie zu ihr, um Gott zu befragen. Das Buch, das sie bei Umbauten im Tempel gefunden haben, haben sie nicht dabei. Hulda braucht es nicht, sie weiß um dessen Inhalt. Sie kennt Gottes Willen. Die Machtpositionen der Delegation beeindrucken sie nicht. Sie weiß, wer der eigentliche Machthaber ist – Gott allein. Und so formuliert sie ihre Antwort und sagt unmissverständlich und klar, was gesagt werden muss. Nicht dem König antwortet sie. Seine königliche Position ist unwichtig. Den nennt sie einfach nur »den Mann« (2. Könige 22,15). Sie lässt auch nicht ausrichten, was nun zu tun sei, sondern verkündet ohne Umschweife das Unheil. Mutig und direkt, sich der eigenen Position bewusst und ganz klar. Die Katastrophe ist unausweichlich – nicht für den König, sondern für das ganze Volk. Das Königreich wird untergehen. Der König dagegen soll verschont werden. Er hat Buße gezeigt. Das Unheil soll er nicht mehr miterleben.

Selbstzerstörerisches wahrzunehmen, Ungerechtigkeiten zu erkennen oder selbst zu erfahren, kann einen wütend machen, auch emotional überreagieren oder verbal entgleisen lassen. Was hilft Hulda bei ihrer Aufgabe, in ihrem Prophetinnenamt? Mut, das als richtig Erkannte auch weiterzusagen und daran festzuhalten. Die Rückbindung an Gott und die Suche nach seinem Willen. Die Distanz zur Macht. Das Vertrauen derer, die auf ihre Kompetenz bauen und ihre klare Position suchen. Kann ich mit Ungerechtigkeiten umgehen? In welchen Situationen bringen mich negative Erfahrungen an Grenzen der Belastbarkeit? Wie kann ich Unrecht benennen und andere zur Veränderung inspirieren? Wie finde ich eine klare Positionierung, wenn es dieser bedarf?

Biga-Übung Teil 2

Um in einem Wirrwarr von Stimmen – nicht nur der äußeren Stimmen, sondern der vielen eigenen Stimmen in uns drinnen – die göttliche Botschaft zu vernehmen, bedarf es der stetigen Zentrierung und Wieder-Einstimmung in die eigene Mitte. So wie wir zuvor im Sufikreisen und in den liegenden Achten den Rumpf um unser eigenes Lot bewegten, so finden wir zunächst den Ausgleich unserer Körperseiten mit der Übung »Leiter erklimmen«.

Der Mondgruß arbeitet mit fließenden seitlichen Bewegungen und nimmt den Blick in die verschiedenen Richtungen mit hinzu, für einen »göttlichen Rundumblick« und für ein Lauschen in alle Richtungen. »Sehergabe« statt »Machtgehabe«: Im Üben fließend bleiben statt Widerstand leisten. Auch mögliche negative Züge nicht festhalten, sondern durch sich durch- und abfließen lassen. Denn: »What you resist persists!«[9]

Die Distanz zur Macht erreicht Hulda, weil sie zwar den Fluss des Lebens im ganzen Menschenfluss um sie herum wahrnimmt, aber darin den Fluss des göttlichen Meeres erkennt und vielmehr in diesen »eintaucht«: in ihrem »Herzenshaus«. In diesem Sinn ist die Yoga-Philosophie zu verstehen, wenn sie behauptet:

---

9 Das Sprichwort wird auf den Schweizer Psychiater Carl Gustav Jung (1875–1961) zurückgeführt. Auf Deutsch lautet es in etwa: »Wogegen du dich wehrst, bleibt dir erhalten.« Das Zitat findet sich so in keinem Werk von Jung, sondern ist wohl nur mündlich überliefert. Die ausführliche Erläuterung Jungs zu dieser Aussage findet sich z. B. in: Carl Gustav Jung: The Structure and Dynamics of the Psyche, Collected Works, Vol. 8. London/New York 2014 (1960), S. 393.

Bhoga = sinnlicher Genuss und weltliche Erfahrungen binden, *yoga* = Vereinigung mit dem Göttlichen befreit.

Alanasana – Ausfallschritt mit »Leiter erklimmen«

Stelle dich in den Ausfall- bzw. Scherenschritt, rechtes Bein vor, linkes Bein zurück: 1. Greife mit den Händen und Fäusten abwechselnd nach oben, als ob du eine Leiter hinaufsteigen würdest, dehne dabei intensiv die Körperseiten. 2. Beuge in diesen fließenden Bewegungen dein hinteres Bein dazu. 3. Bleibe in diesen fließenden Leiter-Bewegungen und beuge nun dein vorderes Bein dazu. Du erlebst durch diese Bein-Varianten, dass die seitlichen Streckungen und Dehnungen bis in die Hüften und den unteren Rücken spürbar sind. 4. Bleibe in dieser Beobachtung und deinem »Leiter-Erklimmen«, wenn du dein vorderes Bein wieder streckst, das hintere Bein ist noch gebeugt. 5. Am Schluss sind beide Beine gestreckt, lasse die fließenden Bewegungen langsam ausklingen. Wechsel der Beinstellung: linkes Bein nach vorn, rechtes Bein nach hinten.

Flankendehnung – »Leiter hochsteigen«

Leiterübung mit gebeugten Beinen

Chandra Namaskar – Mondgruß

Ausgangs- und Rückkehrpunkt eines Mondzyklus ist *Vajrasana*/der Fersensitz mit den zusammengelegten Händen in *Namasté*-Haltung/der Gebetshaltung. Übe die Bewegungen fließend mit deinem Atemgeschehen, die geöffneten Arme bleiben in Linie mit dem Schlüsselbein:

EA – stelle dein rechtes Bein vor dich auf – AA – öffne deine Arme zur Seite, Handflächen schauen nach vorn; EA – beuge den Rumpf nach rechts, dein Mittelfinger berührt den Boden, strecke deinen linken Arm zur Decke hoch, schaue zur Zimmerdecke – AA – zurück in die Mitte; EA – beuge deinen Rumpf nach links, dein Mittelfinger berührt den Boden, strecke deinen rechten Arm zur Decke hoch, der Blick geht nach oben – AA – in die Mitte zurück; EA – drehe den Rumpf nach rechts, blicke durch die Augenwinkel nach rechts, die ausgebreiteten Arme bleiben in Linie des Schlüsselbeins – AA – komme zur Mitte zurück; EA – drehe dich nach links, blicke durch die Augenwinkel nach links, ausgebreitete Arme in Linie des Schlüsselbeins – AA – komme zur Mitte zurück; EA – führe die ausgestreckten Arme vor dich und lege die Handflächen aneinander – AA – setze Dich in den Fersensitz, Hände vor der Brust in *Namasté*.

Mondgruß

Nun entwickle diesen Zyklus gegengleich, wenn du das linke Bein nach vorn aufstellst. Dann beginnst du die oben beschriebenen Bewegungen der seitlichen Neigung und Drehung jeweils auf der linken Seite.

Höre die biblische Geschichte – Teil 3: eine Herzensangelegenheit

Zerrissen hat er seine Kleider, als er die Worte des aufgefundenen Buches hörte. Um deren Bedeutung wusste Josia schon vorher. Das Volk wollte nicht hören. Es wollte Gott nicht hören. Hulda wusste darum. Sie wusste um die Reaktion des Königs, dessen Delegation nun bei ihr Rat suchte. Sie konnte spüren, dass er Trauer empfand und reumütig war. Weil die Worte Gottes nicht nur in seine Ohren drangen, sondern weil sie ihn im Herzen trafen. Weil er das selbstzerstörerische Verhalten des Volkes erkannte und emotional litt, endet Huldas AntWort nicht mit der Ankündigung der unabwendbaren Katastrophe, sondern mit der Heilszusage an Josia. Gott hatte sein Herz gerührt. Es war eine Herzensangelegenheit. Weil Josia vor Gott weinte, weil die Worte Gottes sein Inneres rührten, wird ihm ein friedvoller Tod noch vor dem Eintritt der Katastrophe zugesagt. Hulda überbringt diese Botschaft. Den Frieden, den Josia selbst nicht finden wird, braucht er nicht suchen. Gott spricht ihm diesen zu. Huldas Worte geben Orientierung bei der Frage, was Gottes Botschaft für Josia bedeutet.

Hulda hat Gespür. Sie hat Durchblick. Gott hat Durchblick. »Der Mensch sieht, was vor Augen ist; der HERR aber sieht das Herz an.« (1. Samuel 16,7) Franz von Sales (1567–1622), Mystiker und Schriftsteller, schrieb einst: »Wenn dein Herz wandert oder leidet, bring es behutsam an seinen Platz zurück und versetze es sanft in die Gegenwart deines Herrn.«[10] Unsere Gedanken und Herzen wandern. Wir müssen sie zurückholen und neu ausrichten. Dabei kann das Innere zur Ruhe kommen, das Hinhören, das Hineinhören eine Hilfe sein. Wann höre ich in mich hinein? Wann nehme ich wahr, dass mein Herz wandert? Was hilft mir, meine Gedanken und mein Herz behutsam zu verorten? Was ist meine Herzensangelegenheit?

---

10 Zit. nach Hildegard Aepli/Thomas Ruckstuhl (Hg.): Leben im Haus der Kirche. Zum 100-jährigen Bestehen des Salesianums. Fribourg 2007, S. 100.

Biga-Übung Teil 3

Nicht Vorstellungen oder (digitale) Bilderwelten berühren uns in der Tiefe, sondern nur das eigene Erlebte. Nur über unsere sinnlichen Erfahrungen lassen wir das Leben in uns hinein. Über sie nehmen wir die äußere Welt auf, über sie bringen wir das Göttliche wieder in die Welt hinaus. König Josia ist ebenso wie Hulda in seinem Herzen berührbar. Er erkennt, welch ungeheure Last auf seinen Schultern liegt. Reue, Umkehr, Neuausrichtung zeigen seine innerliche Größe. Bei Hulda verkörpert sich die innere Reife und Liebe darin, den anderen ihre eigenen Erfahrungen zu lassen, dem Volk wie ihrem König, im Wissen darum, dass Erfahrungen zum jeweiligen Wachstumsprozess gehören.

Wir stärken unseren Schulter- und Herzbereich mit einer Umkehrhaltung: *Pinca Mayurasana,* dem Pfau bzw. der Pfauenfeder und Vorübungen. Mit diesen Übungen nehmen wir die Herausforderungen des Lebens an.

Schulterwippe

Sitze in *Virasana*/Heldensitz (s. die Einstimmung bei Josef, S. 154 f.) oder auf einem Stuhl, die Arme hängen seitwärts, die Hände ruhen auf den Oberschenkeln: EA – ziehe die rechte Schulter so hoch wie möglich, die linke Schulter hängt entspannt herab – AA – lasse die rechte Schulter herabgleiten und ziehe die linke Schulter so hoch wie möglich. Entwickle kraftvolle wippende Bewegungen, die du bis zu den Nieren spürst. Wechsel des Atemmusters: EA – linke Schulter hoch und rechte herab – AA – rechte Schulter hoch und linke herab.

Schulterwippe

Vorbereitung der Schulter- und Armhaltung – Yoga-Block auseinanderziehen

Tadasana/Stehen in der Berghaltung, nimm einen Yoga-Block längs zwischen die Hände, umgreife ihn und bringe die Arme im rechten Winkel auf Schulterhöhe; die Unterarme sind nun parallel zum Boden, die Oberarme mit dem Block senkrecht zur Decke: Ziehe, so fest du kannst, den Block auseinander und erlebe, wie sich dadurch deine Schulterblätter senken und die Ellenbogen zusammengehen. Behalte dieses feste Auseinanderziehen des Klotzes bei, wenn du die Arme hochstreckst, einige AZ dort hältst und dann die Arme wieder senkst.

Haltung in *Ardha Uttanasana*/halbe Vorwärtsstreckung fortgeführt: Mit dem Yoga-Block zwischen den Händen gehe zur Wand, lege die Unterarme und Hände mit Block in Brusthöhe an, laufe nun so weit zurück, dass deine WS, Kopf und Oberarme in eine Linie kommen, die Beine stehen senkrecht zum Boden: Hebe leicht den Kopf, presse die Unterarme an die Wand und ziehe erneut den Klotz auseinander. Dies ist die Arm- und Schulteraktivität für die nächsten beiden Übungen: den Unterarm-Hund und die Pfauenfeder.

Vorbereitung für den Unterarmstand

Unterarm-Hund mit Stuhl

Stelle den Stuhl an die Wand, knie vor dem Stuhl, lege die Unterarme auf den Boden und fasse die Stuhlbeine von außen. Hebe dein Gesäß und rutsche mit den Knien so weit nach hinten, dass du die Öffnung in den Schultern spürst. Achte darauf, dass deine Schultergelenke über deinen Ellenbogen bleiben, wenn du etappenweise deine Beine streckst; dann einige Zentimeter nach vorn läufst, um wieder die Beine zu strecken. Hilfsmittel: Wenn deine Ellenbogen auseinander tendieren, so binde sie knapp über oder unter den Ellenbogengelenken mit einem Yoga-Gurt zusammen. Sie sollen unbedingt schulterbreit und parallel stehen.

Stellung des Hundes auf Unterarmen

Variation mit gestrecktem Bein

Pinca Mayurasana – Pfau oder Pfauenfeder

Alternative mit den Schienbeinen auf der Stuhlfläche.

Knie vor der Wand, Handflächen auf den Boden; der längs an der Wand positionierte Block hält deine Hände auseinander; er liegt in den Lücken zwischen Zeigefinger und Daumen; falls ein Gurt vorhanden ist: Lege diesen wie zuvor beschrieben an. Um deine Pfauenfeder leicht nach oben zu erheben, benötigst du den Gegendruck in der Basis: Presse durchgängig die Innenseiten deiner Hände und die Mitte deiner Unterarme kräftig in den Boden, schwinge ein Bein nach dem anderen hoch, die Fersen finden ihren Halt an der Wand. Wichtig:

Um einen Knick in der LWS, d. h. im Hohlkreuz zu vermeiden, ziehe die vorderen unteren Rippen zurück zur WS, verlängere die Flanken. Deine Haltung wird leichter, wenn du deine Beine so zusammenbringst, als ob sie ein Bein wären, und wenn du die Beininnenseiten intensiv zur Decke schiebst.

Für das Zurückkommen: Nicht aus der Haltung herausfallen, sondern ein Bein nach dem anderen senken, lasse deine Arme noch auf dem Boden und ruhe einige AZ in der Kindsposition bzw. Embryohaltung aus (Fersensitz mit Vorbeuge), bevor du dann deinen Rumpf wieder hebst.

Unterarmstand mit Stuhl an der Wand

Endhaltung Unterarmstand

Ausklang

Trataka – Licht-Meditation

Trataka ist eine der sechs Reinigungs- und Konzentrationsübungen, den *shatkarma*, aus der HYP. Der Blick wird entspannt und, ohne zu blinzeln, auf einen zunächst äußeren, dann inneren Punkt gerichtet, so lange, bis die Tränen fließen. »Mit sanftem Blick nutzen Sie die Stäbchen stärker als die Zapfen in Ihren Augen, was Sie dazu befähigt, Auras zu sehen.«[11] *Trataka* reinigt und stärkt die Augen und das NS.

Für unsere abschließende Meditation verwenden wir dafür eine Kerze, idealerweise eine Bienenwachskerze. Diese sollte an einem windstillen Ort, in Augenhöhe und in zwei bis drei Meter entfernt stehen. Ohne zu blinzeln, starre in die Flamme, ca. fünf Minuten. Dann schließe die Augen und visualisiere die Flamme im Punkt zwischen den Augenbrauen. Im Geiste kannst du ein (Christus-)Mantra wiederholen, das befriedet deinen Geist. Die Flamme ist ein kraftvolles Symbol des inneren Lichts, des göttlichen Lichts in dir. Gib diesem Licht Raum in dir und spüre jenem mit Dank im Herzen nach.

Licht-Meditation mit dem Atem: Wenn dein Herz bei dieser Meditation zu unruhig ist, so empfiehlt sich folgende Übung: 1. Schritt: Mit jedem AA entlasse all das Angestaute und dich Einengende in das Kerzenlicht als Symbol des göttlichen Lichts hinein. Übergib innerlich alles dem göttlichen Licht, auf dass alles (Bitten, Sorgen, Anliegen usw.) sich durch das göttliche Licht/durch Gott im eigenen Leben neu ordnet und sich zur rechten Zeit Lösungen zeigen, die dem Wohle aller dienen. 2. Schritt: Mit jedem EA lasse das Kerzenlicht in dich hinein und empfange damit das reine göttliche Licht. Genieße es, dich damit anzufüllen, so lange, bis es den Raum in dir und in deiner gesamten Aura eingenommen hat.

---

11 Yogi Hari: Hatha Yoga Pradipika. Ursprung und Quelle des Hatha Yoga. Petersberg 2007, S. 137. Ergänzende Erläuterung zum Begriff »Auras«: Im Deutschen wird i. d. R. im Plural von »Auren« gesprochen, im Englischen von »auras«. Bei manchen Übertragungen aus dem Sanskrit variieren die Schreibweisen jedoch, ähnlich wie bei »Chakras« und »Chakren« (im Sanskrit eigentlich *cakra*, kleingeschrieben). Es finden sich in den Übersetzungen daher verschiedene Schreibweisen.

Huldas Segensworte

Schließe die Augen mit Hulda.
Spüre mit ihr, wie sie mutig Weisheit lehrt.
Spüre mit ihr, wie sie Starrheit in Einsicht verkehrt.
Spüre mit ihr, wie sie ihren Auftrag entdeckt.
Spüre, wie sie in sich und in anderen Fragen weckt.
Gott bestärkt, was uns spüren lässt.
Gott bewahrt, was uns weinen lässt.
Gott behütet, was uns leben lässt.
Darum begleite dich Gott.
Jeden Tag.
Komme zurück in den Raum.
Sei gesegnet.
Bewahre den Weitblick.
Lasse Gott dein Herz berühren.

Salomos Weisheit *oder*
Von Träumen, Erotik und Poesie

Günter Kusch und Carola Spegel (Biga-Übungen)

Einführung

Auf einer Briefmarke aus Israel (Jahrgang 1960) hält er eine Waage in der linken Hand. Mit seiner Rechten breitet Salomo einen Bauplan aus. Die Botschaft, die dahinter steckt, lautet: Der israelitische König gilt als gerechter Richter und kluger Errichter des Tempels. Der dritte Herrscher über Israel und Juda, Nachfolger von Saul und David, soll 40 Jahre lang regiert haben. Dies ist sicher eine symbolische Zahl, es gibt keine historischen Belege dafür. Als historische Grundlage für seine Regierungszeit geht man von der Mitte des 10. Jahrhunderts vor Christus aus.[1] Seine Herrschaft ist ein »Goldenes Zeitalter« für Israel (1. Könige 4,20–5,1), so heißt es. Seinem Sohn und Nachfolger Rehabeam gelingt es nicht, am Erfolg des Vaters anzuknüpfen. Durch dessen hartes Regiment fällt das Volk von ihm ab.

Sein Name *selomoh* besitzt eine klangliche Nähe zu *shalom*«, der Friede, und deutet auf die vielen Jahre ohne Krieg hin, die Salomo den Menschen gewährt. Kein Wunder, dass sie ihn verehren und ihm ihre Gunst schenken. Immer wieder wird er auf die Probe gestellt. Zuerst von Gott selbst, der ihm darauf seinen größten Wunsch erfüllt. Doch statt sich Reichtümer oder Ländereien zu wünschen, bittet Salomo um ein hörendes Herz, damit er sein Volk gerecht regieren kann. Vor die zweite Prüfung stellen ihn dann zwei Frauen, die um ein lebendiges Kind streiten. Wer ist die Mutter, so lautet die Frage – und Salomo löst das Problem auf ungewöhnliche Weise: »Holt mir ein Schwert! [...] Teilt das lebendige Kind in zwei Teile und gebt dieser die Hälfte und jeder die Hälfte«, sagt er (1. Könige 3,24 f.). Die wahre Mutter jedoch will ihren Nachwuchs retten. Damit ihr Kind nicht stirbt, überlässt sie es lieber der fremden Frau – und beweist damit echte Mutterliebe. Nicht nur an dieser Stelle zeigt sich Salomos göttliche Weisheit.

---

1 Martin Nitsche: Salomo. WiBiLex. http://www.bibelwissenschaft.de/stichwort/25919/ (Zugriff am 03.08.2020).

Wer in den biblischen Büchern, und ganz besonders im 1. Buch der Könige blättert, bekommt den Eindruck, hier geht es um einen echten Helden: Salomos vorbildliche Königsherrschaft, der Reichtum und seine Weisheit werden fast ins Unermessliche gesteigert. Dabei hatte auch unser »Wundermann« seine Schattenseiten: Sein Herz ist nicht nur zahlreichen Frauen zugeneigt, sondern auch den unterschiedlichsten Göttern (1. Könige 11,1–14). Er ist nicht nur ein weiser und frommer König, sondern auch ein satter und letztlich gottvergessener Regent.[2] Je mehr Macht, desto weniger Moral? Fast fühlt man sich an aktuelle Politiker*innen erinnert, denen es auch mehr um Posten als um Positionen geht.

Für unsere Biga-Einheit rücken vier Schwerpunkte der Salomo-Geschichte ins Zentrum: die Offenbarung Gottes im Traum, die Weisheit des Herzens, die emotionale Begegnung mit der Königin von Saba und die Macht der Poesie – Salomo war ein Mann, der mit wunderbaren Psalmen und tiefgehenden Liebesliedern Herzen und Sinne in Wallung brachte und bringt.

Gott offenbart sich in Träumen: Sind Träume wirre Fantasien oder Botschaften aus dem Jenseits, vielleicht sogar von Gott? Diese Frage stellen sich nicht nur biblische Autor*innen, sondern auch Psycholog*innen bis heute. In Jakobs Traum unter der Himmelsleiter (Genesis 28) jedenfalls kommt es zu erhellenden Momenten: Jakob erkennt etwas, das ihm wachend entgangen wäre: »Fürwahr, der HERR ist an dieser Stätte, und ich wusste es nicht!« (V. 16) Für die nächtlichen Botschaften des Pharaos braucht es den Traumdeuter Josef, um die Inhalte zu entschlüsseln: Auf sieben Jahre reiche Ernte folgen sieben Dürrejahre (Genesis 41). Der Prophet Jeremia dagegen ist skeptisch: Träume sind wie Götzen, allein Gottes Wort hat Geltung (Jeremia 23). Der Prophet Daniel würde darauf antworten: Gott »offenbart, was tief und verborgen ist« (Daniel 2,22). Wichtig sind die Reaktionen und Folgen der Träume. Salomo darf sich etwas wünschen – statt schnödem Mammon wählt er ein »gehorsames Herz«. Man könnte auch sagen, ein hörendes Herz, um gerecht und angemessen zu reagieren, und um zu verstehen, was gut oder böse ist. Sein Wunsch dient quasi dem Einsatz für das Leben. (1. Könige 3,9)[3]

---

2   Doris Marszk geht sogar davon aus, dass König Salomo im großen Maßstab Kupferminen ausbeutete – 300 Jahre früher als in der Region vermutet, siehe: Doris Marszk: König Salomo: Bereits vor 3000 Jahren Kupferverhüttung im großen Maßstab? https://www.wissenschaft-aktuell.de/artikel/Koenig_Salomo__Bereits_vor_3000_Jahren_Kupferverhuettung_im_grossen_Massstab_1771015585456.html (Zugriff am 03.08.2020).
3   Interessant sind die Ausführungen von Marlene Crüsemann zur prophetischen Rede heute: »Heute will das Wort lebendig werden, in der Schriftauslegung, in der Predigt, im Handeln der Kirche. Es geht um die richtige Beurteilung der Lage, in die man ein […] bestimmtes Wort sprechen soll und muss. Was sagt Gott, was ist der Wille Gottes in dieser einmaligen Situation,

Von der Weisheit des Herzens: Im Alten Testament gilt das Herz als zentrales Organ, das die Beweglichkeit des Menschen ermöglicht.[4] Es übernimmt Funktionen, die heutige Mediziner*innen eher dem Gehirn oder bestimmten Hirnregionen zuschreiben würden. *Naefesch* (die Kehle), *basar* (das Fleisch) und *leb* (das Herz) werden fast personal gedacht. Die Begriffe umschreiben unterschiedliche Aspekte des Menschseins. Alle Teile des Körpers stehen jedoch in einer ergänzenden Beziehung, so betont es auch Paulus im 1. Korintherbrief, Kapitel 12. Die »Weisheit Salomos« ist also kein Wesenszug, den Salomo besitzt. In ihr verkörpert sich Gott selbst, der den Menschen mit kritischem und wachem Geist nahe ist. In dem Buch der Sprüche, Kapitel 8, tritt die Weisheit in Person auf. Sie spricht und ermahnt. Sie wird als Gestalt dargestellt oder anders: als Mittlerin zwischen Gott und den Menschen.

Mag das Wort »Weisheit« heutzutage altertümlich klingen, so ist es doch in vielerlei Redensarten präsent. Da wird von weisen Entscheidungen gesprochen, von weiser Voraussicht oder von einer weisen Lebensart, die erfüllend und erstrebenswert sei. Was aber macht einen Menschen zu einem Weisen? Ist er*sie nicht einfach nur klug? Nein, Weisheit ist mehr als Klugheit. Sie hat mit einem Wissen zu tun, das nicht unbedingt gelehrt oder unterrichtet werden kann. Deshalb wird sie auch am ehesten den Älteren zugesprochen. Weisheit hat mit Verinnerlichung und Erfahrung zu tun, mit spirituellem Leben und meditativen Übungen. Der mystische Gedanke von »Gott in uns« verlangt aber immer nach dem Außen und damit nach Beziehung zu der Schöpfung, die uns umgibt. Wiederholt findet sich im apokryphen Buch der Weisheit die Weisung, auf Väter und Mütter zu hören oder Solidarität und Nächstenliebe zu leben. Weisheit geht nicht ins Leere, sondern zeichnet sich durch Fülle aus, die ins Handeln und damit ins soziale Engagement drängt.

Begegnung mit der Liebe: Diese Geschichte (1. Könige 10) ist im doppelten Sinn ein echtes Rätsel. Einerseits, weil die Story von der schönen Fremden aus dem Süden, die Salomos Sinne in ihren Bann zieht, letztlich in Andeutungen und

---

was sollen wir tun? Dies kann nicht von Kirchenbehörden festgelegt werden. Menschen stehen neu auf und sagen etwas. Sie sind Prophetinnen und Propheten, weil durch sie das Wort Gottes lebendig wird im Angesicht der Wirklichkeit, die zu sehen sie imstande sind.« Siehe dazu: Marlene Crüsemann: Mehr als ein Traum, 2007, S. 5 f. https://www.bibel-in-gerechter-sprache.de/wp-content/uploads/MCruesemann_Jer23_Bibelarbeit_DEKT2007.pdf (Zugriff am 03.08.2020).

4   Im Alten Testament gilt das Herz als zentrales Organ, das die Beweglichkeit des Menschen ermöglicht. Das Alte Testament kennt das Klopfen des Herzens. Das Herz kann toben und macht den Menschen unruhig, dann kann er nicht mehr stillhalten (Jeremia 4,19).

Fantasiegebilden stecken bleibt. Andererseits, weil Salomo mit einer Rätselfrage auf die Probe gestellt wird. Vielleicht wollte die fremde Frau wissen, ob er ihr das Wasser reichen kann? Jedenfalls galten Rätsel im Orient als beliebtes Gesellschaftsspiel an orientalischen Höfen. Leider verrät uns die Bibel nicht, mit welcher Frage die Königin den König herausforderte. Immerhin gab uns der Vater der jüdischen Religionswissenschaftlerin Ruth Lapide eine Antwort auf die Frage, ob Salomo tatsächlich tausend Frauen hatte: »Keine Angst, das ist nicht wörtlich zu nehmen, sonst hätte er ja auch 1000 Schwiegermütter gehabt und das hätte er bestimmt nicht ausgehalten.«[5]

Die Königin von Saba ist eine legendäre Gestalt. Einen Namen hat sie in der Bibel nicht. Sie kann nicht glauben, was man von Salomos Reichtum und Ruhm erzählt, deshalb will sie sich selbst ein Bild machen. An Klugheit ist sie dem weisesten biblischen König ebenbürtig. So wird sie später zum herausragenden Beispiel einer emanzipierten Frau. Warum aber nimmt sie die weite Reise auf sich? Wieso bringt sie Salomo Gold und Edelsteine mit, obwohl er auf diese kostbaren Schätze gar nicht angewiesen ist (1. Könige 10). Sicher kommt mehr zusammen: Reichtum, Macht, Sinn für Gerechtigkeit, Gottesfurcht, Weisheit, seine Qualitäten als Liebhaber und die Lust, sich mit anderen zu messen. Auch dieser Wettbewerb, das zeigen die vielen Rätsel, war sicher ein Grund für die unbekannte Schöne, ein Dutzend Kamele zu satteln und diese beschwerliche Reise nach Jerusalem anzutreten.

Von poetischer Kraft und stärkenden Liedern: Rund ein Drittel des Alten Testaments setzt sich aus Liedern, Sprichwörtern und Weisheitstexten zusammen. Das Besondere daran: Die Weisheitsbücher werden traditionell Salomo zugeschrieben. Viele der 150 Psalmen (geistliche Lieder und Gebete) gehen bis zu David zurück, Psalm 72 und 127 werden Salomo zugeschrieben, letztlich kennt man aber keinen Verfasser genau. Im Buch der Sprichwörter sind zwei Sammlungen von »Sprüchen Salomos« zu finden. Das Buch Kohelet/Prediger, das die Bindung der Welt an Gott ins Zentrum stellt, nennt als Verfasser Davids Sohn, also wohl Salomo, allerdings passt das zeitlich nicht. Interessant ist das Hohelied Salomos, literarisch ein Edelstein, aber exegetisch eine harte Nuss. Handelt es sich um eine Liebesdichtung oder wird hier allegorisch das enge Verhältnis Gottes zu seinem Volk beschrieben? Martin Luther hat den Titel »Hohelied« geprägt. Der Begriff erinnert an ein zweites »Hohelied der

---

5   Ein interessantes Interview mit Ruth Lapide zur »Königin von Saba, versuchte Versucherin«, gibt es hier: https://www.br.de/fernsehen/ard-alpha/sendungen/alpha-forum/ruth-lapide-isebel-gespraech100.html (Zugriff am 22.01.2021), S. 7.

Liebe« des Apostels Paulus, das im 1. Korintherbrief 13 steht. Ob Salomo tatsächlich der Autor der alttestamentlichen Verse ist, weiß man nicht. Für Stephan Weyer-Menkhoff, emeritierter Professor für praktische Theologie an der Gutenberg-Universität Mainz, liegt der Reiz der biblischen Poesie darin, sich die vielen Bilder und Metaphern so anzueignen, dass sie zum Bestandteil der eigenen Welterfahrung werden.[6] Eine interessante Interpretation lieferte der jüdische Gelehrte Rabbi Akiba im ersten Jahrhundert. Für den Begründer des traditionellen jüdischen Lehrsystems waren die Worte des Hohelieds spirituell gemeint. Sie beschreiben die Vereinigung des Gläubigen mit Jahwe, dem Gott der Juden.[7] Eine erste christliche Deutung stammt von dem Kirchenlehrer Hippolyt aus dem 3. Jahrhundert. In Anlehnung an das Hohelied mit seiner Braut-Bräutigam-Symbolik beschreibt er es so: »Es geht um die Seele des Glaubenden, der sich in der Liebe, in der mystischen Vereinigung mit Gott verbindet. Die Anima, die Seele, ist der Garten und Christus ist der Bräutigam.«[8] Die Sehnsuchtslieder seien dann Ausdruck des Verlangens nach Christus. Ab dem 12. Jahrhundert spielte der Gedanke der *unio mystica,* der geheimnisvollen Vereinigung der Seele mit Gott bzw. Jesus Christus besonders in Frauenklöstern eine bedeutende Rolle. Auch Augustin und Meister Eckhart führten diese Gedanken aus.[9]

Praktischer Biga-Teil

Die weise Verbindung *(yoga)* von oben und unten, von je zwei Polen, begegnet uns durchgängig bei Salomo:

Die Bitte im Traum/das Unterbewusstsein – die Umsetzung bei Tag/das Wachbewusstsein; darin die Begegnung Ich – Gott; Gott als der Angesprochene – die Weisheit als die wirkmächtige Verkörperung Gottes in der Welt.

---

6   Das sogenannte Hohelied Salomos ist Teil der jahrhundertealten jüdischen wie christlichen Theologie. Sein Einfluss auf unsere Kulturgeschichte ist enorm. Dichter, Maler und Komponisten haben sich mit dieser erotischen Lyrik auseinandergesetzt, siehe https://www.deutschlandfunkkultur.de/das-lied-der-lieder.1278.de.html?dram:article_id=192628 (Zugriff am 22.01.2021).
7   Tremper Longman III: Song of Songs. Grand Rapids, Michigan/Cambridge 2001, S. 20 ff.
8   https://www.deutschlandfunkkultur.de/das-lied-der-lieder.1278.de.html?dram:article_id=192628 (Zugriff am 22.01.2021).
9   Weitere Infos: https://www.deutschlandfunkkultur.de/das-lied-der-lieder.1278.de.html?dram:article_id=192628 (Zugriff am 22.01.2021).

Im hörenden Herzen das Hörorgan und das pulsierende Zentrum in seiner Brust bzw. im verständigen Herzen die Verknüpfung von Kopf/intellektuelle Intelligenz und Herz/emotionale Intelligenz. Innehalten, um das Gebot der Stunde zu erforschen – im Handeln die streitenden Parteien aktiv vor die herausfordernde Entscheidung stellen.

Ein Schwert mit zwei Klingen; zwei Frauen, die echte Mutter – die sich als echt ausgebende Frau; zwei Hände, die das Baby halten; ebenso die Konfrontation Baby und Schwert als Teilung der Einheit (das Kind) oder die Zurückführung zur Einheit von Mutter und Kind; die Verehrung des einen Gottes – die Zulassung der anderen lokalen Götter.

Seine vielen Frauen am Hof – die eine wahrhaftige Frau auf Augenhöhe. Sie, Königin von Saba. Das Männliche und das Weibliche kommen hier zusammen. Der König als Verkörperung der Weisheit als männlich-göttliches Schöpfungsprinzip – die Königin als Verkörperung der Liebe als weiblich-göttliches Schöpfungsprinzip.

Zwei Wege: ein Weg, der die Liebenden zusammenfinden lässt – ein Weg, der sie wieder in die je eigene Lebenswelt entlässt. Ganz nach Kohelet/Prediger 3,6a: »suchen hat seine Zeit, verlieren hat seine Zeit«.

Die ZWEI soll das Leitmotiv bei den salomonischen Biga-Übungen sein.

Einstiegsübung – Zusammenspiel von Druck und Gegendruck

Wenn wir die ZWEI nicht als »Dualität« betrachten, d. h. im Sinne von sich gegenüberstehenden und sich bekämpfenden Seiten, sondern als »Polarität« interpretieren, d. h. im Sinne von zwei sich gegenseitig bedingenden und einander kooperierenden Komponenten, so vermögen wir deren Kräfte für uns weise zu nutzen. Eine kleine Auswahl an isometrischen Übungen, die mit Druck und Gegendruck arbeiten, also mit Anspannung und Entspannung, lassen uns das Zusammenspiel der Pole erleben. Es wird positive Auswirkungen auf Öffnungshaltungen zeigen.

Isometrische Übung für Knie und Schulterbereich

Setze dich auf den Boden oder auf einen Stuhl, die Beine eine Unterarmlänge breit auseinander aufgestellt. Positioniere zwischen deine Knie die Ellenbogen und die Handflächen, gern im Wechsel: einmal mit dem rechten Unterarm vorn, einmal mit dem linken Unterarm vorn *(Malasana Squat – intensive Hüftöffnung)*.

Nun beginne mit langen AZ die Innenseiten der Knie gegen die Unterarme zu pressen (der Hauptdruck bzw. Gegenhalt wird auf demjenigen Unterarm spürbar sein, der dem Raum zugewandt ist). Halte den Druck – Gegendruck mindestens sieben tiefe AZ lang aufrecht und entspanne zwischendurch.

Wechsle nun zu den Außenseiten deiner Knie: Lege die Handflächen außen an deine Knie und presse mit deinen Händen gegen die Knie, so als wolltest du diese zusammenbringen, aber die Knie weichen nicht aus, sondern geben den entsprechenden Gegendruck; sieben tiefe AZ lang.

Wiederhole den Wechsel dreimal sieben AZ lang mit wachsender Intensität des Drucks und Gegendrucks. Vermutlich wird sich mit beständigem Üben deine Kraft stärken, um solche isometrischen Übungen auf mehr AZ zu verlängern.

Für die nächste Übung benötigst du einen Stuhl, am besten mit einer Decke gepolstert. Nimm den Kniestand ein, in etwas Abstand vor dem Stuhl, sodass du bequem den Bereich der unteren Oberarme und die Ellenbogen auf die Stuhlfläche und die Stirn auf die Stuhlkante ablegen kannst. Die Handflächen berühren sich, die gestreckten Finger zeigen hoch in Richtung Decke. Die WS ist mit dem Kopf in einer Linie, d. h. Bauch und Oberschenkel bilden einen rechten Winkel.

Presse intensiv mit deinen Ellenbogen auf den Stuhl, dabei wird automatisch der Beckenboden reagieren: Verstärke seinen Einsatz, indem du die Muskulatur des Beckenbodens aus seiner Mitte heraus nach innen in deine Körpermitte hochziehst. Dies dient dir als Stütze für deine Kraft. Wiederhole diese Übung dreimal sieben AZ lang. Du wirst Weite in der Rückseite deines Schulterbereiches spüren sowie den Zug der äußeren Achseln Richtung Boden. Deine Achseln fühlen sich dadurch »höhlig« an.

Sitze auf dem Boden oder auf dem Stuhl, hebe die Ellenbogen in Brusthöhe an und setze nur die Fingerkuppen aneinander. Die Hände bilden so in Höhe deines Herzens eine tassenförmige Struktur. Presse intensiv die Fingerkuppen aneinander und hebe dabei beständig dein Brustbein, auch wenn du versuchst, im Drücken der Finger die Ellenbogengelenke noch einmal um einige Zentimeter zu heben, bis in Schulterhöhe. Vergleiche die Impulse für den oberen Brustraum im Schlüsselbeinbereich mit der variierten Ellenbogenhöhe.

Dehnung für die Finger und Handgelenke

Sitze auf dem Boden mit einer Sitzunterlage oder auf dem Stuhl, lege die Handflächen zusammen. Mobilisiere die Handgelenke und dehne die Finger, indem du mit einfühlsamem Druck und im fließenden Wechsel einmal mit der rechten Handfläche die linken gestreckten Finger in Richtung linken Unterarm bringst, dann mit der linken Hand die rechten Finger zum rechten Unterarm.

Ebenso dehne deine Handrücken: Die Finger zeigen zum Boden, mit der linken Hand dehne den rechten Handrücken, ebenso mit der rechten Hand den linken Handrücken, so als wolltest du die Handflächen mit den unteren Unterarmen zusammenklappen. Zum Schluss kreise mit beiden Handgelenken, einige Male rechts herum, einige Male links herum.

Salomos Weisheit *oder* Von Träumen, Erotik und Poesie

Höre die biblische Geschichte – Teil 1: Salomo träumt

Es dauert eine Weile, bis Salomo zur Ruhe kommt und einschlafen kann. Sorgen und Unruhe ziehen wie Stürme in sein Nachtlager ein. Kann er dem Volk ein guter König sein? Werden ihn die Israeliten nicht stets an seinem Vater David messen? Kann er den hohen Ansprüchen genügen? Bricht er unter der Last zusammen? Mitten hinein ins nächtliche Grübeln mischt sich eine Stimme und gewährt ihm himmlische Ausblicke: »Salomo, warum denkst du, alles allein bewältigen zu müssen? Du hast einen Wunsch frei. Ich werde ihn dir erfüllen.« (vgl. 1. Könige 3,5) Ja, Wünsche hat Salomo viele, Macht und Ansehen, gute Ratgeber, Reichtum und ein langes Leben, das wäre hilfreich. Doch Salomo erbittet nichts von dem. »Schenke mir ein gehorsames, weises und verständiges Herz«, sagt er (vgl. 1. Könige 3,9). Gott freut sich über diesen selbstlosen Wunsch und erfüllt ihn. Ja, mitunter sind Träume eben keine Schäume: Salomo wird zu einem fürsorglichen König, einem Leiter und Lenker – mit göttlicher Weisheit gesegnet.

Biga-Übung Teil 1

Sich dem Schlaf hingeben bedeutet, von der Aktivität in die Passivität zu wechseln. Der Geist und der Körper geben die Kontrolle auf. Ein neuer Raum entsteht, der Raum für die Botschaften der Träume. Träume verarbeiten das Tagesgeschehen oder vermitteln innere Bilder als Sprache der Seele. So manches Mal zeigen sie unsere tiefsten Wünsche und Sehnsüchte. Was unser Herz wohl alles beherbergt? Für dein späteres Wachsein, d. h. für dein Alltagsbewusstsein wisse, dass die Arme und deine Hände die Verlängerung deines Herzens sind. Sie sind die *karmendriyas* = Organe des Handelns, der Tat für deine Herzensweisheit. Sie übernehmen den aktiven, ausführenden Part im Leben.

Nebenbemerkung: In der *Samkhya-* und *Yoga-Philosophie* werden fünf *karmendriyas* aufgezählt: Arme, Beine, Zunge/Sprechen, Zeugungs- und Ausscheidungsorgane.

Supta baddhakonasana – Schmetterlingshaltung im Liegen
mit Atem-Visualisierungsübung

Für die Rückenlage benutze ein dickes Polster oder eine längs zusammengefaltete Decke, zusätzlich eine Decke oder ein kleines Kissen als leichte Kopferhöhung, setze dich mit dem Rücken zu den vorbereiteten Unterlagen. Richte die Beine auf. Mithilfe der Arme lege die WS mittig auf das Polster bzw. die Decke, der Bereich der LWS bleibt frei. Lasse nun die Knie auseinanderfallen und bringe die Fußflächen zusammen. Im Liegen sind die Arme unterhalb der Schulterlinie auf dem Boden abgelegt.

1. In der liegenden Schmetterlingshaltung erlebe erneut das Zusammenspiel von Anspannung und Entspannung: Presse fest die Fersen zusammen – dann die Fußaußenkanten – die Fußballen – die ganzen Fußflächen – lasse die Beine los, deine Knie werden nun leichter zu Boden sinken. Bei bleibenden Spannungen im Bein- und Beckenbereich unterstütze deine Beine mit zwei Klötzen bzw. Kissen. Ebenso presse die Handrücken mit den gestreckten Fingerrückseiten auf den Boden, einige AZ lang, dann löse diese Aktivität und gib deinen Körper der Passivität, d. h. der Öffnung deiner gesamten Körpervorderseite hin. Weicher, langer Atem. Sei dir bewusst, dass *auf dem Atem deine Seele reitet.*

2. Führe *Supta baddhakonasana* fort mit anschließender Atemführung und beachte dabei: »Weisheit ist einfach die Freiheit, präsent zu sein. [...] Präsenz *ist* Weisheit!«[10] Ergreife diese Präsenz, die immer da ist, mit folgender Atemübung mit imaginativer Kraft: Nimm Kontakt mit deinem Unterbauch auf. Mit jedem tiefem EA ziehe deinen Atem an der Bauchinnenseite nach oben und verbinde diesen mit deinem Herzen. Es ist, als ob du dich mit deinem Atem innerlich streichelst. Halte die Verbindung Bauch – Herz, wenn du nun deine Aufmerksamkeit in deinen Kopf leitest. Mit deiner Vorstellungskraft schaffst du einen Weg für dein Gehirn nach unten zum Herzen hin. Mit jedem tiefen EA und AA fließt ein Teil deines Gehirns zum nächstgelegenen Teil: EA, AA, dein Stirn-Hirn begibt sich zum Hinterhaupt-Hirn; EA, AA – beide Gehirnteile setzen ihren Weg zum Hirnstamm fort; EA, AA – von dort weiter in den HWS- und Kehlkopf-Bereich; EA, AA verbinden sich alle gemeinsam mit dem Herzen und finden hier zur wachen Ruhe.

3. Fahre fort: EA – spüre gleichzeitig die Fülle im Becken und im Kopf. AA – spüre ihren Weg und ihre Verbindung mit deinem Herzen. Mit dem nächsten EA und AA leite die Verbindung weiter in deine Arme, Hände und Fingerspitzen hinein. Fahre mit ganzer Konzentration mehrere Zyklen so fort. Geeta Iyengar beschreibt das so: »An dem Tag, an dem du deine Anwesenheit in der Tiefe deines Seins fühlst, von da an ist Tiefe in deiner Praxis.«[11]

4. Um sanft hinüberzugleiten in das Zurückkommen, pumpe einige Male Kraft in die Hände mit einem dynamischen Wechsel von Fäuste-Bilden und Finger-intensiv-Strecken. Presse die Fußflächen zusammen, lösen – in einem langsamen Armkreis von den Seiten zur Decke hoch kreise auch die Handgelenke: beim Hochstrecken Kreise in die eine Richtung, beim seitlichen Senken der Arme in die andere Richtung. Stelle deine Beine auf, ziehe einige Male deine Fuß-

---

10 Richard Rohr: Pure Präsenz. Sehen lernen wie die Mystiker. München ^{5}2012, S. 68.
11 Dies berichtete Geeta Iyengar nach einem Vortrag 2006 in Puna. Sie fügte damals hinzu: »Genieße dich selbst in dieser wachen Ruhe.«

rücken zu den Schienbeinen – rolle auf die rechte Seite, entferne die Unterlage für den Rücken, rolle zurück in die Rückenlage. Winkle die Unterarme an, sodass sie senkrecht zur Decke zeigen, Finger gestreckt, drücke mit den Ellenbogen in den Boden, dadurch hebt sich dein Brustbein – behalte diese Situation bei, wenn du das Gewicht von den Ellenbogen nimmst und deinen geöffneten Brustkorb allein mit der Kraft der Rumpfmuskulatur hältst; senke die Brust ab, entspanne einige AZ.

Liegender Schmetterling mit Pressen der Fingernägel auf den Boden

Setu Bandha – Schulterbrücke im Atemfluss

Die nächste Aktivität erfolgt auch in der Rückenlage: Die Beine bleiben hüftbreit aufgestellt und in einigem Abstand zum Gesäß, die Arme nahe an den Flanken. EA – hebe dein Becken und führe die Arme in einem Kreis nach oben und hinter den Kopf. AA – senke dein Becken und kreise die Arme in die Ausgangslage zurück – wiederhole den Zyklus einige Male. Beachte: Die Knie bleiben unbedingt über den Fersen! Du kannst dein Becken leichter und höher anheben, wenn du mit den Fersen in den Boden presst und die Beinaußenseiten fokussiert zur Decke bringen willst – rolle Wirbel für Wirbel hoch und Wirbel für Wirbel ab – Zyklus einige Male wiederholen.

Komme zum Sitzen zurück: Rolle auf die rechte Seite, mit deinen Armen unterstützt.

Schulterbrücke
mit Ausatmen

Schulterbrücke
mit Einatmen

Höre die biblische Geschichte – Teil 2: Salomos Weisheit berührt die Herzen

»Zerteilt es in der Mitte«, befiehlt Salomo mit schneidendem Ton. Damit hatten die beiden Frauen nicht gerechnet, die den kleinen Jungen zu ihm brachten. Salomo soll entscheiden, wer die wahre Mutter ist. Beide Frauen wohnen im selben Haus. Beide bekommen einen Sohn. Ein Baby stirbt. Dessen Mutter legt den toten Säugling ins Bett der anderen und tauscht es aus. Nun streiten sie, wem das Lebendige gehört. Und Salomo lässt sich ein Schwert bringen, um das Geliebte in zwei Teile zu schneiden. »Nein«, schreit die wahre Mutter: »Töte das Baby nicht, gib es lieber dieser Frau!« Die Entscheidung Salomos rührt ihr Herz an. Seine Weisheit, von Gott geschenkt, rettet Leben und beschützt das Volk. (1. Könige 3,16–28)

Biga-Übung Teil 2

Das Ziel des Yoga- bzw. Biga-Weges lautet: »die Gedanken langsam zur Ruhe bringen«. Beim Yogalehrer Sriram bekommt es eine weitere interessante Übersetzung: »Einheit entsteht, wenn alles Fühlen und Denken zueinander findet.«[12] Bei diesem Dilemma, vor den beiden emotionsgeladenen »Müttern« stehend, muss Salomo mit genügend Unterscheidungskraft und Standfestigkeit die wahrhaft richtige Entscheidung fällen. Dazu muss er mit seinem ganzen Sein eins sein.

Die anschließenden Biga-Übungen fügen die geöffnete Vorderseite mit der Rückseite des Körpers aneinander. Auch in der Haltung des Bootes werden Öffnung des Körpers und Stärkung des Rückens miteinander verbunden.

Fließende Brustkorb-Bewegungen in Dandasana – Langsitz oder Stockhaltung

Sitze auf dem Boden in *Dandasana,* der Stockhaltung. Dabei sind die Beine ausgestreckt, die Füße zeigen senkrecht nach oben, stütze deine Handflächen hinter dem Rücken auf den Boden auf. Es wird in den Sensibilisierungsübungen darum gehen, welch feine Details du in der Brustöffnung und -hebung wahrnimmst, wenn du mit den Händen Variationen ausprobierst.

Die Beine sind durchgängig lebendig, indem du die Fußrücken zu den Schienbeinen ziehst. Die Zehen lasse weich und lang. Intensiviere den Kontakt der gesamten Beinrückseiten mit dem Boden. Falls in *Dandasana* dein unterer Rücken nach hinten fällt, dann wähle eine Sitzunterlage, und zwar so hoch, bis du auf der Mitte deiner Sitzknochen verweilen kannst.

Bei steifer Körperstatur kann man *Dandasana* mit dem Stuhl üben, die Hände an der Stuhllehne oder Stuhlfläche positioniert.

Lehne dich zurück und finde einen dir wohltuenden Abstand für die Handflächen, die du hinter deinem Rücken auf den Boden bzw. auf die Yoga-Matte »ansaugst«. Die Finger zeigen vom Gesäß weg, die Ellenbogengelenke schwingen sich in die ausgeführten Bewegungen ein (sie können mal mehr und mal weniger gebeugt sein): Tue so, als ob du die Matte mit den Handflächen zu dir herziehen willst – danach, als ob du sie mit den Händen wegschieben möchtest – sei gleichzeitig sensibel und aufmerksam auf deinen vorderen und rückseitigen Herzbereich. Wechsle mit diesen zwei Impulsen mehrmals. Drehe, soweit es dir möglich ist, die Finger Richtung Gesäß und wiederhole das Anziehen und Wegschieben der Matte mit den Handflächen.

---

12 Anjali Sriram/R. Sriram: Yoga und Gefühle. Bielefeld 2004, S. 15. Es geht um eine Kernstelle im Yogasutra, die den Weg und das Ziel des Yoga beschreibt (YS I, 2).

Mit aufrechtem Rumpf halte die Arme im Abstand zu den Hüften in diagonaler Linie, stütze nur die Fingerkuppen auf: Gib Druck auf die Fingerkuppen und verlängere damit deine Flanken, du schaffst damit Raum zwischen dem Becken und dem Oberkörper – mit diesem langen Oberkörper neige deinen Rumpf nach vorn zu den Beinen. Lasse dabei die Fingerkuppen wieder hinter deinem Gesäß wie angesaugt auf dem Boden bzw. auf der Matte. Tue so, als ob du mit den Kuppen die Matte zu dir herziehen und wieder wegschieben wolltest, beobachte die Reaktion für die Dehnung der Bauchseite.

Richte deinen Rumpf in *Dandasana* wieder auf, die Fingerkuppen in Abstand und in Linie mit den Hüften. Presse intensiv die Beinrückseite zu Boden, wenn du die Hände kehrst und mit einem seitlichen Armkreis über den Kopf führst, schulterbreit, die Handflächen schauen sich an, die Kleinfinger-Seite mehr zueinander drehen – tief EA, tief AA bei jedem Dehnen der Arme nach oben.

»Leicht wird nur, wer loslassen kann – loslassen kann nur, wer sich öffnet.«[13]

Impulse für die Brustöffnung als Sitz des Herzens

Navasana – das große Boot

Sitze mit aufgestellten Beinen, der Rumpf neigt sich nach hinten, die Kopfhaltung immer in WS-Linie, die Hände hinter dem Rücken aufgestützt. Die Boothaltung ist eine leichte Rückbeuge, d. h. dein Brustbein bleibt gehoben, damit dein Herz geöffnet, wenn du schrittweise *Navasana* aufbaust.

---

13 Willem Wittstamm: Yoga für Späteinsteiger. München ³2016b, S. 100.

1. Schritt: Löse die Füße vom Boden und balanciere auf deinem Gesäß. Die Knie bleiben nun auf ihrer Höhe, wenn du je ein Bein diagonal wegstreckst und wieder anwinkelst – mehrmals im Wechsel rechtes/linkes Bein strecken.

2. Schritt: Halte die angewinkelten Beine zusammen und hebe sie derart, dass die Unterschenkel parallel zum Boden ausgerichtet sind, Brustbein heben (!). Aus dieser Situation heraus strecke wie zuvor je ein Bein in die Diagonale.

3. Schritt: Halte die Unterschenkel gehoben und parallel zum Boden, löse den rechten Arm und strecke ihn in Flankenlinie, dann nach vorn, sodass die Handfläche zum rechten Knie schaut, das gleiche mit dem linken Arm.

4. Schritt: Beide Arme parallel nach vorn strecken, Handflächen in Kniehöhe; je fester du sie nach vorn ziehst, desto leichter fällt es dir, deinen Rumpf gehoben zu halten.

5. Schritt: Position von Schritt vier, dann strecke zusätzlich je ein Bein in die Diagonale, schließlich beide für die Endhaltung. Beachte: Je aktiver du Beine und Arme wegdehnst, desto einfacher kannst du in *Navasana* für einige tiefe AZ verweilen. Dein EA füllt und hält den oberen Brustraum offen.

Alternative: Statt dich auf den Händen abzustützen, benutze die gesamten Unterarme. Brauchst du zwischendurch eine Pause, so gönne sie dir, aber baue genauso achtsam die Grundhaltung wieder auf, bevor du z. B. Schritt 3, 4 oder 5 probierst.

Großes Boot, hier mithilfe eines Gurtes

Tadasana mit weichem, »räumlichen« Blick aus den Augenwinkeln

Stehe in *Tadasana* fest und stabil auf der Erde, atme lang, tief und weich. Genauso wie Salomon als König aufrecht und mit erhobenem Haupt vor den beiden streitenden Frauen mit dem Baby steht, gesammelt in sich.

Experimentiere weiter mit der ZWEI, und zwar in deinem Blick. Es gibt einen konzentrierten, fokussierten Blick, den du automatisch vollziehst, wenn du einen bestimmten Punkt fixierst oder wenn du über eine Sache nachdenkst oder grübelst. Deine Stirn wird sich wohl dabei runzeln, die Gedanken schwirren möglicherweise umher, deine Mundwinkel hängen eher herab. Gehe jetzt über zum weichen Blick, mit dem du den gesamten Raum erfassen kannst.

Richte den Blick weich nach vorn, ziehe innerlich die Augäpfel zurück und schaue aus den äußeren Augenwinkeln in den ganzen Raum; unweigerlich stellt sich ein inneres Lächeln ein, deine Stirn entspannt sich. Du wirst merken, dass du mit einem solchen weichen Blick keinerlei negative oder gar aggressive Gedanken mehr aufkommen lassen kannst. Deine Stimmung wird ebenso weicher, fröhlicher, gelassener.

Höre die biblische Geschichte –
Teil 3: Salomos rätselhafte Liebe und die Kraft der Poesie

Sie kommt nach Jerusalem mit großem Gepäck: Kamele transportieren wohlriechendes Balsamöl, Gold und Edelsteine. Bei ihrem Einzug in die Stadt gehen den Menschen die Augen über. Diese Fülle von Reichtum, dieser fremdländische Duft und dann diese Frau, exotisch anmutend und von unglaublicher Schönheit. Eine Königin aus Saba, so erzählt man es in den Gassen. Und sie hat nur ein Ziel: Salomo mit einem Rätsel herausfordern, ihn auf die Probe stellen, sich mit ihm messen. Wer ist der*die Klügste in unserem Land? Ist Salomo tatsächlich ein Herrscher, der alle Fragen lösen kann? Einer, der die Weisheit und Klugheit von Gott geschenkt bekommen hat? Auch Salomo ist verzaubert von dieser Herrscherin, die keine Kosten und Mühen scheut, um ihn kennenzulernen. Ganz gleich, ob er das Hohelied der Liebe tatsächlich verfasst hat. In den wohlgeformten Versen spiegelt sich die Erfahrung von Emotion und Zuneigung wider. Doch hören wir selbst:

»Wie schön ist dein Gang in den Schuhen, du Fürstentochter! [...] Dein Schoß ist wie ein runder Becher, dem nimmer Getränk mangelt. Dein Leib ist wie ein Weizenhügel, von Lotosblüten umsäumt. Dein Hals ist wie ein Turm von Elfenbein. Deine Augen sind wie die Teiche von Heschbon am Tor Bat-Rabbim. Deine Nase ist wie der Turm auf dem Libanon, der nach Damaskus sieht. Dein Haupt ragt auf wie der Karmel. Das Haar auf deinem Haupt ist wie Purpur; ein König liegt in deinen Locken gefangen. Wie schön und wie lieblich bist du, du Liebe voller Wonne! Lass [...] den Duft deines Atems wie Äpfel sein und deinen Mund wie der beste Wein, der meinem Freunde glatt eingeht und die Lippen der Schlafenden netzt.« (Hoheslied 7,2–3.5–7.9–10)

Bei ihrem Abschied soll die südländische Schönheit gesagt haben: »Ich bin schwarz und gar lieblich, ihr Töchter Jerusalems, wie die Zelte Kedars, wie die Teppiche Salomos.« (Hoheslied 1,5) und »Von nun an werde ich nicht mehr die Sonne verehren, sondern den Schöpfer der Sonne: den Gott Israels.«[14]

Biga-Übung Teil 3
Ushtrasana – Kamel

Einstimmende Vorübungen, benötigt werden eine Decke, ein Stuhl, ein dickes Yoga-Polster oder Kissen, eine Wand.

Sitze im Fersensitz auf einer gefalteten Decke, Schienbeine und Füße parallel, die Knie und Fersen hüftbreit auseinander. Bei Spannungen benutze eine Polsterung zwischen Gesäß und Unterschenkel. Dies kann ein dickes Yoga-Polster sein, ein dickes festes Kissen oder eine zusammengefaltete Decke.

Hebe deinen Rumpf mit Einsatz der Unterschenkel und Füße. Die Hände finden Halt auf dem Kissen oder lasse die Arme nach hinten unten gestreckt: Presse die Schienbeine und alle Zehen in den Boden; als Effekt erlebst du, wie du leicht dein Becken heben kannst zum Kniestand. Wichtig dabei: Du schiebst zuerst dein Steißbein nach vorn – setze dich wieder ab – wiederhole dies einige Male. Beachte: Die Fersen bleiben unbedingt in Linie der Unterschenkelknochen.

Kniestand mit dem Rücken zum Stuhl: für diese Vorübung lasse deinen Kopf gehoben, das Kinn gesunken. Ziehe die inneren Leisten zurück, zugleich schiebe dein Steißbein aktiv nach vorn und dein Gesäß nach unten (das verlängert den unteren Rücken). Deine Hüftgelenke sollten nun genau über die Kniegelenke kommen. Suche mit den Händen einen dir passenden Halt am Stuhl, das kann an den oberen Stuhlbeinen sein oder auch auf der Stuhlfläche.

Gehe noch einmal alle Details durch: Pressen der Schienbeine und Zehen, Steißbein nach vorn, Gesäß zieht nach unten – zusätzlich sauge die Mitte deiner Beckenbodenmuskulatur nach oben in deinen Bauchraum hinein. Das ist eine wichtige Stütze für *Ushtrasana*. Beginne, mit dem EA die Flanken und die Bauchseite zur Decke zu dehnen, mit dem AA diese Länge halten; mit dem nächsten EA hebe noch mehr dein Brustbein, mit dem AA Öffnung halten; mit dem nächsten EA den Schlüsselbeinbereich weiten, mit dem AA die Weite beibehalten; rückwärtig auflösen: Zuerst die Hände vom Stuhl nehmen, Rumpf in die Senkrechte, Gesäß auf die Fersen bzw. auf das Polster absinken lassen.

---

14 Susanne Mack: Schwarze Königin von Saba. Oder wie Jahwe nach Äthiopien kam. Deutschlandfunk Kultur, 16.12.2009. https://www.deutschlandfunkkultur.de/schwarze-koenigin-von-saba.984.de.html?dram:article_id=153497 (Zugriff am 22.01.2021).

Wiederhole den Zyklus – nun integriere die Kopfhaltung, beachte folgende Hinweise, um deinen Nacken zu schonen, d. h. es soll Länge im gesamten Nacken erhalten bleiben. Noch ist das Kinn parallel zum Boden ausgerichtet, schiebe es zurück, dadurch hebt sich deine Schädelbasis. Bringe deine Aufmerksamkeit zu deinem Stirn-Hirn und stelle dir beim langsamen (!) Senken deines Kopfes vor, dass es nach unten gleitet in Richtung Hinterhaupt-Hirn, von dort aus zum Hirnstamm – möglicherweise spürst du sogar eine Verbindung seiner Kehle hinunter bis zum Herzen.

Dein Kopf hat ein Gewicht von bis zu sieben Kilo, deine Nackenmuskulatur springt deshalb an. Fühlt er sich zu schwer an, so probiere folgende Alternative – allerdings ohne Stuhl, dafür mit Wand und zwei Klötzen, so vorhanden:

Sitze mit dem Rücken zur Wand, entwickle *Ushtrasana* wie zuvor. Anstatt die Hände auf den Stuhl zu legen, positioniere sie an dein Kreuzbein: die Daumen an das Kreuzbein, die Finger flach an die Hüften. Lehne dein Hinterhaupt an die Wand an, um die Länge in deiner WS zu halten. Schiebe mit den Daumen das Kreuzbein nach unten. Im Gegenzug hebe dein Brustbein immer wieder mit jedem AZ. Achte darauf: Dein Atem und dein Nacken bleiben weich und lang. Wenn es dir möglich ist, setze die flachen Finger an die Fersen, Finger zeigen zu den Fußgewölben hin. Alternativ kann man zwei Klötze für die Hände an die Außenknöchel stellen.

Beachte: Der Kopf bildet die harmonische Verlängerung der WS, die den Kamelhöcker darstellt. Wie ein Kamel erst mit den Hinterbeinen aufsteht und die angewinkelten Vorderbeine belastet, so pressen wir in *Ushtrasana* die Schienbeine in die Unterlage. Bei der Partnerübung unterstützt die zweite Person die Länge in der Wirbelsäule: Sie setzt einen Fuß an das Kreuzbein des Partners*der Partnerin, den anderen Fuß setzt sie an die untere Brustwirbelsäule. Der am Kreuzbein aufgesetzte Fuß schiebt nach unten, der an der Brustwirbelsäule aufgesetzte Fuß schiebt leicht nach oben.

Kamel, hier mit Unterstützung von zwei Blöcken

Kamel als Partnerübung

Flügel der Liebe ausbreiten

Im Stehen die ausgestreckten Arme mit den Handflächen aneinandergelegt nach vorn in Brusthöhe bringen: EA – die Arme zu den Seiten öffnen wie Adlerschwingen – AA – die Hände wieder zusammenführen usw. – mehrmals wiederholen. EA die Arme zu den Seiten öffnen – AA – sich selbst umarmen mit dem rechten Arm oben – EA – Arme zu den Seiten – AA – sich selbst umarmen, aber dieses Mal mit dem linken Arm oben – mehrmals wiederholen.

Gleichgewicht mit den »Flügeln der Liebe«: Im Stehen das rechte Bein angewinkelt heben, erneut die ausgestreckten Arme mit der EA zu den Seiten führen, mit der AA wieder zurück – mehrere Male wiederholen, das rechte Bein dabei durchgängig gehoben lassen; – das gleiche mehrere Male mit dem linken Bein angewinkelt gehoben.

Vorbereitung auf die Begegnung mit der Königin von Saba

Shiva Natarajasana (Bharata Natyam) – Shiva-Tänzer (klassischer indischer Tanz)
Stehend die Füße in die Diagonale bringen, Innenfersen berühren sich weiterhin (ähnlich wie Charlie Chaplin), Knie beugen in Linie der Füße: Hebe dein rechtes Knie etwas schräg nach außen, sodass der rechte Fuß ca. zehn Zentimeter oberhalb des linken Knies schwebt, Fuß spitz wie beim Ballett. In dieser Gleichgewichtshaltung folgen drei Handpositionen:

1. Lege den linken Handrücken auf den rechten gehobenen Oberschenkel nahe der Hüftbeuge, den rechten Handrücken in die linke Handschale.

2. Die Hände genauso beieinander lassen, wenn du die Arme horizontal nach vorne streckst. Drehe die rechte Hand eine Vierteldrehung nach unten. Die Finger zeigen nach unten, die Handfläche zum Körper. Die linke Hand eine Vierteldrehung nach oben, wobei die Handfläche sich nach vorn in den Raum hinein öffnet, die Finger zeigen zur Decke hoch. Deine beiden Handgelenke stehen nun übereinander.

3. Senke den linken Arm nach unten neben das linke Bein, die Finger zeigen zum Oberschenkel. Gleichzeitig führe den rechten Arm empor, die Finger zeigen Richtung Kopf. Beide Handgelenke sind gerundet, die Finger leicht gekrümmt.

Blicke in den drei Handpositionen entspannt geradeaus! Rechtes Bein und rechten Arm senken – alles mit dem gehobenen linken Bein ausführen. Wiederhole die Übung mehrmals, sie wird deine Konzentration und deinen Gleichgewichtssinn schulen. (Wenn die Haltung für dich zu wackelig sein sollte, lehne den Rücken an die Wand). Mit jedem Mal sollen die Haltungen und die Übergänge tänzerischer werden, und du wirst dein eigenes Atemmuster dazu finden.

Anmerkung: Die klassische Tänzerhaltung *Navasana* ist zu unterscheiden von der hier vorgestellten Haltung.

Tänzer Shiva, Arme nach vorn (links) und Tänzer Shiva, Endhaltung (rechts)

Ausklang der Begegnung von König Salomo und der Königin von Saba

Königliche Hände haben sich berührt. Besonders feinfühlig sind unsere Fingerspitzen. Unzählige Nervenenden empfangen alle Impulse von außen und leiten sie in unserem Inneren weiter. Sie sind verantwortlich für unsere Sensibilität. Berühren wir sie noch einmal sensibel, sanft, bewusst und langsam mit einer Fingerübung und Mantra aus dem *Kundalini-Yoga: sa – ta – na – ma*. Die Silben symbolisieren Geburt, Leben, Tod und Wiedergeburt, den ewigen Kreislauf in allen Ebenen des Seins. Die Silben können gesungen oder gesprochen werden, solange man möchte.

sa = Daumen und Zeigefingerkuppe berühren sich
ta = Daumen und Mittelfinger zusammen
na = Daumen und Ringfinger
ma = Daumen und kleiner Finger

Nadi Shodhana – Nasen-Wechsel-Atmung

Deine Fingerspitzen sind nun aktiviert und sensibilisiert für *Nadi Shodhana,* die Nasen-Wechsel-Atmung bzw. die Wechselnde-Nasenloch-Atmung.

Sitze aufrecht in *Sukhasana*/im Schneidersitz mit den Fersen am Schambein, mit einer Sitzunterlage (gefaltete Decke, Klötze, dickes Polster oder Stuhl). Die Handrücken ruhen auf den Oberschenkeln, die Oberarme stehen entspannt senkrecht zum Boden, Daumen und Zeigefinger berühren sich (*chin mudra, chin* = uneingeschränktes Bewusstsein, *mudra* = innere Einstellung, Geste). Die restlichen Finger lasse sanft gestreckt, Handfläche nach oben. Erklärung des *Vishnu Mudras* für *Nadi Shodhana:* Rolle den rechten Zeige- und Mittelfinger geschlossen ein, die Kuppen vom Daumen und Ring- und kleinem Finger können so eine Art Zange bilden, die später in Schritt 5. an die Nasenflügel gelegt werden, um jeweils ein Nasenloch zu verschließen.

Übe folgende Schritte, jeweils ein bis zwei Minuten lang (NL = Nasenloch):
1. Reibe mit deinen Fingern deine Nasenflügel, die ringförmigen Augenmuskeln, die Wangen, die Stirn, das gesamte Gesicht wach.
2. Ertaste die Übergangsstelle vom knöchernen Nasenbein und der weichen knorpeligen Fortsetzung dessen. An diese Stelle wird in Schritt 5 das *vishnu mudra* angelegt werden.
3. Nur mit deiner Vorstellungskraft EA durch das linke NL bis zu einem Punkt über deinem Kopf, AA durch das rechte NL.
4. Ebenso EA durchs rechte NL bis zum Punkt über dem Kopf, AA durchs linke NL, ein bis zwei Minuten lang.

5. Lege die Kuppen des rechten Daumens an deine Nasenflügel, an die Übergangsstelle, die du in Punkt 1 ertastet hattest.

Fällt dir dieses Mudra zu schwer, so benutze die Kuppen von Daumen und Zeigefinger und übe *Nadi Shodhana* wie folgt: Mit tiefen, langen Atemzügen EA durch das linke NL, verschließe es wieder, AA durch das rechte NL, EA rechts, AA links, EA links, AA rechts, EA rechts, AA links. Du erkennst, was ein Zyklus bedeutet: EA links – AA rechts – EA rechts – AA links. Praktiziere das gut zwei bis fünf Minuten, gönne dir genügend Zeit für diese Atemübung.

Ausklingende Meditation

Lasse deine Hände auf den Oberschenkel ruhen, verbinde gedanklich die Gehirnhälften mit der jeweils gegenüberliegenden Körperseite.
Hier ein Zyklus:
- EA – linke Körperseite mit der rechten Hemisphäre verbinden – AA – linke Hemisphäre mit der rechten Körperseite verbinden.
- EA – rechte Körperseite mit der linken Hemisphäre verbinden – AA rechte Hemisphäre mit der linken Körperseite verbinden.
- Verweile in absoluter Stille des Geistes.

Salomos Segenswort

Schließe die Augen wie Salomo und blicke zurück,
auf deine Träume, die mit Weisheit erfüllt sind,
auf deine Sehnsucht, die dich ansport mit Energie:
Was treibt dich an und inspiriert dich?
Welche Gedanken bewegen dich im Inneren?
Höre in dich hinein und lausche den Worten der Verheißung.
Mit welchen Gefühlen sind deine Träume verbunden?
Welche Ziele hast du dir gesetzt, wovon musstest du Abschied nehmen?
Blicke kurz zurück auf das, was war,
auf Gutes, Gelungenes oder Gescheitertes.
Komme zurück in diesen Raum, in die Bewegung.
Stehe auf, mache Dich auf den Weg,
beschützt, begleitet und gesegnet.

Amos sechster Sinn *oder*
Von kritischen Prophet*innen

Günter Kusch und Carola Spegel (Biga-Übungen)

Einführung

Auf den Straßen begegnen ihm Menschen in tiefer Armut. Hinter hell beleuchteten Fenstern der Villen sieht er die Reichen »das zarte Fleisch von Lämmern« genießen. »Ihr trinkt kübelweise Wein«, während die Leute in der Gosse nach Speiseresten und Trinkbarem suchen, hält er seinen Zeitgenoss*innen vor (Amos 6,4–6). Die Botschaft des Amos kommt gar nicht gut an. In fünf Visionen sieht er Niederlagen und Zerstörungen auf sein Volk zukommen, weil es von Gott abgefallen ist. Man kann es gut verstehen: Dieser Prophet – voll Empörung, Leidenschaft und Strenge – gilt in erster Linie als Spaßbremse. Die Luxus-Liebhaber*innen wollen nicht, dass ihnen jemand ins Gewissen redet und ihnen Ungerechtigkeit und Korruption vor Augen hält: Amos nervt, er muss weg!

Tatsächlich wird der Verkünder unangenehmer Wahrheiten abgeschoben. Seine Weissagungen aber erfüllen sich. Es soll keine 25 Jahre dauern, bis der Reichtum Israels dahin und das Land von assyrischen Heeren zerstört ist. Amos aus Tekoa, ein Landwirt mit eigener Rinder- und Maulbeerfeigenzucht, gebildet und durchaus mit Wohlstand ausgestattet, bringt das unethische Handeln im Alltag auf den Punkt: Die Schere zwischen Arm und Reich wird immer größer, Schuldner*innen landen in der Sklaverei, das Recht wird gebeugt, sozial Abhängige werden sexuell missbraucht, und den Ärmsten wird der letzte Rest von Besitz unrechtmäßig gepfändet. Amos mahnt: Nur der Glaube an Gott führt zu einer Kontrastgesellschaft, die dem unrechten Lauf der Welt in die Speichen greift.

Der Prophet Amos (»der von Jahwe Getragene«) ist der älteste Prophet, von dem ein eigenes Buch erhalten blieb. Er wirkte um 750 v. Chr. im Nordreich Israel, also kurz vor Hosea, obwohl er offenbar aus Tekoa im Südreich Juda stammte.[1]

---

1 Zu diesem Ergebnis kommt u. a. Jörg Jeremias: Der Prophet Amos. Göttingen 2013, S. 16 ff.

Amos fühlte sich von Gott in den Norden gesandt, wo er zur Zeit einer wirtschaftlichen Blüte unter Jerobeam II. gegen die ausbeuterischen Methoden der Oberschicht das Gericht über dieses Land prophezeien sollte. In den Kapiteln 7 bis 9 finden sich fünf Visionen. Die ersten vier sind eingeleitet mit »Solches ließ mein Herr JHWH mich schauen«. Visionär sieht Amos eine Heuschreckenplage und eine Feuersbrunst, die Gott aber nach einer Fürbitte abwendet. In der vierten Vision erblickt Amos einen Korb reifen Obstes. Es scheint, als ob jede Fürbitte sinnlos sei, weil das Volk reif für das Gericht ist. Doch ist das tatsächlich so? Gibt es keine Umkehr mehr? Immerhin endet das Amosbuch mit den (in ihrer Authentizität sehr stark umstrittenen) Heilsansagen in Kapitel 9,7–15. Wichtig ist Vers 11, wo Gott (ver-)spricht: »Zur selben Zeit will ich die zerfallene Hütte Davids wieder aufrichten«.[2]

»Den HERRN suchen«, so lautet das Patentrezept für das Volk Israel, um dem Gericht Gottes zu entgehen, betont Amos (5,4–6). Doch was heißt das? Das hebräische Wort für suchen *(darasch)* kommt im Alten Testament häufig vor und bedeutet grundsätzlich »nachfragen« oder »sich nach dem Weg erkundigen«.[3] Bei den Stellen, in denen es um das Suchen von Gott geht, ist die Hinwendung zu Gott im Gebet gemeint. Der Beter wendet sich mit seinen ungelösten Fragen an Gott (z. B. Psalm 77,2–3; Hiob 5,8); er fragt nach Gott und begehrt von ihm Hilfe für seine Situation (z. B. 2. Chronik 20,3). Im Alten Testament kommt es vor, dass Gott zu bestimmten Anlässen durch einen Propheten befragt wird (z. B. 1. Samuel 9,9; 1. Könige 22,5). Gott zu suchen, heißt nicht, dass Gott nicht bei uns ist, sondern vielmehr, dass wir nicht bei ihm sind![4] Wer Gott sucht, bleibt am Leben – das ist die wunderbare Botschaft des Propheten Amos.

Für unsere Biga-Einheit rücken vier Schwerpunkte der Amos-Geschichte ins Zentrum: Gott beauftragt Menschen als Prophet*innen, als Mahnende und »Ins-Gewissen-Rufende«. Mit ihrer Kritik legen sie einen Finger in die Wunden gesellschaftlicher Systeme. So eröffnen sich Wege aus der Hoffnungslosigkeit zu neuer Hoffnung. Fürbitte ist eine Möglichkeit, die Welt ins Gebet zu nehmen und zu verändern.

---

2   Siehe auch https://www.bibelwissenschaft.de/bibelkunde/altes-testament/dodekapropheton-kleine-propheten/amos/ (Zugriff am 22.01.2021). Jeremias 2013, S. 19, geht davon aus, dass der heilvolle Schluss erst der Aktualisierung der Botschaft für die nachexilische Zeit entstammt.
3   Rudolf Keck: Der Prophet Amos. O. J., S. 9. http://www.bibelwissen.ch/images/e/e7/Amos.pdf (Zugriff am 22.01.2021).
4   Keck o. J., S. 9 f.: »ER hat sich nicht versteckt, sondern wir haben uns von IHM entfernt. Wer Gott sucht, tritt in seine Gegenwart. Gott suchen heißt, dass wir in bestimmten Situationen oder bei wichtigen Entscheidungen ganz intensiv nach Seinem Willen, nach Seiner Wegweisung fragen. Das bedeutet aber nicht, dass wir nur dann nach Ihm fragen, wenn wir in Not sind.«

Gott beruft Menschen als »Ins-Gewissen-Rufende«: Deuten Prophet*innen die Zukunft oder weissagen sie gar kommende Ereignisse? Nicht in erster Linie! Sowohl im Hebräischen als auch im Griechischen geht es um Menschen, die öffentlich auftreten und Gottes Willen kundtun. Das hebräische Wort *nabi* (Prophet) bezeichnet jemanden, der »ruft«, also verkündet, und der von Gott »gerufen« ist. Prophet*innen werden auch »Seher*innen« genannt (1. Samuel 9,9) oder sie tauchen als Ekstatiker*innen (1. Samuel 10,11 ff.) auf. Gad und Nathan sind sogar Angestellte des Königshofes (1. Könige 22). Elisa dagegen macht regelrechte »religiöse Oppositionspolitik«.[5] Meist waren diese hellsichtigen Männer und Frauen nicht an feste Institutionen gebunden. Sie wurden von Gott für eine bestimmte Zeit und wegen eines konkreten Anlasses berufen. Was bedeutet die Überschrift »Worte des Amos«? Betonung des menschlichen Wortes?

Prophetische Kritiker*innen legen die Finger in Wunden: Das wichtigste Anliegen des Amos ist die Sozialkritik (Kapitel 3–8). In Gottes Volk dürfen die einen nicht die anderen ausbeuten, übervorteilen oder unterdrücken. Wer das Recht mit Füßen tritt, entfernt sich aus dem segensreichen Wirkungskreis Gottes und zieht Unheil an sich. Die Folgen dieser Gottesferne benennt Amos in seinen Visionen: Eine Heuschreckenplage macht sich breit und raubt den Menschen ihre Existenzgrundlage, vernichtende Feuer breiten sich aus und zerstören Leben und Gesundheit, die Ernte steht auf dem Spiel – heute würde man von Immobilienhaien, Epidemien, Klimakatastrophen und Waldrodung reden. Und um den Hinweis auf flüchtende Menschen, Unterernährung oder Kriege zu verstehen, brauchen wir nicht 2.700 Jahre in die Vergangenheit reisen.

Von der Hoffnungslosigkeit zu neuer Hoffnung: In der fünften Vision (Kapitel 9,1–4), dessen Echtheit in der Forschung umstritten ist, scheint es keine Rettung oder Gnade mehr zu geben. Gott persönlich erscheint und kündigt die Unwiderruflichkeit des Unheils an: »Denn ich will meine Augen auf sie richten zum Bösen und nicht zum Guten.« (9,4) Doch dies ist noch nicht Gottes letztes Wort. Das zeigen wenig später die Verse 7–15: »Zur selben Zeit will ich die zerfallene Hütte Davids wieder aufrichten.« (V. 11) Gibt es also doch noch eine Perspektive für Gottes Volk? Darf der Prophet mit seinem Auftreten auf Umkehr hoffen und darauf, dass seine Botschaft eine heilbringende Wirkung entfaltet?

---

5   Siehe Marc Struckmann: Arbeitshilfe für Haus(bibel)kreise. Bd. 1: Das Buch Amos. Hannover 2003. https://www.selk.de/download/bibeljahr1.pdf (Zugriff am 22.01.2021).

Mit Fürbitten die Welt ins Gebet nehmen: In einfühlsamen und menschlichen Worten wird geschildert, wie sich Gott von Amos umstimmen lässt. Der Kritiker wird zum Fürbitter für das Volk – und Gott lässt sich versöhnen, er ändert seine Meinung. Die vierte Vision eröffnet fruchtbare Ausblicke: »Noch etwas ließ der Herr, der mächtige Gott, mich sehen: einen Erntekorb voll Obst.« (Amos 8,1, Gute Nachricht Bibel) Im Hebräischen handelt es sich um ein Wortspiel. Ist mit *kajiz* die Ernte und Fülle gemeint? Oder deutet sich mit dem Wort *kez* bereits das Ende an? Das zeigt: Die Situation ist ernst, das Volk hat es in der Hand, die Vernichtung zu verhindern. Jetzt ist das Ebenbild Gottes gefordert, es liegt an den »Schöpfungsmitwirkenden«, ob die Welt reif zur Ernte und Vollendung oder reif für das Ende ist.

Die vier Schwerpunkte zeigen, wie aktuell Amos Worte sind: Gibt es auch heute noch mutige »Prophet*innen«, die Kritik an Politik und Gesellschaft üben? Beispiele wären die »Klimakämpferin« Greta Thunberg und die daraus erwachsende Jugendinitiative »Fridays for Future«. Wie und wo spricht Gott heute zu uns? In welchen Lebensbereichen wären Umkehr und Neuorientierung notwendig bzw. Not wendend? Gebet und Fürbitte sind wirkkräftige Formen der Lebens- und Weltgestaltung. Was ist der Sinn oder mein Auftrag im Leben?

Praktischer Biga-Teil

Gott inkarnierte und inkarniert sich immer wieder neu durch Worte von prophetischen, charismatischen und Gott verbundenen, mystischen Menschen. Schon den alten *Veden* zufolge verkörpert sich das *Brahman*, das Göttliche als das Universum in Form von Schwingung. Und Schwingung ist Klang, Bewegung und Farbtöne. »Im Anfang war das Wort, und das Wort war bei Gott, und Gott war das Wort.« (Johannes 1,1) Zum einen kann der göttliche Klang, *nada,* als ureigener innerer Klang im *anahata* = Herzchakra vernommen werden. Dieser Herzklang wird im *Nada Yoga,* dem Yoga des inneren Klangs, als *anahata nada* bezeichnet und das Vernehmen dessen lange geübt. Das göttliche Wort kann zum anderen zum inneren Impuls werden, um gegen gesellschaftliche Missstände das Wort zu erheben. Glaube äußert sich dann als prophetisches Wort bzw. als Sozialkritik. Das, was innen ist, drängt nach außen. Die eigene Stimme ist gefragt! Der Mut zur eigenen Stimme ist geboten!

Der *Tantra Yoga* würde diejenige Kraft, die Amos zum öffentlichen und couragierten Auftreten anschiebt, als *shakti* = die alles durchdringende und alles bewegende Kraft des Göttlichen bzw. als *kundalini-shakti* = der Shaktikraft im

Menschen bezeichnen. Urklänge wie *bijas* = Keimsilben, Vokale oder Mantras sollen uns helfen, unsere feinstofflichen Kanäle zu reinigen und für die *kundalini-shakti* freizulegen. Wir stimmen uns daher in unsere ureigene Stimme ein mit Vokal-Tönen.

Einstiegsübung

Innere Räume spüren durch Atmen und Tönen

Bauchlage, die Stirn ist auf den Handrücken gelegt. Zwar verhüllen wir in dieser Haltung unser Gesicht, wie vielleicht die Armen, die Amos sah, aber wir gewinnen dieser Lagerung viel Positives ab. Spüre zunächst die Berührungsflächen deiner Körperteile mit dem Boden, mit Mutter Erde: die Fußrücken, Kniescheiben, Oberschenkel, Becken, Bauch, Brust, Arme und Handflächen.

1. Einige Male tief in deinen Unterbauch EA und AA. Erlebe, wie dein Atem diesen Bereich füllt und wie dein Zwerchfell im Atemrhythmus mitschwingt. 2. Einige Male mit tiefem EA deinen Brust- und Schlüsselbeinbereich füllen, beim AA den Atem über die Schultern in die Arme lenken. 3. Gehe mit einem tiefen EA innerlich noch einmal deinen Körper hoch, von den Füßen bis zu den Armen und dem Kopf – AA – innerlich weich werden.

Rückenlage – *Shavasana*: Wir liegen offen zum Himmel ausgestreckt, von der Erde getragen und zugleich im weiten, undefinierten Raum weilend. In diesen Raum setzen wir unseren Atem und unsere Klänge hinein.

1. Tief in den Bauch atmen, die Bauchdecke und das Zwerchfell schwingen lassen. Höre das sanfte Fließen deines Atems. 2. Tief in die Brust atmen, die Rippen schwingen lassen, deinem Atem lauschen. 3. Vokale tönen, jeweils mit tiefem EA – AA: mmmmm – aaaaaa – ooooo – uuuuuu – ... Mehrmals wiederholen. In welcher Körperregion spürst du den jeweiligen Laut? Sind die Tonhöhen der Vokale bzw. Laute immer gleich oder unterschiedlich? 4. Die heilige Silbe AUM tönen, lange und genießend. Spüre, wie diese Silbe innerlich in dir wirkt. 5. Tönend alle Vokale verbinden: iiii – eeee – aaaa – oooo – uuuu – oooo – aaaa – eeee – iiii. Mehrmals wiederholen, so stellt sich deine ureigene Melodie ein.

Simhasana I – Löwe

Mit dem Zugang zur eigenen Stimme brüllen wir wie Amos, der unter den Propheten auch als *der brüllende Löwe* gilt. Wir üben den Yoga-Löwen in einer einfachen Variante.

Sitze im Fersensitz, die Knie auseinander. Alternativ sitze auf einem Stuhl, die Handflächen mit den gespreizten Fingern lege an deine Knie, die Arme sind gestreckt. Nun bringe dein Gewicht etwas nach vorn, dein Rumpf bleibt lang. Tiefes EA, öffne deinen Mund, strecke deine Zunge so weit wie möglich zum Kinn heraus, blicke schielend auf die Mitte zwischen den Augenbrauen oder die Nasenspitze und atme kräftig mit einem lauten »haaaaaaa« aus.

Eine Zuordnung der in unserem Sprachraum üblichen Vokale von den *Chakras* und den Elementen könnte so aussehen:[6]
- U – Wurzelchakra: Vitalität, Überleben, Steißbeingegend – Erde
- O – Sexualchakra: Sexualität, Kreativität, Unterbauch – Wasser
- I – Nabelchakra: Ich-Bewusstsein, Ego, Oberbauch – Feuer
- E – Herzchakra: Bewusstsein, Selbst, Brustraum – Luft
- A – Kehlkopfchakra: Vermittlung, Selbstausdruck, Halsraum – Äther

Eine andere Zuordnung der Vokale findet sich auf der CD »Devine Name« von Gregg Braden und Jonathan Goldmann. Auszüge aus dem Booklet erläutern Folgendes: Der Name Gottes wurde im Tetragrammaton (griech. Vierfachzeichen) JHWH dargestellt.

Die alte hebräische Schrift kennt nur Konsonanten, die zugehörigen Vokale wurden mündlich tradiert und daher als bekannt vorausgesetzt. Im Laufe der Jahrhunderte geriet die Vokalisation des Tetragrammaton in Vergessenheit. Manche jüdische Gelehrte und auch der Musiker und Klangheiler Jonathan Goldmann erwägen nach jahrelangen Studien des mystischen Judentums die Möglichkeit, dass der Heilige Name, wenn er ganz langsam gesprochen wird, alle Vokale enthält: Iiii – Eee – Aaa – Oouuo – Aaa – Eee – Iii; das W wird dabei wie ein englisches W ausgesprochen, also zwischen O und U. »So entstehen sieben Klangstufen, mit denen die Priester möglicherweise die sieben Ebenen des Baums des Lebens intonierten, von Kether, der ›Krone‹ (I) bis zu Malkuth dem ›Königreich‹ der physischen Welt (U) und wieder zurück.«

Und weiter: »Das Intonieren und Hören des Heiligen Namens hat auch deswegen eine ganz besondere Bedeutung, weil es beim Sprechen die Vokale sind, die verbinden, während die Konsonanten trennen. Die intonierten Vokale sind daher reiner Klang – ohne Konsonanten, die Unterschiede zwischen Sprachen, Völkern, Rassen, Traditionen oder Kulturen erzeugen. Sie ermöglichen es uns,

---

[6] Nach Jan Ostrau: Mantras. Heilige Laute der Kraft und wie wir sie nutzen können. Bielefeld 2005, S. 110 f. Da die Chakren-Farben unterschiedlich wahrgenommen werden können, unterlasse ich die meist übliche Farben-Zuordnung.

die Einheit von Allem zu erfahren. Wenn das Trennende wegfällt, lösen sich unsere Ängste auf und es entstehen Liebe, Frieden und Mitgefühl.«[7]

Unsere keltischen Vorfahren verbanden die Vokale mit der Kraft der fünf heiligen Bäume, die zusammen einen *süßen Kessel* bilden:
- A = Ailm, die Silbertanne, die darauf hinweist, dass überall Geburt stattfindet, dass sich überall Leben entfaltet.
- O = Ohn, der Stechginster, der Initiation auf den Hügeln und in den Dolmen symbolisiert.
- U = Ur, das Heidekraut, das als Zeichen der Liebesgöttin dient.
- E = Eadha, die Weißpappel, welche als Refugium für den Krieger gilt.
- I = Iar oder Iodha, die Eibe, die für den Tod steht und gleichzeitig für die Hoffnung, durch das Tor des Todes in eine andere Welt zu gelangen.[8]

Höre die biblische Geschichte –
Teil 1: Amos Sozialkritik – Gott will das Thema beenden

So wütend haben sie Amos noch nie erlebt. »Ihr treibt die Preise hoch, denkt nur an Gewinn und an euren eigenen Vorteil«, ruft ihnen der Prophet ins Gewissen. »Denen, die nichts besitzen, nehmt ihr auch noch das letzte Hemd. Ihr selbst aber lebt in Saus und Braus.« »Merkt ihr nicht, dass die Schere zwischen Arm und Reich immer größer wird«, fügt er hinzu. Ja, Amos nimmt seinen Auftrag ernst. Eine göttliche Stimme hat ihn aufgefordert, zu mehr Recht und Gerechtigkeit aufzurufen. Wenn die Menschen nicht auf ihn hören, dann wird ihr Luxusleben, das sie ohne Rücksicht auf Verluste führen, kein gutes Ende nehmen. Etliche haben sich um ihn versammelt. Sie merken, dass es Amos ernst ist. Die wenigsten aber glauben ihm: Was soll schon schief gehen? Wer soll schon über ihr Handeln richten? Das Volk lebt in Frieden und Wohlstand. Handel und Wirtschaft blühen. Sogar an den Heiligtümern bringen die Reichen ihr Opfer. Lächelnd lauschen sie den Worten des Amos (1,2, Gute Nachricht Bibel): »Dort wohnt der Herr, im Zorn erhebt er die Stimme; da vertrocknen die saftigen Weiden, selbst der Wald auf dem Gipfel des Karmels verdorrt.« (vgl. Amos 5.6–8)

---

7   Booklet der CD »Divine Name« von Gregg Braden und Jonathan Goldmann. Dorfen 2019; Gregg Braden hat in seinem Buch »Die göttliche Matrix« (2007) auf verblüffende Weise dargestellt, wie der Heilige Name Gottes sich in unserer DNS widerspiegelt. In über einer Stunde wird hier die genannte Vokalreihe in sphärischen Tönen gesungen.
8   Nach Ross Nichols in Ostrau 2005, S. 70 f.

Biga-Übung Teil 1

Zu allen Zeiten lässt sich diese These beobachten: »Alle Wahrheit durchläuft drei Stufen. Zuerst wird sie lächerlich gemacht oder verzerrt. Dann wird sie bekämpft. Und schließlich wird sie als selbstverständlich angenommen.« (Arthur Schopenhauer zugeschrieben, 1788–1860)

Die Reichen in Amos Gesellschaft legen sich ihre eigene »Wahrheit« zurecht. Sie basteln daraus eine Realität, in der die menschliche Arbeitskraft ausgenutzt und Armut übersehen wird bzw. nicht gesehen werden will. Der Mechanismus, der sich schnell entwickelt, heißt: wegsehen, ignorieren, Unbequemes ausblenden, als strukturell nicht veränderbar hinnehmen. Eine immer wieder aktuelle Geisteshaltung! Theologisch »strukturelle Sünde« genannt, meint: Gegebenheiten in eingefahrenen Bahnen und in dahinrasenden Systemen. Bereiten wir Amos Sozialkritik vor, scharf wie Pfeil und Bogen.

Beckenöffnungen in der Rückenlage

Rückenlage, Beine gestreckt: 1. Bringe das rechte Bein angewinkelt zum Bauch, umschlinge es und ziehe es noch mehr an – Wechsel der Beine. 2. Nimm das rechte angezogene Bein mit der rechten Hand von innen an der Ferse und kippe so das Bein zur rechten Seite. Linkes Bein bleibt gestreckt und geerdet, mit der Ferse aktiv weggedehnt, mit der linken Hand gib etwas Druck auf den linken Oberschenkelansatz, damit er sich weiter senkt – Wechsel der Beine. 3. Das rechte Bein führe wie zuvor an die rechte Seite, gleichzeitig kippe das nun angestellte linke Bein auf die linke Seite, halte die linke Fußaußenkante geerdet, strecke den linken Arm in Schulterhöhe nach links – Wechsel der Beine.

Beckenöffnung in der Rückenlage

Nadelöhr

Rückenlage, Beine aufgestellt: Lege den rechten Fuß knapp unterhalb des linken Knies an und positioniere ihn so, dass dein Knöchel dich nicht ins Muskelfleisch sticht. 1. Dehne dein rechtes Knie weg vom Körper. 2. Schlüpfe mit dem rechten Arm durch das kleine Dreieck, das »Nadelöhr«, das sich zwischen deinen Beinen formt, umfasse dein linkes Schienbein und ziehe so beide Beine zum Bauch, dein rechtes Knie tendiert vom Körper weg. Falls deine Beine den Bauch berühren, schiebe mit der rechten Hand das rechte Knie weiter weg vom Bauch, so stark, wie du die Dehnung zulassen und durchatmen kannst – Wechsel der Beine.

Nadelöhr

Hindolasana – Babyschaukeln im Sitzen – Hüftöffnerübung

Im Sitzen die Ferse ergreifen: Halte deinen rechten Unterschenkel parallel zum Boden vor deinen Bauch ausgerichtet und schaukle ihn nach rechts und links wie ein Baby in den Armen seiner Mutter. Dann greife die rechte Ferse und ziehe den Fuß mehrmals zur Nase oder sogar zur Stirn – Wechsel der Beine.

Bogensehne spannen,
hier mit Gurt

Akarna Dhanurasana – Bogen (die Sehne spannen)

In diesem Asana wird jeweils ein Bein wie die Sehne eines Bogens angezogen und gespannt. Sitze in *Dandasana*/Stockhaltung bzw. Langsitz: 1. Halte den rechten großen Zeh zwischen dem rechten Daumen, Zeige- und Mittelfinger; in gleicher Weise greife den linken großen Zeh. Ausatmend beuge den linken Arm und hebe den linken Fuß, indem du das linke Knie beugst – Wechsel der Beine. 2. Wiederhole die Schritte von dem ersten Durchgang und versuche, die Sehne weiter zu straffen, indem du das linke gehobene Bein Richtung Decke hochstreckst. Dein rechtes Bein bleibt auf dem Boden lang gestreckt und mit der ganzen Beinrückseite in Bodenkontakt – Wechsel der Beine.

Aufgespannter Bogen

Höre die biblische Geschichte – Teil 2: von der Fürbitte des Propheten

So versöhnlich hat Gott seinen Propheten noch nie erlebt. Statt wutverzerrter Miene hellen plötzlich Freundlichkeit und Verständnis seine verhärteten Gesichtszüge auf. »Barmherziger Gott, sie sind zu schwach. Vergib ihnen, sei gnädig, vernichte sie nicht, schenke ihnen neues Leben«, betet Amos (vgl. Kap. 7 – die Fürbitte des Amos). Und tatsächlich: Gott hat Mitleid mit ihm – und mit seinem Volk. Wahre Barmherzigkeit bedeutet, auf Gewalt und Rache zu verzichten. Amos als Fürbitter nimmt Einfluss auf seinen Schöpfer – unglaublich, oder? Es wirkt fast so, als wäre diese Wandlung durch den inneren Dialog angebahnt worden, den Amos und Gott zuvor geführt haben. Sie sind sich auf Augenhöhe begegnet – und auf Herzenshöhe.

Biga-Übung Teil 2

So wie es für Amos kräftezehrend war, sich für die sozial Schwachen einzusetzen, so wie der Bogen für uns eine herausfordernde Haltung ist, so ist es für die Erniedrigten und Gebeugten schwer, sich aus eigener Kraft vom »Darniederliegen« zu erheben. Wir üben dies in Variationen zu Asanas mit Einsatz der Rumpfmuskulatur.

Shalabhasana – Heuschrecke

Bauchlage, Ziel aller Rückwärtsstreckungen bzw. -beugen ist, dass der untere Rücken lang bleibt und der schädigende Knick in der LWS, das sogenannte Hohlkreuz, vermieden wird. Daher wende bei jeder der folgenden Übungen die notwendige Basiskorrekturen für alle Rückbeugen aus der Bauchlage an:

Hebe dein rechtes Bein hoch und drehe es nach innen, d. h. von der Beinrückseite aus gesehen zieht die Beininnenseite zur Decke hoch. Bein ablegen, dasselbe mit dem linken Bein. Setze deine Stirn auf den Boden auf, deine Hände seitlich des Brustkorbs. In dieser Situation presse dein Schambein in die Unterlage und hebe nur die unteren vorderen Rippen vom Boden weg. Du merkst, dass dadurch dein unterer Rücken lang wird. Für jede nun kommende Haltung beginne zunächst sauber mit dieser Grundeinstellung der Basis.

1. Die Handflächen liegen seitlich des Rumpfes auf dem Boden. Hebe die unteren vorderen Rippen, hebe den Kopf und die Brust hoch.

2. Das Gleiche wie eben, strecke jetzt aber noch die vom Boden weggehobenen Arme fest zu den Fersen hin. Vergleiche, ob es dir leichter fällt, die Handflächen Richtung Decke geöffnet zu halten oder zueinander schauend.

3. Das Gleiche wie eben, verschränke nun deine Finger hinter dem Rücken und ziehe die Hände intensiv Richtung Fersen.

4. Hebe die gestreckten Beine und die nach vorn gestreckten Arme hoch und bewege Beine und Arme gleichzeitig wie zwei Scheren: Je ein Bein und ein Arm ist oben, das andere Bein und der andere Arm etwas weiter unten, verschiebe diese im schnellen Wechsel gegeneinander.

Diese Übung empfindet das Bild der Amos-Geschichte nach, welches anprangert, dass die Kluft bzw. die Schere zwischen Arm und Reich sich ständig vergrößert.

Heuschrecke

Heuschrecke, Arme und Beine scherenmäßig wechseln

Sphinx

Grundeinstellung der Details wie bei *Shalabhasana*/Heuschrecke, ziehe die Unterarme zu dir an, bis die Ellenbogen unter den Schultergelenken stehen. Die Unterarme bleiben parallel zueinander, Finger aufgefächert. Tu so, als ob du mit den Unterarmen die Matte anziehen möchtest, der Effekt hierbei ist, dass du dein Brustbein besser nach vorn schieben kannst.

Bhujangasana – Kobra

Details wie oben, führe nun deine Handflächen an deine Flanken, in Höhe der Achseln, der Brust oder unterhalb der Brust. Der Abstand bemisst sich danach, wie du deinen Kopf und Brustbereich zur Kobra hoch stemmen kannst. Um dein Brustbein zwischen deinen Oberarmen nach vorn zu schieben, tue so, als ob du die Matte zu dir herziehen und die Finger nach außen drehen möchtest.

Diese Aktion hält deine Ellenbogen nahe am Körper. Strecke die Arme, so gut es dir gelingt. Gegebenenfalls verschiebe sie etwas weiter nach vorn. Beachte: Die Schultern und Schulterblätter bleiben gesunken, weg von den Ohren! Tiefes EA und AA bei allen Ausführungen!

Urdhva Mukha Shvanasana – der nach oben schauende Hund

Ausgangslage und Vorbereitung wie bei *Bhujanasana*/der Kobra. Die Hände in Brusthöhe, wenn möglich sogar in Taillenhöhe: Stelle deine Fußspitzen auf, hebe deinen Kopf und strecke die Arme, die Knie lasse so lange auf dem Boden, dass du den Brustkorb zwischen deinen Oberarmen noch mehr nach vorn und Richtung Decke drücken kannst. Rolle die Schultern nach hinten und die Schulterblätter an den Rippen nach unten. So entsteht Raum zwischen deinen Ohren und Schultern, der Nacken ist frei und in den sanften Bogen deiner WS integriert, dein Blick geht nach oben. Behalte dies alles bei, lasse dein Becken auf gleicher Höhe, wenn du im letzten Schritt die Beine streckst und die Beininnenseiten intensiv zur Decke ziehst.

Tiefes EA und AA – beachte: Komme sanft zurück, nie aus einer Haltung »herausfallen«.

Alternative z. B. bei Handgelenkproblemen: Variante mit einem Stuhl, hier greifen die Hände die Kanten der Stuhlfläche, die Oberschenkel der gestreckten Beine finden Halt an der vorderen Kante der Stuhlfläche und tragen das Körpergewicht mit. Andere Möglichkeit: Hände auf zwei Yoga-Klötze.

Nach oben schauender Hund

Sich mutig aus einer Niederlage oder Niedergeschlagenheit zu erheben, bedarf und entwickelt Mut. Mut bedeutet, die eigene Angst spüren, sodann einen Schritt weiterzugehen und über diese Angst hinauszuwachsen. Vor der Angst auszuweichen ist selten und längerfristig nicht möglich, weil es zugleich ein Ausweichen vor sich selbst beinhaltet.

Selbstliebe bedeutet, der Angst zu begegnen, die eigene Opferhaltung darin zu erkennen, den Blick von dieser zu lösen und sich der Kraft im eigenen Inneren zuzuwenden. Erst wenn die Angst in die ursprüngliche Energie, in Liebe, zurückgeführt wurde, hat sie keine Funktion mehr und löst sich auf. In der Amos-Geschichte gilt das für beide Seiten: für die Armen und Reichen.

Höre die biblische Geschichte – Teil 3: neue Hoffnung keimt auf

So zornig Amos auch über die Missstände ist, so erfüllt war er doch zugleich von der Vorstellung, dass es anders zugehen könnte. Mitmenschlich, gerecht und liebevoll. Leidenschaftlich wütend hat er sich für die Liebe Gottes eingesetzt. Mit ganzer Kraft ermahnt er zu Mitmenschlichkeit und Geschwisterlichkeit. Von einem war er überzeugt: Indem ihr die Trennung von Gott überwindet, schafft ihr Gemeinschaft untereinander, die von Rücksicht geprägt ist. Darum wendet euren Blick auf ihn, von dem Hilfe kommt, damit sich das »Recht ergieße wie Wasser und Gerechtigkeit wie ein immer fließender Bach!« (Amos 5,24)

Wir bedenken in der Stille ein oder zwei dieser Fragen: Ich kenne Momente des Zorns und der Wut. Zugleich weiß ich von meinen Sehnsüchten und meinen Hoffnungen. Wie sehen sie aus? Kann ich sie in Bildern beschreiben? Kann ich sie benennen? Wofür wende ich derzeit all meine Kraft auf und warum? Fühle ich mich getrennt von Gott oder spüre ich etwas von seiner inspirierenden Kraft und Energie? Wo erlebe ich Trennung bzw. Gemeinschaft?

Biga-Übung Teil 3

Amos macht eine Veränderung durch. Etwas in ihm rührt sich und kommt ins »Rollen«. Er spürt nicht nur Zorn, sondern auch Mitgefühl für die kritisierten Menschen und bittet nun für das Volk. Es scheint, dass er nach seiner kritischen, anklagenden Phase einen ähnlichen Blick zulassen kann wie später Jesus am Kreuz: »Vater, vergib ihnen; denn sie wissen nicht, was sie tun!« (Lukas 23,34) Beide, Jesus und Amos, erheben sich damit über die niedrige Ebene der *avidya*, der verschleierten, verdunkelten Sicht, hinaus auf eine höhere Warte, die trotz allem das Lichtvolle in den Menschenseelen erkennt.

Mit der Rückenschaukel kommen wir in neuen, »rollenden« Schwung. Mit einer PA erleben wir Gemeinschaft und Hilfe füreinander.

Rückenschaukel

1. Sitze in *Dandasana*/Stockhaltung: EA – strecke die Arme über den Kopf – AA – beuge dich vor – EA – führe den Rumpf zurück ins aufrechte Sitzen – AA – mit Schwung rolle auf dem Rücken zurück, bis die gestreckten Beine über den Kopf schauen. Die Füße Richtung Boden oder sogar den Boden berührend. Die Arme weiterhin über den Kopf gestreckt haltend. EA – schwinge die Beine und den Rumpf zurück zu *Dandasana* – AA – beuge Dich vor – mehrmals schwungvoll »schaukeln«.

2. Erweiterte Variationen: Jedes Mal, wenn du dich aus der Rückenlage wieder ins Sitzen hochschwingst und dich nach vorn zu den Beinen beugst, variiere deine Beine: zu der Grätsche/*Upavishtha Konasana* – zum halben Schmetterling (= ein Bein angewinkelt, halte dazu beim Hochschwingen den Fuß des anzuwinkelnden Beines fest) – zum ganzen Schmetterling/*Baddhakonasana* – zum halben Lotus/*Ardha Padmasana* – zu der Schildkröte/*Kurmasana* (Beine sind dabei leicht angewinkelt in diagonaler Linie aufgestellt) – zum Weisen *Marichi*/*Marichyasana I* (hier ist je ein Bein außen an der Flanke aufgestellt, und wenn der Rumpf nach vorn gestreckt ist, kannst du mit deinen Armen dein aufgestelltes Bein und deinen Rücken umfassen).

Upavishtha Konasana – offene Winkelhaltung

Sitze aufrecht in der Grätsche, ggf. auf einer Sitzunterlage, Sitzknochen mittig geerdet. Die Füße wie im Stehen senkrecht nach oben, Flanken lang. Für die Haltung fokussiere immer wieder die Beinaktivität: Innenknie und Außenknie zum Boden, den oberen Rand der Kniescheibe nach innen zum Knochen hin, die Beinrückseite im Bodenkontakt flächig spürbar. Lege die Handflächen an deine seitlichen Rippen und hebe mit ihnen die Rippen, bzw. den Rumpf vom Becken weg. Erlebe die Länge deiner Flanken.

1. Mit langen Flanken beuge dich vor. Der Unterbauch bleibt weich und die unteren Organe tendieren nach innen in den Bauchraum. Beatme den Rücken wie folgt: EA – ziehe die Rückenmuskeln hoch Richtung Kopf – AA – fließt die Rückenhaut nach unten Richtung Becken.

2. Beuge und strecke dich über das rechte Bein, dann über das linke Bein.

3. Mit der rechten Flanke neige dich zum rechten Bein. Dabei dehne deinen linken Arm kräftig über die Ohrlinie. Drehe deinen Rumpf, um dich zu öffnen. Lege nun den anderen Unterarm bzw. die andere Hand zwischen der Grätsche ab. Wechsele dann zur linken Beinseite.

4. Zum Entspannen lasse in der Grätsche deine Stirn auf einer dir passenden Unterlage ruhen. Das kann ein dickes Polster sein oder ein bis zwei Yoga-Blöcke mit einer zusammengelegten Decke oder einem Handtuch darauf. Die Unterarme liegen auf dem Boden. Den Atem zur Ruhe kommen lassen.

Offener Winkelsitz

Winkelsitz mit
seitlicher Dehnung

Upavishtha Konasana – offene Winkelhaltung als PA

Die Übenden sitzen in der Grätsche voreinander, bringen ihre Füße zusammen und halten sich an den Händen oder Unterarmen:

1. Wie eine Schaukel vor- und zurückschwingt, beugt sich der*die eine P nach vorn, der*die andere nach hinten. 2. Beide neigen ihre langen Flanken zum jeweils eigenen rechten Bein und legen ihre linke Hand auf den Rücken des*der P, um dessen*deren Vorwärtsstreckung mit etwas Druck zu unterstützen. Wechsel der Beinseiten. 3. Wenn beide P ihre rechte Flanke bzw. rechte Rückenseite über das rechte Bein führen, fassen sich die rechten Hände der Übenden, der linke Arm streckt sich über der Ohrlinie in die Diagonale. In dieser PA-Handfassung wird die Drehung und Öffnung der Bauchseite nach oben unterstützt. Angenehm ist der Griff um die Handgelenke. Wechsel der Beinseiten.

Grenzen ausloten – Grenzen erweitern: In jeder PA spüre einfühlsam, inwiefern dich der*die P in deine Grenzen hineinführen kann und du den*die P in seine*ihre Grenzen führst und diese etwas erweitern kannst. Gebt euch gegenseitig eine Rückmeldung über die gewünschte oder bereits ausreichende Intensivierung. Akzeptiert eure Grenzen. Es hat Jahre gedauert, bis sich euer Körper so formte, wie er sich derzeit zeigt. Ebenso dauert es seine Zeit, bis körperlich und geistig-seelisch einiges umgeformt werden wird. Geduld ist hier angesagt, gleichfalls die Bereitschaft, sich auf neue Prozesse einzulassen.

Grätsche mit seitlicher Dehnung als Partnerübung

Ausklang

Metta-Meditation – Meditation der liebenden Güte und des Mitgefühls

Metta (pali), *maitri* (sanskr.), *loving kindness* (engl.) = Freundlichkeit, Güte, Sanftheit, aktives Interesse an anderen, Liebe, Freundlichkeit, Freundschaft, Sympathie.

So wie ein sanfter Regen auf alle Dinge und Wesen gleichermaßen niedergeht, so sanft und jeden benetzend soll unser Mitgefühl entfacht, vervielfältigt und sowohl für uns selbst als auch für die Wesen der Welt geschickt werden. Die buddhistische Metta-Meditation verläuft in vier Schritten bzw. Phasen, die – wie jede Meditation – beständig geübt werden darf, denn sie benötigt eine konstante, stabile Geisteshaltung ohne störende Gedanken.

Es kann sein, dass du erst einige Zeit benötigst, um den ersten Schritt zu meistern: das Mitgefühl für dich selbst, bevor du dich den anderen zuwenden wirst. Spüre immer wieder achtsam und wahrhaftig in dich und in deine Herzensqualität hinein. Es gibt hierfür kein »Richtig« oder »Falsch«, sondern einfach nur »ich übe« und das Geschenk aus der Praxis heraus. Liebe und Mitgefühl wirken als direktes Gegenmittel gegen Hass und Wut.

Es kann sein, dass wir beim Üben natürlicherweise auch auf unangenehme Seiten in uns stoßen. Ohne zu verurteilen, beobachte derartige Gefühle und Emotionen. Erlaube dir dann, diese mithilfe der Metta-Meditation zu wandeln. Du wirst erfahren, wie solche kleinen und größeren Phasen der Wandlung dein eigenes Kraftpotenzial freilegen werden.

Die Sätze und Wünsche des liebenden Mitgefühls erinnern an die Tradition der irischen Segenswünsche.

Nimm einen bequemen Sitz ein und stimme dich auf deinen natürlichen Atemfluss ein. Um dein Herz zu spüren, von dem aus du Liebe und Mitgefühl schicken möchtest, lege deine Hände auf diesen Bereich und atme dort hinein. Mit jedem AZ möge sich die liebende Güte in dir einfinden. Beginne mit einem Satz oder mit mehreren, oder sogar eigens formulierten Sprüchen, diese(n) wiederholend, langsam, ruhig und ehrlichen Herzens.

Im 1. Schritt beginne mit und bei dir selbst. Entdecke und erkenne deine eigenen Qualitäten, wertschätze dich in deinem Sein und So-Sein.

Möge ich glücklich sein.
Möge ich gesund und heiter sein.
Möge ich frei sein von Leiden und Gefahren.
Möge ich mich geborgen fühlen.
Möge mein Geist frei von Verwirrung sein.
Möge ich leicht durchs Leben gehen.
Möge ich sicher sein.
Möge ich in Frieden sein.
Möge ich freundlich zu mir selbst sein.
Möge ich mich selbst so annehmen, wie ich bin.

Im 2. Schritt wende diese Sätze in der »Du-Anrede« auf eine dir angenehme und freundschaftlich verbundene Person an: *Mögest du glücklich sein. ...*

Im 3. Schritt wähle eine dir fremde Person aus und schenke ihr liebevolle Zuwendung. Formuliere wie im 2. Schritt.

Im 4. Schritt begegne einer Person, die für dich einen Widersacher oder Feind darstellt, die dir völlig unsympathisch ist. Der 4. Schritt ist die größte Herausforderung, weil du sehr wahrscheinlich mit deinen eigenen Widerständen konfrontiert und mit Abneigung oder gar Hass zu ringen haben wirst, bevor es einst in dir still und offen wird für diese Person. Die 4. Stufe führt dich zur Meisterschaft!

Achtsames Gewahrsein

Achtsames Gewahrsein ist der Anfang aller Asana-Praxis. Der Begriff der Achtsamkeit ist eng mit der Philosophie des Yoga verbunden.

> »Achtsamkeit ist nicht gleich Konzentration.
> Achtsamkeit ist weit.
> Achtsamkeit ist jetzt.
> Achtsamkeit ist wertneutral.
> Achtsamkeit ist ganzheitlich.
> Achtsamkeit ist ein innerer Prozess.
> Achtsamkeit ist die Sprache der Propriozeption.
> Achtsamkeit ist Beobachtung.
> Achtsamkeit braucht Geduld.«[9]

Amos Segenswort

Schließe die Augen wie Amos und blicke zurück,
auf Situationen, in denen du Gerechtigkeit erfahren hast,
auf Momente, in denen man dich ungerecht behandelt hat.
Wofür möchtest du danken, worüber klagen?
Höre in dich hinein und lausche der Stimme der Vergebung.
Wo kannst du verzeihen? Was hilft dir, Verletzungen zu überwinden?
Lege das Trennende beiseite, lasse dich von der Gemeinschaft stärken,
der Gemeinschaft von Freund*innen, Familie, Partnerschaft oder Kolleg*innen.
Komme nun zurück in diesen Raum, in die Bewegung.
Stehe auf, mache dich auf den Weg,
beschützt, begleitet und gesegnet.

---

9 Zusammengestellt von Bastian Stukenkemper, Yogalehrer Yogasana SKA. In: Vylk aktuell, 2/2015, S. 6.

Josef von Nazareth – der erste Hausmann der Weltgeschichte

Günter Kusch und Carola Spegel (Biga-Übungen)

Einführung

»War Josef von Nazareth der erste Hausmann der Weltgeschichte?« Mit dieser Frage eröffnete Rudolf Neumaier am 29. Dezember 2014 seinen Leitartikel im Feuilleton der Süddeutschen Zeitung.[1] Mit seiner These wollte er angesichts der aktuellen Genderdebatte ein wenig provozieren. Bezug nahm er auf einen Beitrag aus dem Bayerischen Jahrbuch für Volkskunde, in dem über einen Volkskundler berichtet wurde. Dieser war angeblich der Meinung, dass der Vater Jesu vor 500 bis 700 Jahren eine sehr moderne Rolle gespielt habe. Der Eichstätter Forscher Walter Pötzl hatte über 200 gotische Darstellungen Josefs analysiert und auf Abbildungen verwiesen, die Josef Windel waschend, Brei kochend und mit einer Bratpfanne in der Hand darstellten.[2]

Was Neumaier bei seinem kunsthistorischen Anreißer übersah: Es handelte sich nicht um Pötzls Meinung, sondern um Ergebnisse seiner Untersuchungen. Pötzl stellte fest, dass sich das Josefsbild im Lauf der Jahrhunderte enorm gewandelt hat. Ja, der Vater Jesu wurde in den Kunstwerken bis zum Mittelalter tatsächlich als »fürsorglicher Hausmann« präsentiert. Dies trug damals aber nicht unbedingt zu dessen Ruhm bei: »Eine ehrenvolle Männertätigkeit war das Windelwaschen nicht«, fügt der Volkskundler hinzu.[3] Mit Beginn des

---

1 Siehe SZ-Artikel: Rudolf Neumaier: Kochen, füttern, Windeln wechseln. Süddeutsche Zeitung, 29.12.2014. https://www.sueddeutsche.de/leben/joseph-von-nazareth-kochen-fuettern-windeln-wechseln-1.2283552 (Zugriff am 06.08.2020).
2 Vgl. Regina Töpfer: Vom marginalisierten Heiligen zum hegemonialen Hausvater. Josephs Männlichkeit im *Hessischen* und in Heinrich Knausts *Weihnachtsspiel*. European Mediaval Drama, 17/2013, 43–68.
3 Siehe Michael Hollenbach: Der heilige Josef. Arbeiterführer, Antikommunist oder der erste Hausmann? Deutschlandfunk Kultur, 25.12.2016. https://www.deutschlandfunkkultur.de/der-heilige-josef-arbeiterfuehrer-antikommunist-oder-der.1278.de.html?dram:article_id=374814 (Zugriff am 06.08.2020).

17. Jahrhunderts wurde Josef als junger Mann dargestellt, mit christusähnlichen Zügen. Und nach dem Dreißigjährigen Krieg hat man ihn immer mehr gesellschaftspolitisch in die Pflicht genommen. Zur sittlichen Aufrüstung nach den verheerenden Katastrophenjahren wurde die »Heilige Familie« nun völlig neu entdeckt – mit Josef als einer starken Vaterfigur.[4]

Pfarrerin Simone Mantei, bis 2016 im Studienzentrum der EKD für Genderfragen tätig, plädiert ebenfalls dafür, Josef als agilen und dynamischen Mann darzustellen[5]. Auch die Theologin Margot Käßmann wünscht sich einen neuen Blick auf den alten Josef:

> »Josef wird meines Erachtens immer ein bisschen lächerlich gemacht: ein Mann, der sich nicht durchsetzen kann – so nach dem Motto: ein Weichei, ein Mann an der Seite. Und im Grunde müssen wir sagen, dass er eine Vorbildfunkton hat, weil er für seine Frau und sein Kind einsteht. Ein Mann, den sich Frauen in einer Geburtssituation, in der sie sehr verletzlich sind, wünschen: ein Mann, der an der Seite bleibt und nicht weggeht.«[6]

Später sorgte Josef dann dafür, dass »Jesus lesen und schreiben konnte«, meint Gregor Geiger vom Forschungszentrum Studium Biblicum Franciscanum in Jerusalem. »Die Väter waren damals für die religiöse Erziehung der Jungen zuständig, zu der wohl auch die Lesefähigkeit zählt«, erläutert der Sprachwissenschaftler.[7]

Doch was berichtet die Bibel über Josef, den Mann an Marias Seite? Lukas 1,26–2,52 und Matthäus 1,18–2,23 erzählen Geschichten aus der Kindheit Jesu und geben Details über dessen Eltern preis. Der hebräische Name »Josef« bedeutet »Gott hat hinzugefügt«. Er war mit Maria verlobt, als sie ihren Sohn zur Welt brachte. Mit harter Arbeit, im Griechischen wird sein Beruf mit *tekton* (Baumeister oder Architekt) angegeben, musste er seine Familie ernähren. Das Schlachtopfer, das Maria und Josef bei ihrer Reise nach Jerusalem anlässlich des Passahfestes im Tempel brachten, bestand aber »nur« aus zwei Tauben und galt als Gabe armer Menschen. Reich wird die Familie demnach nicht gewesen sein.[8] Nach dem

---

4   Hollenbach 2016.
5   Hollenbach 2016.
6   Hollenbach 2016.
7   Gregor Geiger, zit. nach Martin Vieweg: Konnte Jesus lesen und schreiben? Wissenschaft.de, 21.12.2018 https://www.wissenschaft.de/geschichte-archaeologie/konnte-jesus-lesen-und-schreiben/ (Zugriff am 22.01.2021).
8   Rüdiger Wala: Was wissen wir über den heiligen Josef? KirchenZeitung, 17.03.2017. https://www.kiz-online.de/content/was-wissen-wir-%C3%BCber-den-heiligen-josef (Zugriff am 22.01.2021). In diesem Artikel wird auch darauf hingewiesen, dass Josef wohl eher jung war,

Bericht in Lukas 2,48 über Jesu Verschwinden und seinen Disput mit Gelehrten im Tempel liest man keine Zeile mehr von Josef. Vielleicht starb er früh, sodass er das Auftreten seines Sohnes in der Öffentlichkeit nicht mehr miterleben konnte.

Für unsere Biga-Einheit rücken vier Schwerpunkte der Josefsgeschichte ins Zentrum:

Gehen oder bleiben – von schwierigen Entscheidungen: »Soll ich mich aus dem Staub machen?«, fragte sich Josef, nachdem er erfuhr, er sei nicht der Vater. Matthäus schildert, dass er am liebsten weggerannt wäre (Matthäus 1,19). Was zuerst einmal nach Feigheit klingt, ist aber überaus riskant. Für die Öffentlichkeit hätte es einerseits so ausgesehen, als hätte er Maria geheiratet, geschwängert und sitzen gelassen. Andererseits wurden Frauen, nachdem sie fremdgegangen waren, aus der Gesellschaft ausgestoßen, ihnen drohte die Steinigung und der Abstieg in die Prostitution.

Was ist meine Lebensaufgabe? – Vom Sinn des Lebens: Josef schwankt hin und her. Eifersucht kommt auf: Mit wem hat ihn Maria betrogen? Was heißt das: Jesus ist Gottes Sohn, geboren durch den Heiligen Geist? Klar, auch viele Könige haben sich als »Söhne Gottes« tituliert. Und mit der Aufforderung, »von Neuem geboren zu werden«, einer Art »göttlichen Zeugung« hatte schon Nikodemus so seine Probleme (Johannes 3). Eine himmlische Botschaft ruft Josef zur Verantwortung und er »nimmt Maria zu sich«, heißt es in der Bibel (Matthäus 1,24). Auch wenn Josef an seiner Vaterrolle irre wird, nimmt er die Aufgabe an, fürsorglicher Beschützer von Mutter und Kind zu sein. Trotz seiner Zweifel an Marias Treue übernimmt Josef Verantwortung, er gibt der Liebe und dem Leben eine Chance. »Für Joseph ist Vaterschaft eine Sache des Willens statt der Biologie. Er zeigt männliche Stärke: Handlungsmächtig bewährt er sich in der Demütigung seiner Männlichkeit«, schreibt Matthias Kamann in der »Welt«.[9] Wobei man sicherlich hinzufügen darf, dass nicht nur Josefs starker Wille, sondern auch die Zuneigung zu seiner Frau Maria eine große Rolle spielte.

Die Liebe zum Sohn – von echter Vaterschaft: Dass Joseph erzieherisch auf seinen Sohn einwirkte, zeigt wohl auch das Gleichnis, das er den Menschen

---

da ein Mann zu seinen Zeiten gewöhnlich im Alter von 18 Jahren heiratete. Selbst wenn er bereits verheiratet gewesen war, kann es sich bei ihm nicht um einen älteren Mann handeln.

9 Matthias Kamann: Verwirrter Vater und tatkräftiger Träumer: Joseph, Mann der Maria. Die Welt, 24.12.2004. https://www.welt.de/print-welt/article360422/Verwirrter-Vater-und-tatkraeftiger-Traeumer-Joseph-Mann-der-Maria.html (Zugriff am 06.08.2020).

verkündigte, in dem ein Vater seinen verloren geglaubten Sohn liebevoll in die Arme schließt(Lukas 15,11–32), meint Uwe Birnstein.[10] Und: All das klingt auch an, wenn Jesus später von Gott als Vater spricht. »Hätte Jesus Gott auch so liebevoll als Vater ansprechen können, wenn er nicht durch Josef gelernt hätte, was Vaterliebe bedeutet?«[11] Kein Wunder, dass seine Eltern zuerst einmal nicht verstanden, was Jesus ihnen – nach seiner Diskussion mit Schriftgelehrten im Tempel – an den Kopf warf. Besorgt hatten sie ihn überall gesucht. Seine Antwort an Josef: »Nicht du bist mein Vater, sondern mein wirklicher Vater ist viel größer und mächtiger, und zu ihm kehre ich nun zurück.«[12]

Familie ist mehr als Vater, Mutter, Kind – von neuen Bindungen und Jünger*innenschaft: »Wer ist meine Mutter und wer sind meine Brüder?«, so kanzelt Jesus Maria und seine Brüder ab, die verzweifelt nach ihm gesucht haben (Markus 3,35). Mit großer Geste zeigt er dabei auf seine wahre Familie – die Menschen, die sich um ihn geschart haben und seiner Botschaft vom nahen Gottesreich lauschen. Das hebräische Wort für Familie *mischpacha* (מִשְׁפָּחָה) meint sowohl das Haus als auch die Menschen, die darin leben, aber auch das Erbland, das es zu erhalten gilt.[13] Jesus weitet somit den Familienbegriff aus auf die, die den Willen Gottes erfüllen. Seine Brüder und Schwestern sind die, die sich auf seine Botschaft von Gott, dem Vater, einlassen. Jesus definiert das Familie-Sein demnach von Gott her, von seiner Gottesbeziehung als Vater und Sohn. Sie fängt mit der Taufe als Zusage Gottes an: »Du bist mein geliebter Sohn, an dir habe ich Wohlgefallen gefunden.« (Markus 1,11) Das bedeutet, »vom Heiligen Geist gezeugt sein«.

Für unsere Biga-Einheit sind folgende Themen von aktueller Bedeutung: Welche schwerwiegenden Entscheidungen stehen derzeit an – in der Gesellschaft oder der eigenen Familie? Welche »Kuckuckskinder« kenne ich: Das können auch Aufgaben sein, die mir jemand anderes »ins Nest legt«. Welche Erwartungen kann

---

10 Vgl. Heinrich Bedford-Strohm (Hg.): Die Personen der Bibel. München 2016, S. 169 f.
11 Uwe Birnstein: Väter in der Bibel. 20 Porträts für unsere Zeit. München 2016, S. 145–152.
12 Vgl. Lukas 2,49; Birnstein (2016, S. 151) verweist auf die tiefenpsychologische Bibelauslegung, die an dieser Stelle eine »symbolische Darstellung der Lösung eines pubertierenden Jungen von seinem Vater« vermutet. Jesu Selbstbewusstsein zeigt, so schreibt Birnstein (2016, S. 152): »Wer seine Kinder liebt, hat ihnen, auch wenn es nicht die eigenen sind, schon das Wichtigste mit auf den Weg gegeben, was ein Vater geben kann.«
13 Siehe Uwe Birnstein: Bibelserie: »Wer ist meine Mutter und wer sind meine Brüder?«, 19.06.2013. https://www.evangelisch.de/inhalte/74855/19-06-2013/bibelserie-wer-ist-meine-mutter-und-wer-sind-meine-brueder (Zugriff am 22.01.2021).

ich annehmen, wo muss ich auch einmal »Nein« sagen? An welche Situationen erinnere ich mich, wenn es darum geht, sich wie »neugeboren« zu fühlen? Fremdgehen – Treue – Verzeihen – wie habe ich das erlebt? Die Liebe zu den eigenen Kindern und das Loslassen können – beides gehört zu einer guten Beziehung dazu. Was verstehe ich unter dem Begriff »Familie«? Welche Aufgaben hat Familie, eventuell auch geschlechtsspezifisch? Gibt es so etwas wie eine Weltfamilie und was heißt das? Sind Glaube, Christsein, Gemeinde für mich eine Art Heimat oder Familie? »Du bist nicht mein Vater (meine Mutter)« – kenne ich solche Sätze? Was heißt »Jüngerschaft heute«? »Vom Heiligen Geist gezeugt« – wie fühlt sich das an? Gott als Vater oder Mutter – wie soll man sich das vorstellen?

Praktischer Biga-Teil

Was wäre gewesen, wenn Josef nicht an der Seite Marias gestanden und durchgehalten hätte? Was wäre gewesen, wenn Josef nicht geglaubt hätte, dass sich Gott in seinen Träumen mitteilt und dass Gott um die Zukunft weiß und bei aller Unsicherheit uns Menschen zu unserem Besten führt? Was wäre gewesen, wenn Josef nicht – wie zuvor Maria – eingewilligt hätte: »Ich bin der Diener des Herrn, mir geschehe, wie du gesagt hast« (vgl. Lukas 1,38)? Ohne Josefs Zutun wäre die Geschichte mit Maria und Jesus nicht so verlaufen, wie es nun doch geschah. Josef, innerlich hin- und hergerissen, zugleich ein Mann mit Glauben, Besonnenheit und letztendlichem Vertrauen in die göttliche Führung in und durch seine eigenen Träume. Er traut seiner »Innenwelt« – das macht ihn letztendlich zu einem biblischen Helden.

Einstiegsübung

Virasana – Helden- oder Diamantsitz

Bei diesem Sitz bleiben die Knie zusammen, die Füße gehen gerade so weit auseinander, dass dein Becken dazwischen absitzen kann. Wenn deine Knie dabei schmerzen, so benutze ein bis zwei Yoga-Blöcke unter deinem Gesäß oder lege eine Decke zwischen Gesäß und Unterschenkel. Nimm *Virasana* wie folgt ein:

Aus dem Kniestand streiche deine Waden nach außen und lasse so dein Gesäß zwischen die Innenknöchel nieder; achte darauf, dass die Füße die Linie der Unterschenkel fortsetzen, presse sanft die Zehen in den Boden und ziehe aktiv die Außenknöchel zu den Innenknöchel.

1. Verschränke die Hände hinter Deinem Rücken. Fünf AZ lang drücke deine Fäuste gegen den Yoga-Block oder gegen dein Kreuzbein. Fünf AZ lang verlängere

deine Arme nach unten und oben. Fünf AZ lang übe Druck mit den Fäusten auf dein Kreuzbein aus. Fünf AZ lang ziehe die gestreckten Arme zunächst nach unten, dann so weit wie möglich nach oben. Schließlich löse die Hände und lasse sie auf deinen Oberschenkeln ruhen. Genieße den Effekt, dass sich deine Schultern nun leicht und weich anfühlen.

2. Verschränke deine Hände vor dem Körper und strecke sie über den Kopf: zuerst mit runden Handgelenken, d. h. die Handflächen schauen zum Kopf, danach mit den Handflächen zur Decke geöffnet. Versuche das Gleiche in einer zweiten Runde mit ungewohnter Verschränkung der Hände.

3. Komme aus der Haltung zurück, indem du im Vierfüßlerstand ein Bein nach dem anderen aufdehnst: Mit aufgestellter Fußspitze bringe aktiv die Ferse Richtung Boden.

Adho Mukha Virasana – nach unten schauender Held

In dieser Sitzhaltung mit vorgebeugtem Rumpf berühren sich die großen Zehen. Die Knie bleiben genau so weit auseinander, dass sich der Oberkörper mit den Flanken ganz nah zwischen die Oberschenkel nach vorn ablegen und strecken kann. Wenn nötig, bediene dich hierfür einer Decke zwischen Gesäß und Unterschenkel und einer Kopferhöhung mit Decke oder Block. Dehne die Arme und die aufgefächerten Finger nach vorn. Erlebe dazu folgendes Detail: Arme strecken bedeutet die Bizepse zu den Schultern ziehen und die Trizepse zu den Ellenbogen. Mit jedem AZ lasse dein Becken mehr und mehr absinken. Komme wie oben in den Vierfüßler zurück, dehne ein Bein nach dem anderen auf.

In einer Dilemma-Situation empfiehlt es sich, erst einmal Zeit zu gewinnen und verschiedene Lösungen innerlich durchzuspielen und -fühlen.

Vira = mutig, der Held bezeichnet im tantrischen Yoga eine*n Suchende*n mit bereits starken spirituellen Idealen. Dieser kann die Herausforderungen annehmen, die sich für ihn im Leben zeigen und darin zunehmend Gleichmut und Selbstbeherrschung entwickeln. In all dem Wirrwarr der Gefühle und Gedanken vermag er, sich bleibend auf das Göttliche auszurichten.

Höre die biblische Geschichte – Teil 1: Josef wird vom Gewissen gebissen

Natürlich hätte er Maria zur Rede stellen können. Sie bloßstellen vor ihrer Verwandtschaft. Die Verlobung auflösen. Das wäre üblich gewesen. Doch Josef war ein Mann mit Anstand. Obwohl er fürchterlich enttäuscht war, wollte er Maria schonen. »Wenn ich mich heimlich aus dem Staub mache, nehme ich alle Schuld auf mich«, sagte er zu sich: »Die Leute werden dann denken: Erst schwängert er sie, dann lässt er sie im Stich. Wenn ich jedoch allen erzähle, dass das Kind nicht von mir ist, droht ihr die Steinigung. Und ich liebe Maria, noch immer, trotz all meiner Bedenken und meiner Eifersucht, deshalb will ich sie vor den Folgen bewahren.« Als er in einer der Nächte, nach schlaflosen Stunden voller Überlegungen, doch noch in den Schlaf findet, träumt er von einem Engel, der ihm erklärt: »Josef, deine Verlobte Maria ist zwar schwanger, doch es war Gott, der neues Leben in ihr wachsen ließ. Sie ist nicht fremdgegangen. Sie war nicht untreu. Deshalb bleibe bei ihr, sorge für sie und ihr Kind. Es wird ein ganz besonderer Mensch geboren, mit göttlichem Auftrag.« Und Josef macht sich nicht aus dem Staub. Er steht zu seiner Frau und dem Kind, das ihm von Gott anvertraut ist. Er übernimmt Verantwortung und steht seinen Mann – im festen Vertrauen auf Gott. (Vgl. Matthäus 1,18–25)

Bleiben oder die Flucht ergreifen, wer kennt solche Situationen nicht? Ob Mobbing am Arbeitsplatz, eine schwierige Familienkonstellation, Ärger unter Kolleg*innen oder Freund*innen, schnell sagt man: »Ich habe die ständigen Diskussionen satt. Ich kann nicht mehr. Ich lass alles stehen und liegen.« Was hält uns dennoch fest? Was bringt mich dazu, schwierigen Situationen nicht auszuweichen? Ist es der Anstand, der mich hält, die Verantwortung für die*den andere*n? Was bedeuten mir Treue und Zuverlässigkeit? Träume können mitunter eine Offenbarung sein. Im Schlaf sortiert sich vieles. Wenn ich aufwache, fühle ich mich wie ein neuer Mensch, kann mit geordneten Gedanken neu durchstarten, nehme auch schwierige Aufgaben »in Angriff«. Da wächst »neues Leben« in mir. Ob Gott oder Engel durch Träume zum Menschen reden? Gibt es für mich Aufgaben, die anstehen und angegangen werden müssen, wo ich meinen Mann oder meine Frau stehen muss?

Biga-Übung Teil 1

Menschen der biblischen Zeit wertschätzten Träume und seherische Botschaften. Traumbilder sind die Sprache des mächtigen Unbewussten und die Sprache der göttlichen Sphären. Träume werden klarer, wenn wir ihnen den gebührenden Raum zubilligen, wenn wir uns vornehmen, die im Traum vermittelten Symbole und Zeichen ernst zu nehmen und wahrhaftig entschlüsseln zu wollen. Dazu bedarf es genügend gesunden Schlafs und vor allem der Disziplin, sich nicht mit zu viel Außenbildern zuzuschütten, d. h. von zu viel Mediengebrauch Abstand zu nehmen. Schließlich bedarf es noch des Vertrauens in sich und in die eigene Beziehung zu Gott. Folgende Biga-Übungen sind inspiriert durch die Aspekte von Josefs Geschichte: sich im Schlaf der Faszination des Ruhigwerdens und des Sternenhimmels hingeben, sich in die »unendliche

Ungewissheit« des Lebens einlassen und darin erleben, dass sich immer wieder neue Türen öffnen können.

Supta Padangushthasana – liegende Beinausstreckung und Variationen

Rückenlage, nimm einen Yoga-Gurt oder ein ähnliches Band zur Hilfe:

1. Lege den Gurt an die Übergangslinie Fußballen-Fußgewölbe, halte die Gurtschlaufe und strecke deine Beine senkrecht zur Decke, bleibe dabei auf dem Mittelpunkt deines Kreuzbeines. Alternativ: Stütze die Fersen an der Wand ab. Dehne deine Beine aktiv, indem du die Sitzknochen erdest, den oberen Kniescheibenrand nach innen ziehst und die Fußsohlen zur Decke ausrichtest.

2. Ohne Gurt-Einsatz. Breite deine Arme in Schulterhöhe zu den Seiten aus, ganz langsam überkreuze dein gehobenes rechtes Bein nach links über das abgelegte und gestreckte linke Bein, von dort aus schwenke es zur rechten Seite bis zu deinen Grenzen, führe das gehobene Bein wieder überkreuz übers abgelegte Bein, dann wieder zur rechten Seite – einige Male wiederholen, Wechsel der Beine.

3. Seitliche Beckenöffnung in der Bauchlage: Lege einen Yoga-Block längs an die Wand und lagere dich in der Bauchlage eine Beinlänge von der Wand weg, sodass nun deine rechte Flanke parallel zur Wand ausgerichtet ist. Deine Stirn ruht auf deinen Handrücken; positioniere deinen rechten Fuß auf den Yoga-Block, die rechte Fußfläche berührt die Wand, dein rechtes Bein ist gestreckt. Um dein Becken bzw. deine Hüftgelenke in eine Linie zu bringen, übe folgende Details: Zuerst schiebe dein linkes gestrecktes Bein noch etwas weiter seitlich nach außen, ebenso dein Becken, dein linker Fußrücken bleibt abgelegt; dann ziehe aktiv deinen rechten Sitzknochen zur linken Ferse und behalte dies für einige AZ bei – Wechsel der Beine.

Bauchlage – seitliche Beckenöffnung

Anantasana – die unendliche Schlange

Rückenlage, mit den Fußsohlen an die Wand: Drehe dich auf die linke Seite, die Fußsohlen finden ihren Halt an der Wand, dein linker Oberarm liegt in Verlängerung deiner linken Flanke, beuge den linken Arm und schiebe den linken Ellenbogen weiter in den Raum hinein, damit deine linke Flanke verlängert wird. Lasse deinen Kopf in der linken Handfläche ruhen. Mit deiner rechten Hand vor dir auf dem Boden balancierst du dich immer wieder aus.

1. Wenn du dein rechtes Bein anwinkelst und dann achtsam Richtung Decke führst – Wechsel der Seite und der Beine.

2. Mit der Ausgangslage auf der linken Seite liegend: Greife deinen rechten großen Zeh mit dem Zeige- und Mittelfinger und dem Daumen; in dieser Situation drücke sanft dein angewinkeltes rechtes Bein nach außen, balanciere dich aus und strecke langsam dein rechtes Bein hoch – Wechsel der Seite und der Beine.

Beachte: Dein Becken bleibt stets senkrecht zum Boden und fällt nicht mit dem Gesäß nach hinten um. Wenn du dich dabei nicht in Balance halten kannst, wähle die Alternative, dich mit dem Rücken nah an die Wand zu legen. Angenehm ist eine Polsterung zwischen dem Rücken und der Wand.

Josef und Maria beschreiten den Weg ins Ungewisse. Unsicherheit und der Ausblick auf ein ungewisses Ende lassen uns Wege das ein oder andere Mal als eine »Unendlichkeit« erscheinen! Wann hört dies und das wohl endlich auf? Wie soll das nur enden? Wir können nur weitergehen. In schwierigen Situationen tut es gut, unser Vertrauen in der Gemeinschaft und im Miteinander zu erneuern und zu stärken. Dann fällt es uns leichter, bei allen noch so krummen Wegen unsere Herzenstüren offenzulassen.

Unendliche Schlange

Parighasana – als Stern und Türpfosten

Kniestand, setze das rechte Bein in Linie des linken Knies zur rechten Seite, die rechte Fußspitze zeigt nach vorn in die Raummitte. Hebe beide Arme seitlich in Schulterhöhe.

1. Neige den Rumpf auf die linke Seite, mit der Hand finde Halt auf dem Boden. Den rechten Arm strecke zur Decke hoch in Verlängerung der Schlüsselbeinlinie, gestreckte Finger aufgefächert wie Sternenstahlen – Seitenwechsel.

2. Mehrmals im Wechsel senke in dieser Stern-Position dein Gesäß knapp oberhalb der linken Ferse nieder und richte es wieder auf. Du merkst hier die Veränderung in der Beckenstellung und -kippung – Wechsel der Seiten und der Beinstellung.

3. Beginne erneut mit dem rechten Bein ausgestreckt zur Seite, dieses Mal zeigt die Fußspitze ballettmäßig in Beinlinie, d. h. du erdest aktiv die Fußinnenkante, besonders den Ballen und die Unterseite des großen Zehs. Kippe dein Becken, rutsche mit dem rechten Handrücken am Bein entlang Richtung rechten Fuß, den linken Arm führe über den Kopf zur rechten Hand hin – Wechsel der Seiten und der Beinstellung.

Alternative: Unterstütze den Fußballen des jeweils ausgestreckten Beines mit einem Yoga-Block, hilfreich ist auch ein Stuhl, auf dem du deinen jeweils unteren Arm lagern kannst.

Vorn: Türpfosten; hinten: Stern

Höre die biblische Geschichte – Teil 2: Josefs Gedanken an der Krippe

In dem kleinen Stall am Rande der Stadt Bethlehem zieht die Kälte durch alle Ritzen ins Innere. Maria liegt müde auf einem Bett aus Stroh. Die Geburt hat sie geschwächt. Josef beobachtet sie aus der Ferne, Mutter und Kind, eine friedvolle Einheit. »Gut, dass ich sie nicht verlassen habe«, denkt er sich. »Ich ziehe Jesus auf wie meinen Sohn und lehre ihn alles Wichtige, damit er gut durchs Leben kommt«, fügt er hinzu. Auch er ist müde. Kaum hat er die Augen geschlossen, erscheint ihm wieder ein Engel im Traum: »König Herodes will alle kleinen Jungen töten, weil er Angst um seine Macht hat. Du musst mit deiner Familie nach Ägypten fliehen.« Noch in der Nacht ziehen Josef und Maria mit ihrem Sohn los. Der Weg dorthin ist weit. Hinter jedem Felsen können Diebe und Wegelagerer warten. Doch er ist sicher: Gott begleitet uns auf einer beschwerlichen Reise ins Ungewisse. (Vgl. Matthäus 2,13 f.)

Trotz der Kälte in meinem Umfeld erlebe ich die wärmende Geborgenheit menschlicher Nähe. Welche »Geburt« hat mich geschwächt bzw. gestärkt? Kenne ich Situationen, in denen ich froh bin, mich so und nicht anders entschieden zu haben? Dennoch bin auch ich Irrwege gegangen, habe falsche Entscheidungen getroffen, welche fallen mir ein? Wenn ich an die Erziehung eigener Kinder oder an Enkelkinder denke: Konnte ich ihnen Gutes mit auf den Weg geben? Wo ist »Erziehung« gelungen? Welche Werte habe ich gelebt und vermittelt? Mitunter sind Fluchten lebensnotwendig – kenne ich ähnliche Situationen, wo es um »Leben und Tod« geht? Wovon musste ich mich verabschieden? Reisen ins Ungewisse – wo führten sie mich hin?

Biga-Übung Teil 2

Utthita Trikonasana – gestrecktes Dreieck

Ausgangsstellung *Tadasana,* hebe die Ellenbogen hoch, die Arme gebeugt, die Spitzen der Mittelfinger schauen vor der Brust zueinander und die Handflächen zum Boden. Schreite oder springe eine Beinlänge auseinander, dabei strecken sich die Arme seitlich in Schulterhöhe. In der Dreieckshaltung soll die Linie Schlüsselbein – Schultern – Arme erhalten bleiben. Drehe deinen rechten Fuß 90 Grad nach außen, den linken Fuß leicht nach innen. EA – verlängere deine Arme über die Fingerspitzen in den Raum hinein und hebe deine Rippen vom Becken weg – AA – beuge den Rumpf seitlich nach rechts, bringe die rechte Handfläche nahe zum rechten Fußknöchel oder außen an den Unterschenkel. Wenn nötig, benutze einen Yoga-Block für deine rechte Hand.

Feinarbeit: ein *Utthita Trikonasana.* Erde intensiv den Großzehballen und den großen Zeh des vorderen rechten Fußes. Von dort aus drehe den rechten Oberschenkel aus, ziehe die Spirale weiter zur rechten Hüfte und schiebe den rechten Sitzknochen nach vorn (= in den Raum hinein, in den dein Bauch schaut). Erde den linken großen Zeh, die Fußaußenkante und hebe den Innenknöchel. Drehe auch hier den Oberschenkel nach außen.

Beachte: Die Rückseite deines Körpers soll in einer Linie bleiben. Dazu schiebe an deiner Körpervorderseite die unteren Rippen zurück. Schaue geradeaus oder in Richtung Decke. Für diese Kopfdrehung stelle dir vor, du bringst dein linkes Ohr zum rechten Ohr. Dein Nacken soll sich weich und durchlässig anfühlen – Wechsel der Seiten und der Beinhaltung.

Dreieck

Utthita Parshvakonasana – erweitertes angewinkeltes Dreieck

Die Vorarbeit wie in *Utthita Trikonasana,* einzig, dass in dem erweiterten angewinkelten Dreieck deine Grätsche gut eineinhalb Beinlänge misst. Beuge dein rechtes Knie so weit, dass es direkt über der Ferse steht, bestenfalls bilden Oberschenkel und Wade einen rechten Winkel. Für deine rechte Hand wähle eine Möglichkeit aus: Positioniere sie auf dem Boden oder auf einem Yoga-Block nahe dem rechten Innenknöchel oder nahe am Außenknöchel (Boden oder Block).

Strecke deinen linken Arm über deinen Kopf in die Diagonale. Spüre die lebendige Spannungslinie: hinterer Fuß – linkes Bein – Becken – Flanke – Schulter – Arm – Fingerspitzen. Dein rechtes Knie mag in der Haltung gern nach innen kippen, achte darauf, dass es über der Ferse bleibt. Dazu verlängere die Linie vom rechten Außenknie zur rechten Hüfte nach hinten und ziehe wieder den rechten Sitzknochen aktiv nach vorn Richtung Schambein. Drehe deinen Rumpf und Kopf auf und schaue zur Decke, schließlich zur linken Hand – Wechsel der Seiten und der Beinhaltung.

Großes angewinkeltes
Dreieck oder gestreckter
Seitenwinkel

Ardha Chandrasana – Halbmond im Stehen

Tadasana, führe *Utthita Trinkonasana* nach der oben beschriebenen Methode aus. Für den Halbmond nach rechts: Setze den hinteren Fuß etwas näher und beuge leicht dein vorderes, rechtes Knie. Finde Halt mit den Fingerkuppen auf dem Boden, entweder in Linie mit deinem rechten Fuß oder etwas außerhalb dieser Linie. Meist ist ein Block für die vordere Hand hilfreich. Lege den linken Arm locker an die linke Flanke. Tief EA, mit dem AA strecke gleichzeitig beide Beine. Drehe deinen Rumpf auf in Richtung Decke, hebe deinen linken Arm in Linie mit dem rechten Arm. Finde dein Gleichgewicht. Dazu kann dein Blick auf dem Boden fixiert bleiben oder nach vorn ausgerichtet, bestenfalls zur Decke hoch. Wenn du eine Hilfe für deine Balance benötigst, so tippe mit deinem linken Zehenballen an eine Wand oder führe die Haltung mit dem Rücken an der Wand aus. Wechsel der Seiten und der Beinhaltung.

Halbmond als Partnerübung

Wenn du Hilfe benötigst, gibt es eine Partnerübung: Eine zweite Person kann von hinten den Beckenbereich stützen und damit die Haltung stabilisieren, indem die Handflächen aufeinandergelegt werden oder die Hand Richtung Becken hochgezogen wird.

Höre die biblische Geschichte – Teil 3: Jesus bringt Maria und Josef ins Grübeln
In den Gassen Jerusalems herrscht geschäftiges Treiben. Auch Jesus, mittlerweile zwölf Jahre alt, ist mit seinen Eltern angereist, um das Passahfest zu feiern. Im Trubel der Massen verlieren die beiden Erwachsenen ihren Sohn aus den Augen. Aufgeregt laufen sie durch die Straßen, um Jesus zu finden. Als sie zum Tempel kommen, sehen sie zahlreiche Gesetzeslehrer, die sich um ihren Sohn herum gestellt haben. Er stellt den Gelehrten knifflige Fragen, und die Männer staunen über seine klugen Antworten. Josef und Maria aber sind fassungslos: »Kind, warum hast du so an uns gehandelt? Sieh, dein Vater und ich haben dich ganz verzweifelt gesucht.« Aber Jesus antwortet nur: »Wer ist meine Mutter, wer ist mein Vater und wer sind meine Geschwister?« Dann zeigt er auf die Menschen, die um ihn stehen und fügt hinzu: »Siehe da, das ist meine Familie.« Lange grübeln seine Eltern, was Jesus damit meint. Heißt das, dass seine neue Familie nun all die Menschen sind, die sich auf seine Botschaft von Gott, dem himmlischen Vater, einlassen? (Vgl. Markus 3,31–35; Matthäus 12,46–50; Lukas 2,41–52 und 8,19–21.)

Das jüdische Passah- oder Pessachfest erinnert an den Auszug des Volkes Israel aus Ägypten. Welche Feste sind für mich wichtig und was verbinde ich mit ihnen? Im Trubel des Lebens verlieren wir Menschen aus den Augen. Welche Begebenheiten fallen mir dazu ein? Wenn ich Bekannte aus früheren Zeiten treffe, denke ich manchmal: …

Kinder, die ihre Eltern harsch zurückweisen oder sich deutlich von ihnen distanzieren – dies geschieht nicht nur während der Pubertät. Welche Erfahrungen habe ich mit meinen Kindern und meinen Eltern gemacht? Habe ich Ablehnung oder Trennung bei guten Freunden erfahren? Was bedeuten mir Familie, Vater, Mutter, Geschwister und Verwandte? Gibt es eine Art Welt- oder Glaubensfamilie, die über die eigene Familie hinausgeht? Wie sieht diese aus?

Biga Übung Teil 3

Josef nahm und nimmt immer wieder neu Maria und Jesus an. Das griechische Wort *parélaben* meint: annehmen, berühren, in die Hand nehmen, schützen. Zwölf Jahre lang hat Josef diese Aufgabe mit ganzem Herzen erfüllt. Und nun wird er in aller Öffentlichkeit im Tempel zu Jerusalem zurückgewiesen, zusammen mit Maria. Das schmerzt ein jedes Elternherz! In dieser Situation ist erneut das *parélaben* gefordert, dieses Mal nicht in der schützenden Funktion, vielmehr in der annehmenden. Maria und Josef sind auf sich selbst zurückgeworfen, weg von der Rolle, hin zu ihrem »Eigensein« oder »Selbstsein«, zu ihrem eigenen Leben. Daher üben wir Haltungen, die uns langsam wieder auf uns selbst konzentrieren lassen, von einer den Gleichgewichtssinn stärkenden Balancehaltung hin zum Sitzen und Niederbeugen.

Vasishthasana – seitliches schräges Brett oder Linie, dem Weisen Vasishtha gewidmet

Vasishtha war ein berühmter Weiser und Seher, Familienpriester und Autor mehrerer Hymnen der *Veden*. Sein Leben ist Inhalt vieler indischer Legenden. Die Haltung entspricht der Struktur von *Tadasana* mit seitlich ausgebreiteten Armen in Schlüsselbeinlinie. Diese Struktur wird sozusagen zur Seite gekippt. Um das Gleichgewicht zu halten, ist es leichter, wenn die Füße sich an der Wand abstützen können.

Wir begeben uns in die Bergstellung *(Tadasana)* und beugen uns nach vorn. Lege die Hände auf den Boden. Gehe etwas zurück, so als ob du die Position des herabschauenden Hundes einnehmen wolltest.

1. Drehe den ganzen Körper nach rechts, den linken Arm lege zunächst auf die linke Flanke; balanciere jetzt nur auf der rechten Fußaußenkante, lege den linken Fuß auf den rechten (beide Fußinnenkanten berühren sich), mit der linken Fußaußenkante finde Halt an der Wand. Wichtig: Hebe deinen Beckenbereich hoch, dann wird dessen »Schwergewicht« leichter. Strecke deinen linken Arm hoch, sodass er die Verlängerung mit dem rechten Arm und der Schlüsselbeinlinie darstellt – Wechsel der Seiten.

2. Nimm *Vasishthasana* so ein wie bisher. Fasse mit dem linken Daumen, Zeige- und Mittelfinger den linken großen Zeh und bringe das Bein zur Streckung bzw. in die Senkrechte hoch; Detail: Drücke mit dem linken Großzeh (und evtl. -ballen) gegen die Finger – Wechsel der Seiten.

Möglicherweise reicht dir die Stufe, das linke Bein in der angewinkelten Position zu halten und nicht zu strecken. Akzeptiere das, was du gut meistern kannst, ohne zu urteilen.

Seitstütz zu Ehren
des Weisen Vasishtha

Krounchasana – Reiher

Sitze im halben *Virasana:* Lege das rechte Bein angewinkelt mit dem Schienbein auf den Boden, der rechte Innenknöchel berührt von außen die rechte Hüfte; das linke Bein stelle nahe zum Becken auf.

1. Greife die Wade oder das Fußgelenk und strecke das Bein mit bleibend aufrechtem Rücken. Alternative: Lege einen Yoga-Gurt um den Fuß (Übergangsstelle Fußballen-Fußgewölbe) oder stütze die Ferse an der Wand ab – Wechsel der Beine.

2. Fasse um die Fußfläche, strecke dein linkes Bein und ziehe es zur Nase und zum Kinn – Wechsel der Beine.

Reiher mithilfe
eines Yoga-Gurtes

Triang Mukhaikapada Pashchimottanasana (TMP) – Vorbeuge im halben Heldensitz

Sitze wie oben im halben *Virasana*: Das rechte Bein ist angewinkelt und liegt mit dem Fuß und Innenknöchel neben der rechten Hüfte. Das linke Bein bleibt nach vorne ausgestreckt. Wenn dein Becken sein Gewicht auf eine Seite verlagert, so polstere jenes mit einer Decke, bis du das Gewicht gleichmäßig auf beiden Gesäßhälften spüren kannst. Die Knie bleiben in dieser Haltung zusammen.

1. Lege entweder einen Gurt um deinen linken Fuß oder fasse ihn mit den Händen, verlängere deinen Rumpf und beuge ihn nach vorn, lasse deine Körpervorderseite lang werden: Länge vom Schambein bis zum Nabel und zum Brustbein, langer, weicher Nacken. Beatme die ganze gedehnte Körperrückseite.

2. Ziehe nun am Gurt bzw. am Fuß, damit dein Rumpf mit dem AA weiter nach unten zu den Beinen kommt. Ziel ist, zuerst die Stirn auf das ausgestreckte Bein zu legen, dann die Nase, die Lippen und zuletzt das Kinn. Um dies zu erreichen, ziehe die Ellenbogen seitlich auseinander – Wechsel der Beine.

Möglichkeit für eine entspannende Qualität, wenn du den Kopf nicht auf dem Bein ablegen kannst: Nimm ein dickes Polster oder ein bis zwei Yoga-Klötze mit einer Decke darauf als Ruhekissen für die Stirn.

In spannungsgeladenen oder Dilemma-Situationen bleibt uns nur noch übrig, authentisch zu sein und darauf zu vertrauen, dass alles einen übergeordneten Sinn hat. Josef ist uns Vorbild für solches Vertrauen in die göttlich geführten Wege. Meist verstehen wir den großen Zusammenhang erst im Rückblick auf unser Leben oder auf einen Lebensabschnitt. Mit der inneren Einkehr in jeder Biga-Haltung üben wir, geduldig bei uns zu bleiben, und entwickeln immer stärker unsere Ehrlichkeit und Authentizität.

Halte dir stets vor Augen: »Zum Krieg gehören zwei, zum Frieden braucht es nur einen«[14]

---

14 Facebook-Kommentar von Robert Betz am 16.12.2013: https://www.facebook.com/betz.robert/posts/573332592748451/ (Zugriff am 09.02.2021).

Ausklang

Liegende Sterne

1. Sitze in *Baddhakonasana,* der Schmetterlingshaltung: Beine angezogen, Knie auseinander, Fußflächen zusammen: Schiebe beide Füße auf den Fußaußenkanten gleichmäßig nach vorn und beuge dich mit dem Kopf zu den Füßen. Die Hände lagere unter die Fersen. Auch hier kannst du wieder eine Polsterung für die Stirn benutzen. Lasse dich einige Zeit mit langen AZ in die Haltung hineinschmelzen.

2. Rückenlage, die Arme und Beine in die Diagonale ausgestreckt, d. h. dein Körper bildet im Liegen die Form des Andreaskreuzes. Mit jedem tiefen AZ spüre dein Hingegeben-Sein an Mutter Erde, dein Offen-Sein zum Himmel, dein vertrauensvolles Dasein eines Kindes.

Segne alles, bevor du beginnst.
Segne dich und deine Lebensreise.
Segne die Menschen, die du triffst.
Segne jeden neuen Tag, der dir von der Schöpfung geschenkt wird.
Segne deine Reisen, deine Wege, deine Arbeit, dein Sein.
Scheue dich nicht, den Segen überall hineinzubringen.
Sei der Segen, den du dir in der Welt wünschst.
Jeder von uns ist ein Tropfen im Ozean der Freude,
und jeder Einzelne ist in der Lage, diese Welt zu verändern.

Wenn wir beginnen, zu erwachen und zu erkennen, dass wir ewige Wesen sind und das Wunder der Schöpfung entdecken, dann werden wir mit jedem Schritt zu einem Segen für die gesamte Schöpfung. Jede*r kann sagen:

Du segnest mit deinem Atem.
Du segnest mit deinen Worten.
Du segnest mit deinen Blicken.
Du segnest mit deinen Händen, die andere berühren.
Du segnest mit deinem lebendig pulsierenden Herzen.
Du segnest mit deinen Füßen die Erde, die sie berühren.
Du bist nur eine begrenzte Zeit hier auf der Erde.
Was hast du zu verlieren?
Der Segen macht dich frei und lässt dich tanzen.
(Jeanne Ruland, Die Kraft der Segnung, Schirner Verlag, Darmstadt 2013, S. 109)

Josefs Segenswort

Schließe die Augen wie Josef und blicke zurück,
auf Situationen, in denen du am liebsten fliehen wolltest,
wo du die Ungewissheit und Enttäuschung nicht mehr ertragen konntest,
wo dich Ablehnung und Abkehr von Menschen verletzt hat.
Was hat dich davor bewahrt, einfach alles hinzuschmeißen?
Woher kam die Kraft, durchzuhalten und deine Aufgabe wahrzunehmen?

Höre in dich hinein und lausche der Stimme deines Herzens.
Sei dankbar, wenn du Verletzungen überwinden und verzeihen kannst.
Lenke den Blick weg von dir, hin zur*zum Nächsten.
Verlasse den Strudel, in dem du dich nur um dich selbst drehst.
Blicke auf deine Stärken und Möglichkeiten.

Komme nun zurück in diesen Raum, in die Bewegung.
Stehe auf, mache dich auf den Weg,
beschützt, begleitet und gesegnet.

Martha – aufrichtig aufrecht

Andrea König und Carola Spegel (Biga-Übungen)

Einführung

Martha mit dem Kochlöffel. Manchmal wirken Bilder unmittelbarer als Texte und bestimmen, wie wir Texte wahrnehmen. Das gilt auch für die biblische Martha. In vielen Gemälden und Darstellungen begegnen wir Martha von Bethanien als Hausfrau. Den Kochlöffel in der Hand, manchmal Schüsseln am Gürtel als Symbole für die tüchtige Gastgeberin. Kontrastiert wird dieses Bild meistens durch ihre Schwester Maria, die Jesus zu Füßen sitzt und ihm andächtig zuhört, während Martha in der Küche werkelt und die Arbeit im Haushalt verrichtet.

Die Bilder, die vielleicht die meisten vor Augen haben, verdanken sich einer Lesart der Geschichte aus dem Lukasevangelium 10,38–42. Die Bibel erzählt hier von einem Konflikt zwischen den Schwestern Martha und Maria. Jesus wird von Martha im Haus aufgenommen. Mit viel Wohlergehen und großer Mühe sorgt sie sich um alle anstehenden Aufgaben der Bewirtung, während Maria Jesus zu Füßen sitzt und ihm zuhört. In der Auslegung sind beide Frauengestalten oftmals gegeneinander ausgespielt und auf stereotype Rollen- und auch Glaubenszuschreibungen festgelegt worden. Martha, die geschäftige und praktische Hausfrau, die für den aktiven Weg zum Heil steht, und Maria, die schweigende und religiös interessierte Frau, die den kontemplativen Weg zum Heil repräsentiert. Die dualistische Auslegung ging nicht selten mit einer Kontrastierung einher, die mit einer hierarchischen Rangordnung verbunden war: Maria hat in dieser Auslegung den besseren Weg gewählt. Martha gilt als nützlich, aber etwas beschränkt. Das Nachdenken, das Maria betreibt, steht über der praktischen Handarbeit, die Martha verrichtet – eine Tendenz, die sich bis in unsere moderne Gesellschaft hinein durchgesetzt hat und nach wie vor die Deutung und Bewertung von Arbeit charakterisiert.

Die feministische Auslegung hat versucht, den Bibeltext neu freizulegen, ist dabei aber auch zwiespältig geblieben. Zu Beginn, als Frauen darum kämpfen mussten, sich aus der traditionellen Hausfrauenrolle zu befreien, lasen sie die

Geschichte als Bestätigung des Einsatzes für mehr Gleichberechtigung. Maria war die Attraktivere. Wer wollte schon noch Martha sein? Sagte doch Jesus selbst, dass das Nachdenken besser war, als in der Küche zu stehen. Dann kamen jedoch kritische Stimmen auf, die zu Recht bemerkten, dass mit dieser Auslegung implizit eine Abwertung weiblicher Tätigkeiten verbunden ist. Viele Bibelleserinnen identifizierten sich mit Martha und auch mit ihrem Ärger darüber, dass die ganze Arbeit doch immer nur an ihr bzw. ihnen hängen bleibt. Die Bevorzugung Marias hinterließ einen bitteren Beigeschmack und manche Auslegerinnen witterten sogar einen Mangel an weiblicher Solidarität, weil sich Maria eher männlichen Werten anzupassen schien.[1]

Das macht bereits in Ansätzen deutlich, dass das Lukasevangelium es weitgehend den Leser*innen, deren Fragen und mitgebrachten Deutungshorizonten überlässt, die Erzählung sinnvoll auszulegen. Die Menge der theologischen Deutungen der Erzählung, die im Laufe der Theologiegeschichte entwickelt worden sind, füllt in der Tat ganze Bücherregale.[2] Darunter finden sich auch sehr frühe interessante Interpretationen, die im Laufe der Zeit verloren gegangen sind. Etliche wandten sich gegen die Übermacht der Auslegungstradition für Maria zu Ungunsten Marthas. So zum Beispiel einige Mystiker*innen. Eine völlige Neuinterpretation legte etwa Meister Eckhart vor.[3] Um das Jahr 1300 deutete er in einer Predigt die Erzählung zugunsten Marthas. Die Aussage Jesu über Maria, sie hätte den besseren Teil erwählt, interpretierte er so, dass dieser Satz nur für sie persönlich gegolten hätte. In just diesem Moment hätte Maria diesen Satz in ihrer ganz eigenen Situation gebraucht. Martha ist für Meister Eckhart dagegen die Vollkommenere. Sie hätte bereits alles verstanden und längst in ihre Arbeit und ins Praktische umgesetzt. Er stellt damit die noch unfertige Maria an den Anfang des geistlichen Lebens und schreibt Martha die größere Reife zu. Martha arbeite nicht bloß, sie schaffe und wirke: »Arbeit tut man von außen, aber Schaffen ist es, wenn man mit sinnvoller Umsicht sich betätigt von innen her«, so Meister Eckhart.[4] Martha – die Schaffensschwester – setzt praktisch bereits um, was Maria erst noch lernen muss, befindet er.

---

1   Zur Auslegungsgeschichte vgl. z. B. Anni Hentschel: Diakonia im Neuen Testament. Studien zur Semantik unter besonderer Berücksichtigung der Rolle der Frauen. Tübingen 2007, S. 238 f.
2   Einen kurzen Überblick v. a. über die frühen exegetischen Auslegungen der Patristik bietet z. B. Karl-Heinz Steinmetz: Mystische Erfahrung und mystisches Wissen in den mittelalterlichen Cloudtexten. Berlin 2005, S. 107 ff.
3   Vgl. Meister Eckhart: Deutsche Predigten und Traktate, hg. u. übers. von Josef Quint. München 1963; Predigt 28, S. 280–289.
4   Meister Eckhart zit. nach Elisabeth Moltmann-Wendel: Ein eigener Mensch werden. Frauen um Jesus. Gütersloh ²1981, S. 27.

Der kurze Blick in die Deutungsgeschichte zeigt, dass Martha und ihre Schwester Maria zwei Frauen sind, die weit mehr ausmachen, als die typisierenden Interpretationen ihnen zugestehen. Dies wird besonders deutlich, wenn man das Johannesevangelium, Kapitel 11, liest, wo den Leser*innen eine ganz andere Martha begegnet. In der Wundererzählung des sterbenden und auferstehenden Lazarus sind die Geschwister eng mit Jesus befreundet. Lazarus erkrankt und die Schwestern lassen voller Sorge nach Jesus rufen. Als dieser ankommt, ist Lazarus bereits vier Tage tot. Martha läuft Jesus bei seiner Ankunft entgegen. Sie beginnt eine Diskussion mit ihm. Als er ihr verspricht, dass Lazarus auferstehen werde, und sie fragt, ob sie das glaube, antwortet sie mit einem der eindringlichsten Glaubensbekenntnisse des Neuen Testaments: »Ja, Herr, ich glaube, dass du der Christus bist, der Sohn Gottes, der in die Welt kommt.« (Johannes 11,27)

Martha steht im Johannesevangelium an einer wichtigen Stelle – an der Schnittstelle genau zwischen dem Wirken Jesu und der Passion und Auferstehung. Genau dazwischen steht ihr Glaubensbekenntnis. Sie beeindruckt als starke Frau. Obwohl von Tod und Trauer umgeben, glaubt sie. Obwohl ihr Bruder schon vier Tage tot ist und sogar schon stinkt, bricht ihr Glaube nicht. Sie braucht kein Zeichen, auch kein Wunder, sondern vertraut und weiß, dass alles, was Jesus zusagt, auch irgendwie wahr wird. Mitten in einer existenziellen Krise ist sie alles andere als verbittert. In ihrer unerschütterlichen Hoffnung ergreift sie die Initiative. Sie verlässt das Trauerhaus, geht Jesus entgegen, diskutiert mit ihm – unbefangen, aufrichtig und offen – und spricht ihren Glauben aus. Sie bekennt mit Kopf und Herz, bleibt sprach- und handlungsfähig im Angesicht des Todes und wird zum Vorbild für das Leben.

Machen wir uns mit Martha von Bethanien auf den Weg hinein in ihr Haus und mit ihr aufrecht entgegen zum Leben. Entdecken wir die Stärke Marthas, die Tiefe ihrer Überzeugung und wie ihr Glaube trägt.

Für die nachfolgende Biga-Einheit rücken wir drei Schwerpunkte der Erzählung ins Zentrum: Marthas Mental Load[5] und Fürsorge. Marthas mentale Stärke

---

5   Der Ausdruck »Mental Load« (dt. geistige Auslastung) wird seit den 1970er-Jahren in der Wissenschaft als feststehender Begriff für geistige Belastungserscheinungen in Zusammenhang mit Stress diskutiert. Im deutschen Sprachraum werden damit vorrangig die Mehrfachbelastungen bezeichnet, die durch Haushalt und Kindererziehung entstehen. Gemeint sind über die Summe der praktischen Aufgaben hinaus v. a. die Belastungen der alltäglichen Verantwortung für das Organisieren, Planen und Koordinieren von Haushalt, Familie, Beziehungspflege sowie das Auffangen von persönlichen Bedürfnissen und Befindlichkeiten.

und ihr Christusbekenntnis. Und in einem kleinen Exkurs über den biblischen Tellerrand hinaus – Martha, die Drachenbändigerin.

Marthas Mental Load und Fürsorge: Gastfreundschaft wurde in Israel sehr großgeschrieben. Martha lebt diese Gastfreundschaft exemplarisch. Es ist davon auszugehen, dass sie wohl eine relativ wohlhabende, von einem Mann unabhängige Frau war. Sie besaß ein eigenes Haus, das sie Jesus und seinen Anhänger*innen zur Verfügung stellte. Auch ihr Name deutet das an, denn Martha ist aramäischen Ursprungs und bedeutet »Herrin«. Zusammen mit ihrer Schwester nimmt sie Jesus vorbildlich auf. Es gibt viel zu tun. Alles muss vorbereitet werden. Marthas Mental Load ist hoch. Es sind die vielen unsichtbaren To-dos, die in ihrem Kopf ablaufen. An alles denken, was in der Regel nicht direkt abgesprochen, was aber dennoch im Hintergrund geplant, bedacht und umgesetzt werden muss, wenn man Gäste empfängt und Gastfreundschaft lebt. Marthas Fürsorge und dienendes Bemühen um den Gast wird als »unruhiges Besorgt-Sein um vieles« gekennzeichnet. Bei genauerer Betrachtung der Erzählung wird jedoch deutlich, dass es nicht Marthas Fürsorge und Dienstbarkeit ist, die Jesu kritisiert, als sie sich bei ihm über die Untätigkeit ihrer Schwester beschwert, sondern vielmehr ihr Eingenommen-Sein von Sorgen. Der Mental Load lässt nichts anderes mehr zu. Kein Sehen und kein Hören mehr. Stress. Wer kennt das nicht? Der Lärm im Kopf wird so laut, dass wir uns selbst nicht mehr denken hören. Eine Situation, die viele Frauen und Männer kennen dürften, wenn sie versuchen, Beruf, Familie und Haushalt zu managen. Die Erzählung und Jesu Worte erinnern daran, dass aus Fürsorge auch zu wenig »Für« und zu viel »Sorge« werden kann. Die Fokussierung auf das Wesentliche kann verloren gehen. Zu viel Sorge – ein Motiv, das im Neuen Testament und bei Jesus mehrfach wiederkehrt. Und wir finden es auch bei Martin Luther wieder, der den in seiner Selbstsorge gefangenen Menschen als »in sich verkrümmt« bezeichnete. Wer sich ständig sorgt, ist nicht präsent. Jesu Sorgentheraphie lenkt Marthas Konzentration auf das Hier und Jetzt.

Marthas mentale Stärke und ihr Christusbekenntnis: Nach dem Tod des Bruders kommen viele Freunde, um Martha und Maria zu trösten. Vier Tage war er schon tot, als Martha hört, dass Jesus gekommen ist. Sie läuft ihm direkt entgegen. Sie bleibt nicht im Trauerhaus sitzen wie Maria, sondern wird aktiv, steht auf, geht auf ihn zu. Nicht gefangen in der Trauer, wie gelähmt, sondern fokussiert – im Hier und Jetzt. Aufrecht und aufrichtig entgegnet sie ihm fast etwas vorwurfsvoll »Herr, wärst du hier gewesen, mein Bruder wäre nicht gestorben.« (Johannes 11,21) Die Emotionen sind spürbar. Sie spricht sie aus, selbstbewusst.

Gefühle sind wichtig. Sie teilen uns mit, dass etwas passiert. Sie veranlassen uns, aktiv zu handeln. Doch in unserem von Leistung getriebenen Alltag lassen wir diesen manchmal gar keinen Raum. Die Erwartungen an uns selbst sind hoch. Wir wollen niemanden enttäuschen. Wir wollen alles perfekt machen. Wer kennt das nicht? Da werden Emotionen mal schnell beiseitegeschoben. Innerliche Unruhe bis hin zu körperlichen Beschwerden können v. a. bei negativen Emotionen die Folge sein. Martha bleibt nicht beim negativen Vorwurf, sondern beginnt die theologische Diskussion. Jede Aussage Jesu wird dabei von Martha bestätigt und weitergeführt. »Dein Bruder wird auferstehen« – »Ich weiß, dass er auferstehen wird bei der Auferstehung am Jüngsten Tage.« (Johannes 11,23 f.) Der griechische Text macht an dieser Stelle keinen Unterschied zwischen »auferstehen« und »aufstehen«. Es gibt kein theologisches Sonderwort für die Auferstehung. Es folgt Jesu bekanntes »Ich bin die Auferstehung und das Leben« mit der Frage an Martha: »Glaubst du das?« (Johannes 11,25 f.) Kannst du darauf vertrauen, auch angesichts des Todes der Menschen, die du liebst? Martha antwortet mit einem klaren, fokussierten Ja und einem eindringlichen Bekenntnis: »Ja, Herr, ich glaube, dass du der Christus bist, der Sohn Gottes, der in die Welt kommt.« (Johannes 11,27) Die Diskussion, das Gespräch, die Nachfrage Jesu – es hilft. Wie eine Vergewisserung. Keine Zweifel, keine Besorgtheit, keine Zerstreuung. Ganz klar – aufrichtig aufrecht. Und mit dieser Erzählung, mit Martha und ihrem Christusbekenntnis beginnt eine Aufstehbewegung.

Martha, die Drachenbändigerin: In Anschluss an die Evangelien erzählt eine abenteuerliche Legende, wie Martha mit ihren Geschwistern im Zuge erster Verfolgungen in einem Boot flüchtet und in Südfrankreich landet.[6] Dort wandert sie, so die Erzählung, zusammen mit ihrer Magd den Gefahren des fremden Landes mutig entgegen, bis sie nach Tarascon kommt, wo ein Ungeheuer – ein Drache – sein Unwesen treibt. Der Drache verschlingt sowohl Tiere als auch Menschen, zerstört das Land und bedroht die Häuser. Martha gelingt es, den Drachen mit

---

6 Das Standardwerk für Heiligenlegenden im Mittelalter »Legenda sanctorum in uno volumine compilavit« (im Volksmund »Legenda aurea«, »Goldene Legende«) ist in vielen Handschriften und Übersetzungen überliefert. Das Original, das auf den Dominikanermönch Jacobus de Voragine (1228/29–1298) zurückgeht, entstand vermutlich um das Jahr 1264. Jacobus sammelte die unterschiedlichsten Legenden zu einzelnen Heiligen und schuf damit das bekannteste und am weitesten verbreitete religiöse Volksbuch des Mittelalters. Das Buch wurde vor 1500 nicht nur häufiger gedruckt als die Bibel, sondern mit der Weiterverbreitung stetig auch durch Lokalheilige und regionale Legendenerzählungen ergänzt. So wurden die Legenden des Jacobus über viele Jahrhunderte zur wichtigsten Quelle der Heiligenverehrung. Das Buch enthält ein Kapitel zur heiligen Martha.

einem aus Ästen geformten Kreuz und Weihwasser zu bändigen. Der Drachentöter ist ein Motiv, das sich in vielen Mythen, Sagen und Legenden wiederfindet – allerdings fast ausschließlich als männliche Heldengestalt. Symbolisch steht er für Mut und Überwindung des Bösen. Auch im Christentum fand der Drache als Symbol Eingang. Der heilige Georg wird als Drachenkämpfer schlechthin stilisiert. Martha wird vielfach als Parallele zu ihm gedeutet. Anders als dieser tötet Martha den Drachen jedoch nicht, sondern bändigt ihn. Ganz ohne Pferd und ganz ohne Waffen nähert sie sich dem Bösen mit den Zeichen Gottes. Der Kampf mit den irdischen Waffen weicht den geistlichen Waffen. Martha bindet und führt den Drachen an ihrem Gürtel. Die Legendenerzählung führt vor Augen, dass Martha, die häufig vor allem als Hausfrau in unserem bildlichen Gedächtnis gespeichert ist, in Legendenerzählungen und Volksfrömmigkeit ganz anders beschrieben wurde.[7] Letztendlich sind es Figuren, die eine tief im Menschen verwurzelte Angst vor unkontrollierten, bösen Mächten beschreiben. Wer wünscht sich das manchmal nicht: Furchtlos dem, was ich fürchte, entgegentreten. Ängste und Furcht lenken können. Drachenbändiger*in sein und Drachen kontrollieren können, so wie Martha mit Gottes Hilfe.

Praktischer Biga-Teil

Einstiegsübung – Atem der liebenden Hingabe

Sitze in einem bequemen Sitz, WS aufrecht, Hände ruhen auf den Beinen. EA durch den Bauch – AA durchs Herz in die Welt hinein.

Dabei innerlich das Bewusstsein halten: Mögen alle Wesen in allen Welten glücklich und frei sein! Mögen alle Wesen Glück und Harmonie erfahren! (*lokah samastah sukhino bhavantu* – Dieser Spruch ist ein *mangala mantra* = ein Mantra des Wohlwollens, ein Glücks- und Segensmantra. *loka* = Welt; *samasta* = verbunden, vereinigt, im übertragenen Sinn auch Harmonie; *sukha* = Freude, Glück; *bhavantu* = »sie mögen sein«.)

---

[7] Ein Beispiel der Bedeutung der Legende ist der Marthaaltar in der Kirche St. Lorenz in Nürnberg aus dem Jahr 1517, der Szenen aus der Marthalegende und auch die Zähmung des Drachen zeigt.

Höre die biblische Geschichte – Teil 1: Martha – hier und jetzt

Martha ist beunruhigt. Jesus ist zu Gast. Wird das Essen rechtzeitig fertig sein? Wird das Essen für alle reichen? Wird es ihm auch schmecken? Ist der Tisch hübsch gedeckt? Finden alle ausreichend Platz? Gibt es genügend Teller und Gläser? Sie hat so viel zu tun. Ihre Schwester hingegen scheint das gar nicht zu beunruhigen. Maria hat es sich zu seinen Füßen bequem gemacht und lauscht Jesus. Warum hilft sie nicht? Martha beschwert sich. Jesus soll es doch an nichts fehlen. Sag ihr doch, dass sie mir helfen soll. Doch Jesus weist sie ab. Sie war so beschäftigt, dass er ihr den Spiegel vorhielt. »Martha, Martha« beginnt er besorgt und hält ihr vor, dass sie sich um so vieles Sorgen macht und abmüht (Lukas 10,41). Hatte er Recht? Was hatte er vorher eigentlich gesagt, als Maria so andächtig zugehört hatte? Hatte sie das vor lauter innerem Abspulen der Sachen, die noch zu tun waren, ganz überhört? Das Hören sei das Notwendige, das Bestand hat, so Jesus.

Wir sind oft voller Sorgen. Die Gedanken kreisen in unserem Kopf. Vieles muss erledigt werden. Aufgaben, Termine. Wir kommen nicht mehr zur Ruhe. Die Sorge wird zum Begleiter. Sie hat uns fest im Griff. Wir ertappen uns dabei, wie wir noch im Gespräch gedanklich schon wieder bei der nächsten Aufgabe sind und unsere innere To-do-Liste abarbeiten. Dabei verlieren wir das Hier und Jetzt aus den Augen. Jesus lenkt unsere Konzentration auf das Hier und Jetzt. Am Ende seiner Predigt über die Sorgen sagt er: »Darum sorge nicht für morgen, denn der morgige Tag wird für das Seine sorgen. Es ist genug, dass jeder Tag seine eigene Plage hat.« (Matthäus 6,34) Die Herausforderung besteht darin, diese innere Haltung des täglichen Vertrauens einzuüben. Ein Einüben in die Gegenwart. Heute mit Gott leben als Gegenkraft gegen das Sorgen. Welche inneren To-do-Listen kreisen in meinem Kopf? In welchen Situationen bin ich so eingenommen, dass ich das Hier und Jetzt vergesse? Kann ich zuhören? Kann ich mich ganz auf den Augenblick einlassen? Kann ich mich innerlich auf die Gegenwart ausrichten? Kann ich das Jetzt spüren?

Biga-Übung Teil 1

Für Marthas Haushalt bereiten wir die Tische und Stühle mit den gleichnamigen *Asanas* und Variationen. Wie Martha sind wir dabei im jeweiligen Moment, mit dem Blick aufs große Ganze des Raumes und auf die Details im kleinen Einzelnen, wach und aufmerksam. Achtsamkeit meint das Gewahr-Sein auf das, was ist – nicht mehr und nicht weniger. Zugleich kreativ, wie es in einem Familienhaushalt oft gefordert ist. So werden nun die Rückenwellenübungen im Vierfüßlerstand für uns die Tisch-Varianten zum Mobilisieren und die länger gehaltenen Übungen zum Stabilisieren der WS und Handgelenke.

Tisch

1. Vierfüßlerstand, WS mobilisieren: Wechsel »Rückenwelle«, d. h. einige Male weich vom Hohlrücken zum Rundrücken zum Hohlrücken usw. übergehen – schiebe dein Becken nach rechts und links im Wechsel, schaue zur jeweiligen Hüfte – dann kreise dein Becken rechts/links herum – gehe über, mit deiner gesamten WS Schlangenlinien (= Seitwärtsbewegungen) zu ziehen, dabei verlagert sich dein Rumpf vor und zurück, vor und zurück – schwenke das rechte/linke Bein nach hinten hoch und zur Nase nach vorn – hebe dein rechtes/linkes Bein und lasse es kreisen: nach vorn, seitwärts, nach hinten und nach vorn zurück, dann gegengleich: von hinten, seitwärts, nach vorn und wieder nach hinten.

2. Vierfüßlerstand, WS stabilisieren: Nun führe gezielt langsam dein rechtes Bein nach hinten, die Mitte des hinteren Fersenrands leitet die Bewegung, halte für einige AZ das Bein in dieser Position, dann ziehe das Knie zur Nase, spüre den Unterschied mit dem rechten Fuß angezogen oder ballettmäßig spitz, ebenso mit dem linken Bein und Fuß – für dein Gleichgewicht: Hebe das rechte Bein hinten und zugleich deinen linken Arm nach vorn hoch, einige AZ halten und intensiv auseinander dehnen – Wechsel.

3. Variationen der Handstellung im Vierfüßlerstand, die Finger aufgefächert und die Unterseiten der Finger lang dehnen und in den Boden pressen: Finger zeigen nach vorn, verlagere einfühlsam dein Gewicht nach vorn, im Gegenzug presse die Finger zu Boden – Finger zeigen auswärts – Finger zeigen zueinander – Finger zeigen nach hinten Richtung Knie, dies ist die intensivste Dehnung für das Handgelenk, daher behutsam und geduldig aufdehnen.

4. »Verlängerte Tischplatte«/ Seitwärtsdehnung, für Balance und Stärkung: Aus dem Vierfüßlerstand bringe dein Gewicht auf deine linke Hand und dein linkes Bein, öffne deinen Rumpf zur Seite und strecke den rechten Arm Richtung

Vierfüßler als »ausgezogener« Tisch

Decke hoch, das rechte Bein in Verlängerung der WS hoch, sodann führe deinen gestreckten rechten Arm seitwärts über dein Ohr; so bildet deine gesamte rechte Seite eine »verlängerte Tischplatte«.

Tisch oder leichte Variante von Dhanurasana – Brücke oder Bogen

5. Setze dich auf den Boden (alternativ auf einen Stuhl), Hände in etwas Abstand hinter deinem Gesäß abgestützt, Beine hüftbreit angestellt: Lasse deine Knie parallel zueinander, wenn du dein Becken und Brustbein so hoch wie möglich hebst – 1. Variation: Deine Finger zeigen nach außen – 2. Variation: Deine Finger zeigen nach hinten – 3. Variation: Deine Finger zeigen zum Gesäß. Beachte: Deine Knie und Beine bleiben parallel und tendieren nicht nach außen; dazu hilft dir die Feinkorrektur, dass du aktiv die Außenseite der Beine und des Beckens zur Decke ziehst.

6. Tisch wiederholen und »die Tischplatte ausziehen«: Aus der Tisch-Haltung, die dem umgekehrten Vierfüßler entspricht, hebe dein rechtes Bein und verlängere es in Körperlinie in den Raum hinein, ziehe aktiv die Beinmuskeln an die Knochen. Wechsle mit der spitzen und der geflexten Fußstellung – Wechsel der Beine.

7. Tisch wiederholen, dazu die Beine ausstrecken *Purvottanasana* (= schräge Ebene). Hebe dazu dein Becken so hoch wie möglich, damit nichts vom Tisch rutscht.

Schräge Ebene als »ausgezogener« Tisch

Utkatasana – Stuhl

Tadasana, Beine und Füße zusammen: So als ob du dich auf einen Stuhl niedersetzen möchtest, senke dein Gesäß und hebe dabei die Arme gestreckt nach vorn hoch, soweit es dir möglich ist, senke auch noch mehr dein Gesäß (meist

ist man damit etwas »sparsam«). Beachte: Um ein Hohlkreuz zu vermeiden, runde deinen unteren Rücken, indem du deine Sitzknochen mit den Fersen verbindest. Tief EA, tief AA! Alternative fürs Gleichgewicht: Finde mit deinem Gesäß Halt an der Wand.

Auch wenn Asanas anstrengend für dich sein sollten, praktiziere diese mit Liebe und Freundlichkeit für dich und für dein Üben, entsprechend der positiven Qualität von *maitri* = Freundlichkeit, Freundschaft. Das YS 1,33 erwähnt *maitri* als eine von vier positiven Eigenschaften, welche helfen, Geistesstille herbeizuführen. Die anderen positiven *bhavanas*/Eigenschaften sind: *mudita* = Freude, Mitfreude; *karuna* = Mitfühlen, Mitgefühl (»Mitleid« ist eher unzutreffend); *upeksha* = Gelassenheit, Gleichmut, Nichtbeachten, Ignorieren, Geduld.

Stuhl

Höre die biblische Geschichte – Teil 2: Martha – Leben

Vier Tage war er nun schon tot. Lazarus, der geliebte Bruder. Ganz plötzlich war er krank geworden und verstorben. Da saßen sie nun in ihrem Haus. Freunde waren gekommen, um sie zu trösten. Aber wo war eigentlich Jesus? Einer der Freunde erzählte, dass er auf dem Weg war und gleich ankommen müsste. Nichts konnte Martha nun aufhalten. Raus aus dem Trauerhaus. Sie musste ihm entgegenlaufen, ihm berichten. Er musste doch helfen können. Kein Weinen mehr, kein Klagen. Sie rannte los. Da sah sie ihn. Wo warst du? Ich weiß doch, dass du helfen kannst. Wenn du Gott bittest, gelingt alles. Er wird auferstehen, sagst du? Das weiß ich doch. Du bist das Leben und die Auferstehung. Ja, du bist der Christus. Darauf vertrau ich – daran glaub ich. Das ist sicher. Egal was kommen mag. Wer daran glaubt, wird leben. (Vgl. Johannes 11,1–45)

Martha tritt Jesus selbstbewusst entgegen. Vier Tage war der Bruder tot. Drei Tage lang, besagt ein jüdischer Spruch, versucht die Seele in den Körper zurückzukehren. Dann ist der Mensch tot. Aber Martha gibt nicht auf. Sie ist stark. Sie besitzt mentale Stärke. Raus aus der Trauerblockade. Aufstehen. Sie begegnet Jesus. Seiner Zusage. Dem Leben. Was lässt mich aufstehen? Was bringt mich aus der Blockade? Was gibt mir mentale Stärke? Worauf kann ich vertrauen? Wo spüre ich das Leben? Wo lasse ich mich heraus- und mitreißen?

Biga-Übung Teil 2

Martha hat einen unerschütterlichen Glauben und ein unbeirrbares Vertrauen, im YS 1,20 *shraddha* genannt. Um sich täglich in die Verbindung mit dem göttlichen Licht einzustimmen, zu verbinden und es auch zu verehren, beten viele Hindus und Yogis bei Sonnenaufgang *surya namaskar,* den Sonnengruß. Das dazugehörige Mantra ist das älteste tradierte indisch-vedische Mantra: das *Gayatri Mantra,* Gebet und Anrufung an das Göttliche Licht. Es gilt als wichtigstes Gebet, das kraftvoll und so fähig ist, den Suchenden zur Befreiung aus dem ewigen Kreislauf der Wiedergeburten zu führen. Das Symbol der Sonne steht für die lebensspendende Kraft der göttlichen Sonne, der Urquelle des Lebens. *Gayatri* bezeichnet auch die Göttin *Savriti,* die über dieses Mantra regiert.

»om bhur bhuvah svah – tat savitur varenyam – bhargo devasya dhimahi – dhiyo yo nah pracodayat« (»Aus der Einheit, dem Ursprung allen Seins manifestieren sich die drei Ebenen der Existenz, deren alldurchdringende strahlende Essenz wir verehren, möge dieses Licht unseren Geist erleuchten und unsere Meditation zur Wahrheit führen!«[8])

Adho Mukha Svanasana und Urdhva Mukah Svanasana im Wechsel – nach unten und nach oben schauender Hund

Vorbereitung auf den Sonnengruß: dynamischer Wechsel *Adho Mukha Svanasana*/nach unten schauender Hund (= AMS) und *Urdhva Mukha Svanasana*/nach oben schauender Hund (= UMS). Stelle dir einen Stuhl an die Wand, greife die Stuhlfläche an dessen Außenkante und laufe so weit zurück, dass deine WS mit dem Kopf und den Armen eine Linie bilden, dein Gesäß spitz nach oben. Die Haltung ähnelt einem umgedrehten V. Die Kraft der Beine führt durchgängig die Bewegung zu UMS und wieder zurück in AMS. – Dazu: Rolle über deine Fußzehen,

---

8 Übersetzung und ausführliche Informationen dazu vgl. www.vedanta-yoga.de

schiebe dein Brustbein nach vorn durch beide Oberarme, deine oberen Oberschenkel landen an der vorderen Stuhlkante, ziehe in dieser Position von UMS mit deinem Scheitelpunkt und mit den Innenseiten der Oberschenkel in Richtung Decke, deine Schulterblätter gleiten an den Rippen nach unten, dadurch schaffst du Raum und Länge für deinen Hals – mit Kraft in den Beinen rolle über die Fußspitzen zurück in AMS.

Alternative: Wenn dir das Rollen über die großen Fußzehen nicht möglich ist, dann stelle eine Fußspitze nach der anderen auf die Zehenrückseite. Einige Male den Wechsel wiederholen. Übe nun den Wechsel der Hunde mit den Händen auf dem Boden.

Fließender Wechsel – nach unten und nach oben schauender Hund

Surya Namaskar/Sonnengruß (= SG)

Surya Namaskar ist eine Abfolge von *Asanas* in Kombination mit dem Atem. Vorgestellt wird der klassische SG.[9]

Tadasana/Berg – EA in *Urdhva Hastasana*/Berg mit Händen nach oben: Strecke die Arme nach oben – AA in *Uttanasana*/Vorwärtsstreckung: Beuge und strecke den Rumpf nach unten – setzte das linke Bein zurück in den großen Ausfallschritt – EA – hebe den Kopf – AA – stelle das rechte Bein neben das linke Bein, sodass dein Körper ein langes Brett bildet – EA mit Kopf heben – langes AA, wenn du dein Gesäß hebst, um gleichzeitig Knie, Brust und Kinn abzusenken, sodass nun acht Punkte deines Körpers den Boden berühren: 2 Füße, 2 Hände, 2 Knie, Brustbein und Kinn, sodann mit dem restlichen AA den Acht-Punkt-Stand weiterführen in *Bhujangasana*/die Kobra, hier EA – AA in *Adho Mukha Shvanasana*/Hund mit dem Kopf nach unten: Rolle schwungvoll aus der Kobra über die Fußzehen, bringe dazu dein Gesäß zuerst zu den Fersen, dann strecke die Beine, Füße parallel, schiebe kräftig die Hände in die Unterlage, um dein Gewicht auf die Beine zu verlagern – EA – Kopf heben – AA – setzte dein linkes Bein vor zum großen Ausfallschritt – EA – Kopf heben – AA – schwinge dein hinteres Bein nach vorn zu *Uttanasana*/Vorbeuge – EA – mit gestreckten Armen richte dich auf zu *Urdhva Hastasana* – AA seitlicher Armkreis, die Hände ans Brustbein zu *Namasté*/Gebetshaltung.

Wiederhole den Zyklus, gern auch abwechselnd: einmal das rechte Bein zuerst nach hinten, beim nächsten Durchgang das linke Bein zuerst nach hinten etc. Hilfe: Wenn du es nicht schaffst, aus *Adho Mukha Shvanasana*/nach unten schauender Hund ein Bein nach vorn zu schwingen, so erlaube dir, ein Knie abzusetzen, den Rumpf etwas zu heben und so das Bein nach vorn zu bringen. Fühlen sich die Beine zunächst steif an, so werden sie und alle Gelenke im Laufe der Zyklen und der täglichen Wiederholung geschmeidiger und gedehnter, Beine, Arme, Finger lassen sich zunehmend strecken.

---

9 Es gibt daneben Varianten, wie beispielsweise in anstrengender Form mit *jumpings* = in die Hundeposition hinein und zurückspringen und der Liegestütz/die Bretthaltung statt dem Acht-Punkte-Stand und dem Hund mit dem Kopf nach oben statt der Kobra, oder erweiterte Formen, wenn in der Mitte des SG Stehhaltungen eingebaut werden. Eine abgeschwächte Variante des SG auf dem Stuhl findet sich in dem Buch von Willem Wittstamm. Vgl. dazu Wittstamm 2016a, S. 31–35.

Andrea König und Carola Spegel (Biga-Übungen)

Sonnengruß

Höre über die biblische Geschichte hinaus –
Teil 3: Martha, die Drachenbändigerin

Da waren sie nun in einem fremden Land – fremde Bedrohungen. Ein Drache, so sagten sie, der alles Böse in sich vereint – gefährlich, bedrohlich, zerstörerisch. Alle hatten versucht, mit purer Gewalt dagegen vorzugehen. Dabei brauchte es nicht viel. Martha bog ein Kreuz aus zwei Ästen und vertraute darauf. Die Gefahr war gebannt. Ganz ohne Gewalt. Ganz im Vertrauen auf Gott.

Oft lassen wir uns von äußeren Situationen einschüchtern. Ängste leiten uns. Sie bauen sich auf zu einer kaum mehr zu bändigenden Bedrohung – wie ein Drache, der alles verschlingt. Wie reagieren wir? Schlagen wir mit purer Gewalt um uns? Sehen wir nur noch einen Schlund, der alles zu verschlucken droht? Oder treten wir der Situation selbstbewusst entgegen? Sind wir sortiert und vertrauen auf Zusagen? Wann lasse ich mich aus der Ruhe bringen? Wann verliere ich den Blick? Wie kann ich fokussiert bleiben und Mut fassen, Situationen anzugehen?

Biga-Übung Teil 3

Martha hat ihren Drachen gezähmt und nutzt ihn für sich. Damit steht sie in Verbindung mit ihren Seelenkräften und ihrer inneren Weisheit. Sie *weiß*, daher rührt auch ihre Sicherheit in Jesu Kräfte für ihren verstorbenen Bruder Lazarus. Mit Marthas Drachen üben wir den Yoga-Drachen, natürlich mit vorbereitenden Phasen.

Andanda Balasana – Happy Baby – Glückliches Kind

Rückenlage, die Beine zum Bauch angezogen, Unterschenkel senkrecht zur Decke ausgerichtet; die Intention ist, beide Knie so nah wie möglich an die Achseln zu bringen, evtl. an den Achseln vorbei zum Boden: Greife die Fußaußenkanten oder die Unterschenkel und ziehe die Beine und Knie nach unten zu deinen Achseln; halte nur den rechten Fuß/Unterschenkel fest, stelle das linke Bein auf, schiebe dann mit der Mitte des linken Fersenrands den Fuß weg von dir, dein linkes Bein streckt sich so, dass die Mitte der Kniescheibe und die Zehen zur Decke hin zeigen – Wechsel.

Glückliches Kind

Vorstufe von Kapotasana – Taube

Aus dem Vierfüßlerstand schiebe dein rechtes Knie nach vorn, den rechten Fuß positioniere zur linken Beckenseite hin. In der Endhaltung der Taube liegt das Schienbein des vorderen Beines parallel zum vorderen Mattenrand, was allerdings nur möglich ist, wenn die Hüfte und das Knie diese Öffnung schmerzfrei erlauben. Stütze dich nun auf deine Unterarme und lasse Stück für Stück dein Becken sinken – Wechsel.

Vorübung zur Taube

Anjaneyasana – Drache

Die Drachenhaltung ist ein erweiterter großer Ausfallschritt. Baby-Drache: Beginne im Vierfüßlerstand, setze den rechten Fuß neben die rechte Hand, Knie bleibt über der Ferse, schiebe dann das linke Bein weit zurück, das Becken sinkt mehr und mehr ab, bis du eine Öffnung im linken Oberschenkel, Hüftbeuger und Leistenbereich spürst. Variiere die Hände: Mit den Fäusten aufgesetzt – mit den Handflächen auf dem Boden – Finger zeigen nach vorn, zur Seite, nach hinten – Wechsel der Beine.

Spiele mit deinem Drachen: Tieffliegender Drache – Nimm erneut den großen Ausfallschritt ein, lege die Unterarme auf den Boden oder auf zwei Yoga-Klötze, Finger gefaltet. Du spürst, dass sich die Dehnung im hinteren Bein verstärkt – Wechsel der Beine.

Fliegender Drache: Wie oben, stelle deinen hinteren Fuß auf, halte den Rumpf parallel zum Oberschenkel und strecke die Arme zu den Seiten wie zwei Flügel – halten und tief EA, AA – Wechsel der Beine.

Hochfliegender Drache: Wie oben – hebe den Rumpf und stütze dich mit den Händen auf deinem rechten Oberschenkel ab, schiebe diesen nach vorn und ziehe gleichzeitig deinen rechten Unterbauch vom Oberschenkel weg, mit Tendenz nach oben. Das gibt Raum in der Leiste, verlängert den LWS-Bereich und schützt vor einem Hohlkreuz – Wechsel der Beine.

Gedrehter Drache: Wie oben – rechtes Bein vorn, linke Hand bleibt aufgestützt, rolle auf die rechte Fußaußenkante, lege die rechte Hand ans rechte Knie, drehe den Oberkörper nach rechts und schaue zum hinteren Fuß – Wechsel der Beine.

Geflügelter Drache: Wie oben – rolle auf dem vorderen rechten Fuß auf die Außenkante, stütze den linken Unterarm auf dem Boden ab, dein Rumpf lehnt sich so auf die linke Seite – lege die rechte Hand an die Innenseite des rechten Knies und schiebe es weg vom Rumpf – Wechsel der Beine. Beachte: Diese Bewegung kommt aus dem Hüftgelenk und nicht aus dem Knie.

Hanuman-Drache = Spagat-Drache für Dehn-Freaks: Wie oben – unterstütze für die Spagat-Haltung die Unterseite des vorderen Beines, nah am Becken, das erlaubt dir, in der intensiven Dehnung mehr loszulassen. Als Unterlagen kannst du 1–2 dicke Polster verwenden oder Yoga-Klötze aufeinanderstapeln, so viel, wie du benötigst, um dich nicht zu verletzen.[10]

Geflügelter Drache

Ausklang

Adho Mukha Sukhasana – Vorwärtsstreckung im Schneidersitz als dienender Drache

Sukhasana als enger Schneidersitz, die Füße liegen hierbei unter den Knien, beuge den Rumpf nach vorne, lege die ausgestreckten Arme mit den Unterarmen auf dem Boden ab, die Handflächen zur Decke geöffnet; unterstütze deinen Kopf/ deine Stirn mit einem Bolster oder Yoga-Klötzen mit einer Decke gepolstert – verweile und atme tief ein und aus – Wechsle die Beinhaltung. Alternative: Embryo- oder Kindshaltung, dazu sitze auf deinen Fersen, beuge dich vor, lege deine Arme vor dich auf den Boden, Handflächen zur Decke geöffnet.

Hingabe und Dienen mögen auf den ersten Blick »demütig« erscheinen (mit der Konnotation »demütigend«), letztendlich impliziert diese innere Grund-

---

10 Die Drachenübungen sind entnommen aus Helga Baumgartner: Yin Yoga. Achtsames Üben für innere Ruhe und Entspannung. München 2016. Yin Yoga entspringt einer alten Tradition, die in den letzten Jahren neu entdeckt und als eine »weibliche«, weil hingebungsvolle Übungsform zum »männlichen« Yang Yoga weiterentwickelt wurde. Intensive Dehnübungen werden mit genügend Unterlagerungen gut 5 Minuten oder länger gehalten mit der Qualität eines vollkommenen inneren Loslassens und Weich-Bleibens.

haltung zugleich eine Bereicherung: Ich empfange, dass das Göttliche durch mich wirken kann. (Möglichkeit: Bildbetrachtung der Skulptur von Ernst Barlach: Die russische Bettlerin)

Mit Martha erheben wir uns wieder, stehen aufrecht im Leben. Gemeinsam mit ihr und der urchristlichen Jünger*innen-Gemeinschaft in ihrem Heim sprechen wir eine Neuübersetzung des Vaterunsers (nach Neil Douglas-Klotz 2007); lausche dabei nach jeder Zeile dem Inhalt und deinem Atem nach und spüre, wie du diese göttliche Wirkkraft durch deinen drachenfeurigen, dornbuschartig brennenden Atem in die Welt hineingibst:

»O Gebärer(in)! Vater-Mutter des Kosmos.
Bündele das Licht in uns – mache es nützlich:
Erschaffe dein Reich der Einheit jetzt.
Dein eines Verlangen wirkt dann in unserem – wie in allem Licht, so in allen Formen.
Gewähre uns täglich, was wir an Brot und Einsicht brauchen.
Löse die Stränge der Fehler, die uns binden, wie wir loslassen, was uns bindet an die Schuld anderer.
Lass oberflächliche Dinge uns nicht irreführen, sondern befreie uns von dem, was uns zurückhält.
Aus dir kommt der allwirksame Wille, die lebendige Kraft zu handeln, das Lied, das alles verschönert und sich von Zeitalter zu Zeitalter erneuert.
Wahrhaftig – Lebenskraft diesen Aussagen!
Mögen sie der Boden sein, aus dem alle meine Handlungen erwachsen.
Amen. In Liebe.«[11]

Marthas Segen

Schließe die Augen mit Martha
auf beiden Füßen stehend
aufrichtig
aufrecht
Gott in die Augen sehen
präsent sein
offen, kraftvoll
frei für Bewegungen
Spüre die Haltung
Stille
für dich
ganz allein
hier und jetzt
Sei gesegnet
Bleibe behütet
Auf all deinen Wegen

---

11 Erklärungen und Meditationen zum aramäischen Vaterunser (= VU) vgl. Neil Douglas-Klotz: Das Vaterunser. Meditationen und Körperübungen zum kosmischen Jesusgebet. München ²2007.

Maria Magdalenas Weg zum Leben – Sterben und Neuanfang

Andrea König und Carola Spegel (Biga-Übungen)

Einführung

Maria Magdalena ist eine der schillerndsten Figuren der christlichen Traditionsgeschichte und eine der berühmtesten biblischen Frauen. Wie keine andere regte sie die Fantasie der Menschen damals und heute an. Die Evangelien verraten allerdings nur wenig über sie. Einige biblische Hinweise lassen darauf schließen, dass sie zu einer Gruppe von Frauen gehörte, die zusammen mit den Jüngern Jesus nachfolgte. Überliefert ist auch, dass sie Jesus von Anfang an in Galiläa bis zu seinem Tod begleitete. In der Begegnung mit dem Auferstandenen nimmt sie eine ganz besondere Rolle ein. Jesus erscheint zuallererst ihr – einer Frau – und sie ist es auch, die den Jüngern die frohe Botschaft überbringt. Das macht sie zur einzigen Person der Bibel, die den Weg Jesu kontinuierlich begleitet. Nach den Evangelien ist allein sie es, die den Verlauf gestorben – begraben – auferstanden auch bezeugen kann.[1]

An der Seite Jesu erlebt Maria Magdalena einschneidende Wendepunkte in ihrem Leben. Sie muss mit ansehen, wie Jesus gekreuzigt und sein Leichnam vom Kreuz geholt wird. Am Ostermorgen steht sie weinend und fassungslos am leeren Grab. Es ist eine anrührende Geschichte, wie sie das Johannesevangelium auf ganz eigene Weise erzählt[2] – eine bewegende und gleichzeitig bewegte Geschichte. Der Evangelist nimmt uns tief hinein in das innere Erleben

---

1   Zur Maria-Magdalena-Tradition im Neuen Testament und Rekonstruktion des christlichen Ursprungs der Bedeutung Maria Magdalenas vgl. ausführlich z. B. Andrea Taschl-Erber: Maria von Magdala – erste Apostolin? Joh 20,1–18: Tradition und Relecture (HBS 51). Freiburg u. a. 2007.
2   Das Johannesevangelium ist in jeder Hinsicht anders. Es beginnt anders als die anderen Evangelien, es liest sich anders und weist Inhalte auf, die sich in den anderen Evangelien nicht finden. Der Textabschnitt 20,11–18 gehört zu den Texten, die von der Auferstehung Jesu erzählen. Anders als die synoptischen Evangelien (Markus, Matthäus, Lukas), die von mehreren Frauen am leeren Grab berichten, spricht das Johannesevangelium ausschließlich von Maria Magdalena.

Maria Magdalenas und bringt sie uns in den Bewegungen und der Wende, die sie vollzieht, ganz nah.

In Kapitel 20 wird erzählt, wie Maria sich auf den Weg zum Grab Jesu macht. Sie kommt allein ans Grab und es ist noch dunkel. Als sie sieht, dass der Verschlussstein vor dem Grab weg ist und daraus schlussfolgert, dass das Grab leer sein muss, läuft sie zu Petrus und dem Lieblingsjünger zurück, um davon zu berichten. Die Jünger machen sich selbst auf den Weg, um sich ein Bild zu machen. Sie blicken in das leere Grab. Dann gehen sie wieder heim. Maria ist ihnen gefolgt. Erneut steht sie am Grab und weint. Dann folgt die Begegnung mit dem Auferstandenen. Kein trostloses Ende, sondern eine Lebenswende. Wie aus der Herzensschwere Federleichtes wird, lässt sich in der Erzählung Marias am leeren Grab mitreißend lesen.

Ganz wie Maria Magdalena ergeht es uns auch im Laufe des Lebens. Immer wieder werden wir mit neuen Situationen und Veränderungen konfrontiert, sowohl persönlich als auch beruflich. Wir erleben neue Lebensumstände, neue Berufsumstände, neue Familienkonstellationen. Wir erfahren das Älterwerden und immer wieder Neuausrichtungen. Es sind Wendepunkte, die das Leben mit sich bringt. Manche Situationen erleben wir dabei kritisch. Das Alte und Bewährte funktioniert plötzlich nicht mehr, das Neue ist noch nicht erkennbar. Wir fühlen Unsicherheit, Stress, Angst oder finden uns schlicht in einem Gefühlschaos wieder. Wir tragen Lasten auf den Schultern, in unseren Herzen und sehnen uns nach Leichtigkeit.

Es ist eine bewegte Geschichte, die sich besonders auch über Bewegungen erfassen lässt. An den Bewegungen der Personen lässt sich im ganzen Kapitel 20 die innere Bewegung, die die Osterereignisse in ihnen auslösen, ablesen. Die Bewegungsabläufe verraten etwas über den Prozess der Wandlung von Trauer zur Freude über die Auferstehungsbotschaft. Die Dynamik ist beim Lesen spürbar. Am Anfang und am Ende der Erzählung steht das ruhige Ankommen. Dazwischen sind alle nur vorstellbaren Gemütsbewegungen von Hektik, über Lethargie, Sich-Beugen bis hin zur Kehrtwende beschrieben.

Die Eigenheit des Johannesevangeliums zeichnet sich auch dadurch aus, dass es theologische Akzentsetzungen durch räumliche Erzählkomponenten ausgestaltet. Maria kommt ans Grab, läuft davon, kehrt wieder. Damit beginnt das Ringen um das rechte Verständnis des Geschehens und Wahrgenommenen, das schließlich mitten hinein in den Osterglauben führt. Die räumlichen Komponenten symbolisieren die inneren Wege, die Maria auf dem Weg hin zum Glauben zurücklegen muss. Auch die Wegstrecke zwischen dem Grab und dem Haus der Jünger versinnbildlicht die Distanz zwischen Nicht-Glauben und Glauben ebenso wie der Wechsel zwischen Innen und Außen am Grab. Die Auferstehungserfahrung kommt wortwörtlich dazwischen – und zwar auch in von Angst verschlossenen Räumen. Es ist die Angst überwindende Kraft des Ostergeheimnisses.

Für die nachfolgende Biga-Übung rücken drei Schwerpunkte in den Mittelpunkt: Maria Magdalenas Emotionswanderung. Die Magdalenensekunde. Maria Magdalenas Weg ins Leben.

Maria Magdalenas Emotionswanderung: Maria kommt noch in der Dunkelheit zum Grab. Es ist kein ungefährliches Unterfangen, denn die Kreuzigung war die Todesstrafe der Römer für politische Unruhestifter*innen. Für Familienangehörige und Freunde bedeutete dies, dass Bestattungen und Trauer untersagt und im Fall des Nicht-Einhaltens empfindliche Strafen drohten. Schnell, aber ruhig bewegt sich Maria Magdalena dennoch durch die Nacht zum Grab. Doch mit der Ruhe ist es schnell vorbei, als sie entdeckt, dass der Stein am Grab fehlt. Die Feststellung allein – ohne Blick ins Grab – reicht aus, um alles in ihr in Unruhe, ins Wanken zu bringen und alles, was sie bisher gedacht, geglaubt und gefühlt hat, auf den Kopf zu stellen. Sie beginnt zu laufen, Eile, schnell in eine andere Richtung. Der Weg verselbstständigt sich. Hin und wieder zurück, um den Jüngern zu berichten. Dann erneut zum Grab. Das Tempo erhöht sich. Es ist wie eine emotionale Wanderung, die sie wortwörtlich durchläuft.

Die Magdalenensekunde: Weinend steht Maria Magdalena am Grab. Beim zweiten Mal beugt sie sich in das Grab hinein. Zwei Engel sitzen da, wo der Leichnam gelegen hatte und fragen nach dem Grund ihres Weinens. Sie dreht sich um und sieht Jesus dastehen, erkennt ihn aber nicht und hält ihn für den Gärtner. Die unverhoffte Wendung findet ihren erzählerischen Ausdruck darin, dass Maria sich vom Grab weg hin zu Jesus »umkehrt«. Er ruft sie bei ihrem Namen und bewegt sie dadurch zum Umwenden. Jene »Magdalenensekunde«[3], wie der Schriftsteller Patrick Roth sie nennt, ist der entscheidende Wendepunkt, an dem die Weinende und der Lebende, an dem Mensch und Gott einander zugewandt sind. Indem sie den Auferstandenen erkennt, kann Maria selbst zum Leben auferstehen.

---

3   Der Schriftsteller und Regisseur Patrick Roth veröffentlichte 2002 eine Erzählung mit dem Titel »Magdalena am Grab« (2003 veröffentlicht im Insel Verlag, Frankfurt am Main). Es ist eine interessante Interpretation, die Roth vorlegt, denn er nimmt dabei die biblische Erzählung sehr genau und bemerkt, wie Maria sich mehrfach wendet. Das Angesprochen-Werden Marias löst ein sekundenschnelles Wiedererkennen aus – einen Augenblick intimster Nähe und Verbundenheit, den der Autor als »Magdalenensekunde« bezeichnet.

Maria Magdalenas Weg ins Leben: Maria Magdalena ist die erste und einzige Frau im Johannesevangelium, die mit ihrem Namen angesprochen wird. Das Wiedererkennen Jesu wird so für sie zur Erkenntnis des Ostergeschehens. Jesus reagiert auf Marias Anrede mit der Aufforderung »Halte mich nicht fest!« Luther übersetzt hier: »Rühre mich nicht an!« (Johannes 20,17) Die im Griechischen verwendete Verneinung mit Imperativ fordert zum Abbruch einer Handlung auf, die treffender mit »Halte mich nicht fest!« übersetzt werden kann. Die Zurückweisung Jesu kann demnach so gedeutet werden, dass er zum Vater aufsteigen wird. Demnach ist Maria nach dieser Erzählung die einzige Osterzeugin. Es folgt der Auftrag Jesu an Maria, den Jüngern davon zu berichten. Maria folgt dem Auftrag und »geht verkündigend«, wie es wörtlich heißt (vgl. Johannes 20,17). Ihre Botschaft: »Ich habe Jesus den Lebendigen gesehen.« (vgl. Johannes 20,18) Dabei handelt es sich um einen Ausdruck, der innerbiblisch einen Apostel definiert. Sie ist die Apostolin, die die Botschaft weiterträgt. Das ist ihr Weg zurück ins Leben.

Bei Wendepunkten im Leben kann man vertrauen, aufstehen, sich aufmachen und gehen oder aber auch rückwärts schauen, stehen bleiben und erstarren. Häufig kennen wir beides. Über Wendepunkte im Leben reden, nachdenken und diesen nachspüren vollzieht sich meistens zwischen diesen beiden Polen und Erfahrungen von Aktivität und Passivität. In der Bibel ergeht es so auch Maria Magdalena.

Praktischer Biga-Teil

Es gibt extrem herausfordernde und unerträgliche Lebenssituationen. In einem emotionalen Auf und Ab ist es schwierig, einen Ausgleich oder eine Art von Sinnhaftigkeit zu finden. Maria Magdalena kann uns ein Lied davon singen. Ihre Geschichte bewegt sich in den Polen höchster Liebe von und zu Jesus bis hin zu innerem (Mit-)Sterben. Mit Jesus hing auch ihre Liebe am Kreuz. Welch schmerzhafter Prozess, aus dem es kein Ausweichen und Wegrennen für sie gibt. Einzig aushalten.

Wenn uns innere Aufruhr umhertreibt oder wir uns »geladen« fühlen, wie Maria Magdalena, können wir nicht auf Befehl einfach ruhig werden, atmen, meditieren. Mit Zwang erreichen wir gar nichts. Sich zur Tätigkeit oder zur Entspannung zwingen zu wollen, wird nur schlechte Ergebnisse oder den Geschmack eines Unbefriedigtseins hinterlassen. In Stress und Unruhe will sich unser Körper und unser NS erst einmal der Spannungen entladen. Daher beginnen die Yoga-Übungen an dieser Stelle mit dynamischem Ausklopfen, Ausschütteln und intensivem Atmen. Für den Gebrauch des Atems im Alltag wisse: Bei Erschöpfung und Schlappheit hilft bewusstes, tiefes und langes EA in den

Brustbereich; bei Überdrehtheit, Nervosität und Anspannung wirkt bewusstes, tiefes und langes AA bis in den Unterbauch hinunter. Unser Gemüt hellen wir auf mit allen Übungen, die unser Brustbein heben, dehnen und weiten. »Sich mit Maria winden und drehen« – diese Drehübungen massieren nicht nur unsere inneren Organe, sondern schulen unseren (oft eingeschränkten, nur nach vorn ausgerichteten) Blick für neue Richtungen, Aspekte und Perspektiven, gewissermaßen für eine Rundumschau.

Hinweis: Die meisten Vorschläge der Übungen zu Maria Magdalena können sogar auf und mit bzw. auf dem Stuhl ausgeübt werden als Alternative für eher steife Körper oder zum Schonen bei Gelenkproblemen.[4]

Einstiegsübung – Ablassen von Spannungen

Im Stehen, sich selbst alle Körperteile ausklopfen, mit Fäusten oder flachen Händen: Beginne an den Füßen – den Waden – Oberschenkel vorn, außen, hinten, innen – gehe weiter zum Gesäß und Rücken (so weit wie möglich) – von den Schultern den linken, den rechten Arm herunter und wieder herauf – Gesichtspartien und Kopf. Achte stets darauf, wie stark oder weniger stark dein jeweiliger Körperbereich das Klopfen verträgt. Gehe liebevoll mit dir in Kontakt.

Sich ausschütteln – schüttle einzelne Körperteile nacheinander aus: die Füße – Knie seitwärts schwenken, dann vor und zurück; schließlich Knie kreisen – stehe in einer kleinen Grätsche, Knie etwas gebeugt und schwenke ebenso dein Becken seitwärts, vor und zurück, links herum kreisen, rechts herum kreisen – probiere diese Bewegungsmöglichkeiten auch mit deinem Brustkorb, stütze dabei die Hände auf dein Becken auf und fixiere dieses, damit nur deine Brust kreist ohne Beckeneinsatz – verfahre ebenso mit den Schultern – Ellenbogengelenken – Handgelenken.

Bei großer Nervosität empfehlen sich kurze, stoßweise Wipp-Bewegungen: Mit den Füßen, dann mit den Knien. Wenn du dabei die Schultern völlig lockerlässt, so schwingen sie sich sogar in das Wippen mit ein. Je länger du dieses stoßartige Wippen aushältst, desto intensiver wirst du danach ein energiereiches Strömen in deinem Körper erleben.

Stoßatmen, sitzend oder stehend: Lege deine Hände in *Namasté* an dein unteres Brustbein an, tief EA, tief AA. Einatmend führe die Hände nach oben, ausatmend öffne die Arme diagonal zu einem 60 -Winkel. Bei sehr verspannten Schultern strecke die Arme nicht senkrecht bzw. diagonal hoch, sondern schräg nach vor. In

---

[4] Zwei praxistaugliche Bücher zu Stuhl-Alternativen: Willem Wittstamm: Hallo Alter. Lebenslust und Spannkraft mit Yoga50plus. Clenze 2016a; Willem Wittstamm: Yoga für Späteinsteiger. München [3]2016b.

einer ersten Runde übe mit Fäusten, wobei die eingerollten Finger in den Raum nach vorn ausgerichtet sind, die ausgestreckten Daumen zeigen zueinander. In einer zweiten Runde übe mit ausgestreckten Fingern und sich anschauenden Handflächen. Halte die Arme aktiv gestreckt, wenn du nun 30–60 Sekunden lang mit jedem kurzen AA durch die Nase (!) die Daumen ruckartig bzw. stoßartig zusammenbringen möchtest. Aber: Die Daumen bzw. die Handflächen bewegen sich immer nur ca. 30 Zentimeter zueinander, dann finden sie schnell zu ihrer Ausgangsposition zurück. Du merkst, dass sich dazu deine innere Muskulatur aktiviert: Ziehe den Beckenboden gemäßigt nach oben, die Bauchdecke nach innen. Beides bietet dir die nötige Stütze für diese Variante des Feueratmens/*kapalabhati*.

Variation vom Feueratem im Stehen

Höre die biblische Geschichte – Teil 1: mit Maria in Bewegung

Es ist noch dunkel, als Maria sich am frühen Morgen auf den Weg macht. Sie ist allein. Mit entschlossenen Schritten bewegt sie sich fort. Es kam nicht ganz aus heiterem Himmel. Seine Andeutungen. Und nun war er tot. Hingerichtet hatten sie ihn. Grausam und brutal am Kreuz wie einen politischen Unruhestifter. Im Dunkeln muss sie sich auf den Weg machen, um nicht gesehen zu werden. Dann steht sie plötzlich am Grab. Hier haben sie ihn hineingelegt. Aber der Stein ist weg. Was nun? Kein Blick hinein. Schnell umdrehen. Zurück zu den anderen. Sie läuft – den ganzen Weg zurück, um Petrus und dem Lieblingsjünger davon zu erzählen. Sofort laufen sie los. Zum Grab. Einer schneller als der andere. Maria hinterher. Den gleichen Weg, die gleiche Strecke nochmals. Die beiden gehen in das Grab, kommen heraus und gehen wieder. Maria ist allein. Nun steht sie wieder da. Vor dem Grab. Allein. Und sie weint.

Maria Magdalenas Weg zum Leben – Sterben und Neuanfang

Manchmal tut das Leben weh. Wir weinen, fühlen Ohnmacht, Verzweiflung, Hoffnungslosigkeit. Manchmal sind wir wütend, hadern, klagen an, ziehen uns zurück oder verfallen in übermäßige Aktivitäten. Innere Unruhe, Anspannung, Stress, Rastlosigkeit und Nervosität machen sich breit. Wenn mein Inneres durch Erlebtes aufgewühlt ist, wenn ich durcheinander bin: Wie komme ich wieder zur Ruhe? Wie kann ich innehalten, wieder klare Gedanken fassen? Was erdet mich? Was gibt mir Sicherheit?

Biga Übung Teil 1

Drehend von der Vorbeuge ins Stehen kommen

Stehe in der Grätsche, Fußaußenkanten parallel ausgerichtet, lasse deinen Oberkörper zum Boden hinab, die Knie bleiben leicht gebeugt. Beginne mit Schwenkbewegungen des Rumpfes und der aushängenden Arme mehrmals nach rechts

Sich schwenkend in die Aufrichtung bringen

und links. Behalte diese weichen Schwenkbewegungen bei, wenn du deinen Oberkörper langsam erhebst. Im Stehen aktiviere die Armstreckung, drehe den Rumpf weiterhin ausholend nach rechts und links, führe dabei Stück für Stück die Arme von der Schulterhöhe nach oben. Lasse das Drehen langsam ausklingen, verweile noch einige AZ in deiner Mitte, dann senke deine Arme. Spüre dem nach, wie es ist, nicht aggressiv aus einer Beugung (im Alltag: aus einem »Gebeugt-worden-Sein«) in die Aufrichtung zurückzufinden, sondern mit der Weichheit des Wassers, das sich auf seinem Weg den gegebenen Umständen als solche annimmt und diese sanft umspült.

Aus Ardha Uttanasana in Virabhadrasana III – aus der halben Vorwärtsstreckung in den Held III

1. Ardha Uttanasana: Manche Gegebenheiten, Hindernisse und Widerstände können dir sogar dienen, z. B. als Rebound-Effekt[5]. Wir benutzen deswegen für die halbe Vorwärtsstreckung eine Wand oder einen Stuhl. Stehe vor der Wand, lege die Hände mit den aufgefächerten Fingern in Brusthöhe an die Wand, die Finger zeigen zur Decke hoch. Bei steifen Schultern setze die Hände höher an und/oder lasse die Finger in diagonaler Richtung. Eine Alternative ist, die Hände auf eine Stuhlfläche abzustützen. Laufe so weit zurück, bis die WS mit dem Kopf und den gestreckten Armen in Linie kommen, die Beine stehen senkrecht zum Boden. Presse nun deine Hände gegen die Wand, vor allem die Innenkante der Hände. Erlebe den Rebound-Effekt, d. h. durch den Widerstand der Wand und dein Dagegen-Pressen erzielst du eine Rückwirkung: Es verlängert sich deine WS-Streckung. Um deinen Nacken zu schonen, drehe beständig und intensiv die hinteren Ränder der Achsel zu den vorderen. Die Achselhöhlen bleiben »höhlig«. Tief EA, tief AA, dein Herz und deine Stirn schauen nach unten und entspannen dadurch.

2. Wiederhole die Anweisungen in der halben Vorwärtsstreckung und entwickle daraus die Haltung Held III: In *Ardha Uttanasana* halte die WS-Streckung und setze zunächst die Spitze des linken großen Zehs hinten auf den Boden, strecke das linke Bein, indem du die Oberschenkelmuskeln zu den Knochen ziehst und das Bein wegdehnst – hebe dein linkes Bein hoch zu *Virabhadrasana III* – wenn es dir möglich ist, bis in WS-Linie – das Gleiche mit dem rechten Bein. Hat sich beim Heben des Beines deine Beckenstellung verändert? Probiere für das Beinheben folgende Feinkorrekturen bzw. Fokuspunkte aus und vergleiche die

---

5 Der Rebound-Effekt stammt vom englischen Begriff *rebound* und bedeutet übersetzt »Rückprall«. Rebound-Effekt bedeutet, dass in verschiedenen Situationen ein System oder auch ein Organismus wieder zurückkehrt in einen vorherigen Zustand. Der Begriff findet in der Medizin, Ökonomie, Psychologie, Physik, aber auch im Sport Anwendung.

Effekte: 1. die Mitte des hinteren Fersenrandes – hebe damit dein linkes Bein; 2. die Außenlinie des Großzehen-Nagels (= die Nagelseite, die von den kleinen Zehen weg zeigt) – hebe mit diesem Fokus dein linkes Bein. 3. Wenn das hintere Bein gehoben ist, ziehe beständig die Innenseite des Beines zur Decke hoch. Bleibt nun im Held III das Becken parallel zum Boden ausgerichtet?

Bei Stress, Unruhe, Nervosität, Anspannungen helfen derartige Details nicht nur, um eine bessere Präzision und Leichtigkeit in den *Asanas* zu erreichen, sondern auch, um die Konzentration auf den eigenen Körper umzuleiten. Therapieformen empfehlen z. B. für Menschen mit Depressionen, Burnout u. a. unbedingt in die körperliche Aktivität zu kommen.

Held III

Höre die biblische Geschichte – Teil 2: mit Maria in der Drehung

Weinend steht Maria am Grab. Wieder allein. Genauso wie schon vorher. Als wäre sie gar nicht weggegangen. Dieses Mal aber beugt sie sich hinein in das Grab. Sie macht sich klein, bückt sich, reckt den Kopf ins Dunkle. Da sitzen zwei Engel genau da, wo er gelegen hatte – der eine, wo der Kopf war, der andere, wo die Füße gelegen hatten. Worte aus der Tiefe dringen zu ihr. Sie fragen, warum sie weine. Haben sie ihn weggenommen? Sie ist aufgebracht. Will sich nicht abfinden. Sie sucht, sie dreht sich, wendet sich herum. Da – nochmals eine Stimme. Ein Gärtner. Er hat ihn sicher weggenommen. Wo hat er ihn hingebracht? Sie fühlt sich stark, sie kann ihn holen. Die Augen voller Tränen, die Dunkelheit des Grabes, nun blendet das Licht. Dann spricht der Gärtner sie an. Mit ihrem Namen. Maria. Er meint sie. Er hat sie erkannt. Sie dreht sich erneut herum. Und da erkennt sie ihn auch. Rabbuni! Meister! Er ist es. Tatsächlich.

Maria sucht den Ort erneut auf, an dem ihr Leben aus den Fugen geraten ist – den Ort der Trauer. Sie weint, wirkt regungslos und scheint nicht zu wissen, wohin sie sich wenden soll. Mitten in ihrer Trauer beugt sie sich in das Grab hinein. Sie macht sich klein in ihrer Trauer und erhofft alles von dort. Dann sieht sie zwei Engel, von denen sie angesprochen wird. Sie fordern sie auf, vom Grund ihrer Trauer zu sprechen, und plötzlich bricht alles aus ihr heraus. Die Schwere wird leichter und sie kann sich im nächsten Schritt umwenden. Ihr Blick geht aus dem Grab und der Dunkelheit raus und sie sieht Jesus. Erneut wird sie – nun von ihm – aufgefordert, von ihrer Trauer zu sprechen. In dem Moment, in dem Jesus sie bei ihrem Namen ruft, ist sie in ihrer tiefsten Personenmitte angesprochen und erkennt ihn. Sie wendet sich nun ihm ganz zu. Diese Zuwendung geschieht als Antwort auf den Schritt, den Jesus vorher auf sie zugemacht hat. Es ist die zweite Wendung hin zum Leben, die Maria hier vollzieht.

Manchmal drehen und wenden wir uns im Kreis. Wie Maria werden wir dabei immer kleiner, unser Blick verengt sich wie der Blick hinein in ein Grab. Wie kann ich mich aus einer festgefahrenen Situation herauswinden? Wie verfalle ich nicht in Aktionismus oder Paralyse? Was gibt mir eine Perspektive?

Biga-Übung Teil 2

Vom Gebückt-Sein, von dem inneren Zusammensacken wieder in die eigene innere Öffnung zu gelangen. Dabei helfen Übungen, die den Rumpf aufrichten und den oberen Brust- und Schlüsselbeinbereich weiten. Unter dem oberen Teil des Brustbeins befindet sich die Thymusdrüse. Sie ist unsere »Glücksdrüse«! Sie will gehoben sein, dann hat Entmutigung keine Chance mehr. Klopfe sie tagsüber immer wieder einmal mit den Fingerkuppen wach und erinnere dich damit daran, deinen Brustbereich zu heben und zu weiten, um sie für die Welt und deine Aufgaben bereit zu bereiten. Ist deine Glücksdrüse gehoben und offen, so ist auch dein Blick offen und schaut umfassender in die Weite deines Lebens – auch nach dem, was sich rechts und links von dir ereignet.

Verlängerte Expander-Dehnung

Ausgangsstellung *Tadasana*/der Berg (s. Beschreibung bei Mose, S. 63 f.). Bücke deinen Rumpf zu Boden, deine gestreckten Arme ebenso – im Fluss richte dich auf und kreise dabei mit dem Armen von unten nach vorn, weiter nach oben, nach hinten und unten. Hinter deinem Rücken verschränke die Finger beider Hände, die Handballen berühren sich – ziehe mit deinen Händen fest nach unten Richtung Boden, das hebt und weitet deinen Brustbereich – der Zug deiner Hände bzw. Arme setzt sich nun fort, indem du die gestreckten Arme vom Gesäß weg und nach oben ziehst; kippe dabei aber nicht mit der Brust vor, sondern lasse sie an der gehobenen Position – mit langer Bauchseite beuge dich vor und nach unten, dann führe die gefalteten Hände und Arme über deinen Rücken weiter Richtung Kopf – richte dich wieder auf und löse die Arme dabei. Wiederhole diesen Zyklus einige Male im eigenen Atemrhthmus.

Arm- und Schulterdehnung in der Vorwärtsbeuge

Drehübungen im Stehen

Bei Drehungen gibt es zwei Punkte zu beachten: 1. Das Becken soll stabil in seiner Position bleiben, damit die Drehung in die WS erzielt wird. 2. Die WS muss unbedingt in optimaler Länge sein, bevor du in die Drehung gehst, und sie soll auch in der gedrehten Situation lang gehalten werden. Wenn das Leben uns Wendepunkte bringt, dann unterstützen uns diverse Hilfestellungen und Techniken wie im Yoga die Technik der gezielt eingesetzten Details. Wir sollten sie dankbar annehmen und uns nicht dagegen wehren, auch wenn wir die Früchte manches Mal erst hinterher erkennen und genießen dürfen. Wichtig für Neues im Leben ist die Fähigkeit zur Flexibilität und alte Gewohnheiten zu verlassen. Dies erleben wir im Yoga z. B. mit dem Wechsel von Atemmustern.

Pharaonenhaltung: Im Stehen kreuze das rechte Bein über das linke Bein, die Fußaußenkanten ganz oder möglichst nah zusammen – hebe die Arme in Schulterhöhe, die Unterarme und Oberarme bilden einen rechten Winkel. Die überkreuzten Beine stabilisieren das Becken, wenn du den Rumpf mit den Pharaonen-Armen mehrmals nach rechts und links drehst: EA, mit dem AA drehe nach rechts – EA – ausatmend komme zurück in die Mitte – EA – ausatmend drehe nach links – EA – ausatmend komme in die Mitte zurück – EA usw. Wiederhole den Zyklus mit dem Wechsel der Beinkreuzung, d. h. linkes Bein kreuzt übers rechte Bein.

Stehe hüftbreit, Arme in Schulterhöhe, lasse die Ellenbogen gehoben, wenn du entweder die Fingerkuppen oder die Unterseite der Mittelfinger auf die Schultern legst. Mit einem neuen Atemmuster drehe mehrmals nach rechts und links: EA in der Mitte – ausatmend nach rechts drehen – in die Mitte zurück und EA – ausatmend nach links drehen – in die Mitte und EA – ausatmend nach rechts drehen usw.

Stehe mit den Füßen zusammen, Arme gestreckt in Schulterhöhe, ziehe die Handrücken intensiv an, so als ob du Wände an den Seiten von dir fernhalten wolltest, behalte diese Armstellung für die Drehungen: Mitte EA – ausatmend drehe nach rechts und wieder in die Mitte zurück – EA – ausatmend drehe nach links und wieder in die Mitte zurück – EA usw.

Pharaonendrehungen, hier mit Armvariationen

Brustmuskel dehnen

Stelle dich mit der rechten Flanke zu einer Wand, Füße leicht gegrätscht, die Fußspitzen zeigen betont nach innen, um für die Drehübung das Becken in Position zu halten: Die linke Handfläche ruht auf dem Kreuzbein oder seitlich am Becken, die rechte Hand lege an die Wand, der rechte Arm darf leicht gebeugt bleiben oder geht auch in die Streckung. 1. Beginne mit der Schulterhöhe, halte einige tiefe AZ die Dehnung des Brustmuskels, bringe bewusst die linke Schulter nach hinten, das hält deinen Schlüsselbeinbereich weit. Das Gleiche mit der linken Flanke Richtung Wand und gehobenem linken Arm. 2. Setze die rechte Hand höher an die Wand, d. h. diagonal hoch, und fahre wie unter Punkt 1 fort. 3. Setze die rechte

Hand noch etwas höher an der Wand. Vergleiche jeweils die schon gedehnte Brustseite mit der noch ungedehnten, sodann die Dehnung mit der unterschiedlichen Höhe der aufgesetzten Hand, und die Intensität, die sich daraus ergibt, je mehr du den Schlüsselbeinbereich entgegendrehst, weg von der Wand.

»Schmerz ist dein Meister.«[6] Lerne die Qualität von Schmerz unterscheiden: Dehnschmerzen entwickeln sich in den Muskeln, diesen kannst du begegnen mit einem bleibend tiefen und entspannten Atem. Stechende Schmerzen betreffen die Gelenke und sind zu vermeiden. Gehe bei einem stechenden Schmerz sofort aus der Haltung und nehme sie neu, achtsam und evtl. mit Abschwächung bzw. mit Variationen ein. Der Umgang mit Schmerz im Yoga spiegelt uns, wie wir im alltäglichen Leben mit uns und schmerzenden Erfahrungen umgehen. Manches Mal heißt es, Situationen aus- und durchhalten mit Güte für uns und den anderen, ein anderes Mal ist es angebracht, eine Bremse einzulegen und Situationen oder bestimmten Entwicklungen Einhalt zu gebieten.

Variation von Marichyasana III – gedrehte Stellung des Weisen Marichy, stehend mit Stuhl

Stehe mit der rechten Flanke zur Wand, den Stuhl (alternativ einen Hocker) vor dich bereitgestellt: Bringe den rechten Fuß auf die Stuhlfläche, dein rechtes Bein wird damit in der angewinkelten Position gehalten, beide Füße bleiben nach vorn ausgerichtet. Strecke deine WS, drehe die Brust zur Wand. 1. Lege die rechte Handfläche auf dein Kreuzbein, mit den linken Fingern greife von außen an die rechte Kniekehle, hake dort den linken Mittelfinger ein; halte die Drehung und Länge der WS zunächst durch die Rumpfmuskulatur, ohne die Kraft der Arme einzusetzen; verweile einige tiefe AZ darin. 2. Setze die rechte Hand diagonal an die Wand, den linken Unterarm an die Außenseite des rechten Oberschenkels, die linke Handfläche zeigt zur Wandseite; presse mit der rechten Hand gegen die Wand, mit dem linken Unterarm gegen das gehobene Bein; atme weich und tief. 3. Setze auch die linke Hand an die Wand, presse mit beiden Händen gegen die Wand. Vergleiche, wie sich die unterschiedliche Position der Hände auf die Drehung auswirkt. Wechsel der Seiten.

Beachte: Damit dein Becken nicht ausweicht und sich nach oben verschiebt, arbeite durchgängig mit den Beinen wie folgt: Erde bewusst den Großzeh, den Großzeh- und Kleinzehballen und verlagere dein Gewicht auf die Ferse des Standbeins, wie in *Tadasana* ziehe die Kniescheibe und die Oberschenkelmuskeln

---

6 »Schmerz ist dein Meister« war der Titel einer GEO Magazin Ausgabe, der B. K. S. Iyengar und seinen Yoga-Stil in Deutschland bekannt machte. Vgl. »Schmerz ist dein Meister: Durch Übungen, wie der Yogi Iyengar sie lehrt«, GEO Magazin Nr. 9/1990.

hoch; erde den Großzehbereich des Fußes auf dem Stuhl und ziehe dessen Fußrist zum Schienbein hin, das aktiviert das Fußgewölbe; ziehe nun die Hüfte des gehobenen Beins herunter und verbinde innerlich dessen Rollhügel mit der Ferse des Standbeins. Diese Beinaktivität hält dein Becken bzw. die Hüftgelenke in der parallelen Linie.

Halte stand, auch im alltäglichen Leben! Statt dich in irgendeiner Entrüstung fesseln zu lassen, halte Ausschau nach neuen, kreativen Lösungen oder betrachte eine Situation zumindest »ergebnisoffen«, so gibst du ihr damit die Chance, sich zu wandeln.

Die Drehung des Weisen Marichy, hier stehend mit Stuhl und als Partnerübung

Höre die biblische Geschichte –
Teil 3: mit Maria in der Streckung – neue Lebenskraft

Maria – Rabbuni. Da ist sie wieder die Verbindung, die Maria verloren geglaubt zu haben schien. Plötzlich ist sie ihm wieder ganz nah. Erneut wendet sie sich um. Es ist eine seltsame Bewegung, ein Sich-Umwenden zu viel. Maria stand doch schon dem Gärtner zugewandt. Doch sie wendet sich erneut. Diese kleine Bewegung ist aber entscheidend. Denn erst jetzt erkennt sie ihn. In der einen Sekunde zwischen den Worten Maria – Rabbuni ist die Wende hin zum Leben und zu neuer Lebenskraft. Es ist der Wendepunkt, wo die Weinende und der Lebende, wo Mensch und Gott einander zugewandt sich zueinander strecken. Indem Maria Jesus den Auferstandenen erkennt, kann sie selbst sich zum Leben strecken und auf-erstehen.

Der Bewegungsablauf in der Erzählung symbolisiert die Wandlung Marias von Trauer zur Freude hin zu neuer Lebenskraft: kommen – laufen – stehen –

beugen – umwenden – erneut umwenden – kommen – gehen. Zu Beginn und am Ende steht das ruhige Ankommen. Sehr interessant sind die kontrastierten Bewegungen im Vergleich zu den beiden Jüngern. Ihre Bewegungen sind hektisch. Dennoch bewegt sich nicht viel bei ihnen – lediglich äußerlich bewegen sie sich. Aus ihren Bewegungsabläufen ist nicht die Tiefe der Erfahrung Marias zu erkennen. Ihr innerer Beweggrund tritt in den Hintergrund. Maria dagegen ist bewegt – äußerlich wie innerlich. Anstoß für die Bewegungen bietet der Stein am Grab, der bereits entfernt ist – gleichsam der Stein des Anstoßes, der etwas ins Rollen bringt.

Ganze drei Anläufe braucht Maria, um für das, was in ihrem Inneren vor sich geht, die richtigen und letztendlich befreienden Worte zu finden. Wenn es um das Wesentliche geht, das uns existenziell im Innersten bewegt, wird es immer auch ein Ringen um die richtigen und auch aufbauenden Worte geben. Das rechte Wort, das Wahrheit offenbart, spricht in der Mitte der Person die eigene Identität an. Wie kann ich getrost nach vorn blicken in die Zukunft? Wie kann ich weitergehen mit Kraft, Hoffnung, Mut und Zuversicht? Wie kann ich aufbrechen und mit neuer Lebenskraft nach vorn schreiten?

Biga-Übung Teil 3

Neue Kraft schöpfen wir, wenn wir standhaft bleiben, uns dem Leben stellen. Und immer wieder dabei atmen – tief durchatmen. Authentizität stärkt uns und lässt unsere Lebenskraft wachsen. Beschenkt werden wir mit einem erweiterten Erkennen, mit Weisheit, mit erfüllenden neuen Begegnungen.

Atmende Energielenkung in der Grätsche

Aus *Tadasana* schreite in die Grätsche, ca. eine Beinlänge breit, Fußaußenkanten parallel zueinander, Arme und Finger seitwärts in Schulterhöhe gestreckt, Fuß- und Beinarbeit wie in den Beschreibungen zu *Tadasana* bei Mose: 1. Verlängere dein EA und AA in dieser Position, bei jedem AA intensiviere die Bein- und Armstreckung; bleibe in der Grätschstellung, aber senke die Arme und entspanne sie. 2. Arme erneut heben und intensiv strecken; mit deiner Vorstellungskraft lenke deinen Atem wie folgt: EA in den Beininnenseiten hoch bis ins Becken und in den Herzbereich – ausatmend strömt die Energie von deinem Herzen in die Schultern, Arme und Finger, bis in die Fingerspitzen hinein. Einige Male Atemzyklus wiederholen. 3. EA in den Beinaußenseiten hoch, in der Bauch- und Rückseite weiter hoch bis zum Herzbereich – ausatmend strömt die Energie in den Kopf, ins Kronenchakra und verbindet dich hier mit dem Universum, der

Quelle allen Seins – Arme senken, Beine schließen. 4. Verweile in *Tadasana* in Stille und stelle dir vor, wie du Stärkung empfängst: In einem Lichtkanal über dir strömt neue Energie herab und erfüllt dich mit goldenem und silbernem Licht aus der göttlichen Quelle.

Du bist erfüllt, lichtdurchströmt. »Lass dir an meiner Gnade genügen!« (2. Korinther 12,9)

Energielenken in der Grätschstellung

Sich mit Licht durchströmen lassen

Virabhadrasana II – Held II

Aus *Tadasana* schreite eine Beinlänge auseinander in die Grätsche, Arme seitlich in Schulterhöhe strecken: Drehe den linken (= hinterer) Fuß 30° nach innen, den rechten (= vorderer) Fuß 90° nach außen. Beide Beine entwickeln eine Spiraldrehung: Erde den Großzeh und die Innenseite des hinteren Fußes, verankere dann dessen Kleinzeh-Seite, verstärke stets den Druck des Großzeh-Bereichs, wenn du den linken Oberschenkel nach außen drehst; ebenso erde den Großzeh und Großzehballen beim vorderen Bein und drehe dann den rechten Oberschenkel nach außen; verbinde den rechten Rollhügel mit der hinteren linken Ferse. Diese Beinaktivität öffnet dir das Becken und hält es mittig, wenn du nun das rechte Knie beugst. Beachte: Das gebeugte Knie bleibt direkt über der rechten Ferse, und geht nicht weiter vor, denn das schädigt auf die Dauer das Knie. Dein Blick geht wach über die gestreckten rechten Finger in die Weite der Welt hinaus. Erlebe so die Stärke deines*deiner inneren Kriegers*Kriegerin im Licht. Löse die Haltung rückläufig auf und wechsle die Seite: Rechter Fuß dreht nach innen, linker Fuß nach außen, linkes Knie beugt bis über die linke Ferse usw.

Beachte: Die Kraft von *Virabhadrasana* liegt im Bogen deiner hinteren Seite. Verlagere dein Gewicht mehr nach hinten, d. h. das hintere Bein ist aktiv im Einsatz und dämmert nicht weg. Ziehe mit dem EA die Energie und Kraft von der hinteren Ferse das Bein hoch, weiter durch die hintere Flanke und die Schulter, in den Arm bis in die Fingerspitzen hinein. Dadurch wird dein vorderes Bein entlastet, deine Körpermittellinie im senkrechten Lot zum Boden gehalten.

Im Leben stärken uns oftmals auch die »unsichtbaren« Komponenten – die Kraft aus unserem Unbewussten, dem teils Missachteten oder Vergessenen. Für das Unbewusste, Nicht-Wahrgenommene fehlen uns die konkreten Begriffe. Ein Wort kann genügen, um ein Ergriffensein auszudrücken. »Rabbuni!« – Wie wäre es mit »Rabbuni!« als unser Mantra?

Held II

Ausklang

Das große JA zum Leben ist diejenige Kraft, die unsere körperliche, psychische, emotionale, intellektuelle und moralische Gesundheit am besten fördert. Das große JA zum Leben wählt das Vertrauen statt der Angst. Denn: Wo Liebe herrscht, hat Angst keinen Raum mehr.

> »Mystik ist die Überwindung der vergegenständlichten Denkart. In der Begegnung mit dem personalen Gott gibt es Unterschiede, aber in der Erfahrung des transpersonalen Göttlichen ist alles Eins. Aber im Lichte der christlichen Offenbarung erlebt Meister Eckhart Gott nicht als eine in sich ruhende Wirklichkeit, sondern als eine ständig aus sich herausströmende Quelle: Gott als das Drei-Eine. Gottes Sein ist Werden: ein unaufhörlicher Geburtsvorgang.«[7]

Je nachdem, auf welcher Ebene wir uns befinden, erleben wir das Göttliche in uns als eins mit uns oder außerhalb von uns, z. B. in einer wahren Begegnung von einem Ich und Du. Es ist egal, in welchem Modell wir leben wollen – letztendlich stehen wir vor der Wahl: Vertraue ich Gott, dem Leben und der göttlichen Führung in meinem Leben oder lebe ich aus der Angst heraus und baue auf Unsicherheit und Zweifel mein Leben auf? Mantras – heilige Worte der Kraft – unterstützen uns, uns in unsere Heimat und zugleich die göttliche Heimat in uns zu verankern.

Vorgeschlagene Mantras wirken bis in alle Tiefenschichten, wenn du sie wie ein ständiges Gebet laut, leise murmelnd oder innerlich leise wiederholst, so lange, bis ES das Mantra in dir betet.[8]

Ich sage JA zu dir! – Ich sage JA zu mir! – Ich sage JA zum Leben.

Du, Du, Du, Du.
Du bist in meinen Sinnen.
Du bist in meinem Fühlen.
Du bist in meinen Träumen.
Du bist in meinem Herzen.
Du bist in mir und ich bin in Dir.[9]

---

7   Sebastian Painadath: Befreiung zum wahren Leben. 50 meditative Schritte der Selbsterkenntnis. München 2006, S. 76.
8   Weitere sehr ansprechende Mantras aus allen religiösen Traditionen finden sich z. B. in Ostrau 2005 (auch als CD).
9   Ostrau 2005, S. 114 f.

Marias Segen

Du – wenn du dich nicht ganz bei Trost fühlst,
sei getröstet!
Du – wenn du voller Traurigkeit bist,
habe Mut, die Traurigkeit zu zeigen.
Du – wenn du resignieren willst,
mache dich auf und schöpfe neue Energie.
So bewege dich aufrechten Gangs
mit neuer Lebenskraft.
Wir sind gesegnet!

Ist Yoga männlich, weiblich, divers?
Fragen an die Expertin Therese Heinisch

In der Vergangenheit war Yoga männlich, in Indien sogar ausschließlich Männern vorbehalten. Heute gewinnt man dagegen den Eindruck, dass vor allem Frauen Yoga praktizieren, auch wenn die Anzahl der Yoga praktizierenden Männer stetig zunimmt. Dennoch gibt es gegenüber Yoga nach wie vor Vorbehalte. Hat Yoga etwas mit dem Geschlecht zu tun? Gibt es typische Yoga-Frauen und typische Yoga-Männer? Lässt sich Männliches und Weibliches im Yoga unterscheiden? Stecken hinter manchen Übungen binäre Vorstellungen von Mann- und Frausein? Bedient Yoga Geschlechterklischees? Es gibt nur wenige, die sich mit dem Thema auseinandersetzen: Yoga und Gender. Therese Heinisch ist Yoga-Lehrerin, Aktivistin, Researcherin und Feministin. Sie gibt nicht nur Kurse, sondern ist überzeugt, dass Yoga das Potenzial hat, soziale Veränderungen zu bewirken. In ihren Workshops und Veranstaltungen geht es daher immer auch um Gespräche über kulturelle Aneignungen und strukturelle Ungleichheiten. Und um einen wichtigen Aspekt: die Körperlichkeit. Therese Heinisch beschäftigt sich seit vielen Jahren mit diesen Fragen. In unserem Interview betont sie: Yoga hilft, über das soziale konstruierte Geschlecht hinauszuwachsen.

Sie sind Yoga-Lehrerin und Feministin. In Ihrer Arbeit verbinden Sie beides. Sie wollen durch Yoga u. a. das patriarchale System verändern. Wie kann das gelingen?
Therese Heinisch: Das rührt gewissermaßen aus meiner eigenen Praxis. Der Weg einer Feministin ist nicht immer leicht. Da hilft mir meine Yoga-Praxis immer wieder, zu mir zu finden und positiv zu bleiben. Das patriarchale System ist so stabil, weil wir es internalisiert haben. Machtstrukturen können nur effektiv sein, wenn die Menschen sie in sich aufnehmen. Im Falle patriarchaler Machtstrukturen liegt dieses Muster noch tiefer. Konzeptionen von Geschlecht werden uns von Beginn unseres Lebens an eingetrichtert und werden somit ein essenzieller Teil unserer Identität, übrigens unabhängig des Geschlechts.

Die Erziehung dazu, sich so zu verhalten, wie es für einen »Mann« oder eine »Frau« »natürlich« ist, widerspricht häufig dem, wie wir uns verhalten wollen und wie es für uns als Mensch in dem Moment stimmig ist. Wir alle haben diese Einschränkungen erfahren, mehr oder weniger intensiv. Die Definition von Geschlecht ist also nicht schmerzfrei, sondern vielmehr mit einer Form der Traumatisierung verbunden. Um dem Patriachat zu entkommen, müssen wir unsere tief sitzende, verinnerlichte Konzeption von Geschlecht verändern und damit unser Verhalten.

Der Yoga-Weg kann uns zur Heilung verhelfen. Ein erster wichtiger Aspekt ist die Körperlichkeit der Praxis. Es geht um die Erfahrung des Körpers, allerdings ohne Leistungsdruck und Konkurrenzdenken – wie es in vielen Sportarten der Fall ist. Dadurch, dass wir uns auf den Sein-Zustand des Körpers besinnen, unabhängig von den sozialen Konstruktionen unserer Körper, können wir einen neuen Kontakt zum Körper herstellen. Diese Erfahrung kann sehr heilsam sein. Wir wachsen im Idealfall über unser sozial konstruiertes Geschlecht hinaus.

Ein weiterer Aspekt des Yoga, der sich positiv auf das Patriachat auswirken kann, ist die Meditation. Jede Form der Einkehr und Meditation kann uns Missstände in uns und in unserer Umgebung aufzeigen. Wir finden Wege, uns zu verändern und zu verzeihen. Das sind wichtige Schritte zum gesellschaftlichen Wandel. Zudem lehrt uns der zeitgenössische Yoga (wie auch der christliche Glaube) Achtsamkeit füreinander und miteinander. Das schließt ein, Unterdrückung, Ungleichheit und Ungerechtigkeiten aufzudecken und zu verändern.

Ein Satz von Ihnen hat sich eingeprägt: »Yoga ist eine heilende Reise zu mir selbst und kann die Welt verändern« oder wie es auf Ihrer Homepage steht »The transformation and healing process is an act of political resistance to the unjust neoliberal, racist and patriarchal system.«[1] Wo erleben Sie das?
Therese Heinisch: Die Poetin Audre Lorde sagt: »Caring for myself is not selfindulgence, it is self-preservation and that is an act of political warfare.«[2] Selbstliebe und Selbstfürsorge sind grundlegende Pfeiler meines Aktivismus. Um aktiv nach außen wirken zu können, muss ich das System in mir verändern. Als Bürgerin, Mutter, Tochter, Geschäftsführerin, ja als Mensch bin ich Teil des Systems, auch wenn dieses nicht gut ist. Ich habe Einfluss und Verantwortung.

In Bezug auf Aktivismus höre ich häufig die Aussage: »Was kann ich schon tun?«. Meine Antwort lautet: »Heilen. Und anderen dabei helfen, dies zu tun.«

---

1 Siehe http://www.thereseheinisch.com/about/ (Zugriff am 03.02.2021).
2 Audre Lorde: A Burst of Light. Ithaca, New York 1988.

Die Unterdrückung, die ich als queere Frau in der Welt erfahren habe, habe ich in mich aufgenommen und internalisiert. Das heißt, ich lebe sie weiter und trage somit dazu bei, dass das System, das mich unterdrückt, weiter bestehen kann. Wenn man beispielsweise einem Jungen, der sich auch selbst als solcher definiert und als solcher verstanden werden will, wieder und wieder sagt, es sei unmännlich, zu weinen, wird er versuchen, nie mehr zu weinen, damit seine Umwelt ihn als Mann/Jungen liest.

Das Geschlecht ist so essenziell mit unserer Identität verbunden, dass wir uns tief einprägen und reproduzieren wollen, wie andere Menschen Geschlecht verstehen. Der Junge aus unserem Beispiel will wahrscheinlich auch mal weinen, aber er verkneift es sich, um in seinem Umfeld als Junge zu gelten. Er bringt ein großes Opfer, um als das verstanden zu werden, was er nun einmal ist. Wahrscheinlich tut es weh, und auf eine Art ist unser Junge verletzt oder gar traumatisiert. Dies ist nur ein Beispiel von Konzeption von Geschlecht und wie dieses auf unser Wohlbefinden oder unsere geistige Gesundheit einwirkt.

Diese Vorstellungen und Konzeptionen von Geschlecht haben eine Funktion in unserer Gesellschaft. Sie dienen dem Erhalt des Status quo, dem Erhalt des vorherrschenden Systems, in diesem Fall des Patriachats. Um also das vorherrschende System zu verändern, zu revolutionieren, genügt es nicht, Gesetze und Zugänglichkeiten zu verändern. Wollen wir wirklich ein System verändern, müssen wir dies auch von innen her tun. Wir müssen heilen und über unser Verhalten als Traumatisierte hinauswachsen. Wenn ich meine Wunden heile, kann ich die Veränderung sein. Das wirkt auf mein Umfeld und setzt sich so fort.

Das führt mich zurück zu Yoga und Aktivismus. Yoga kann uns dabei begleiten, heil zu werden. Wir lernen, den Körper von innen her zu erleben, anstatt ihn von außen zu beurteilen, indem wir gewisse Schablonen von Geschlechtsmerkmalen darauf projizieren und versuchen, ihnen zu entsprechen. Wir lernen, zu spüren und uns ganzheitlich zu erfahren. Diesen Heilungsprozess auf individueller Ebene verstehe ich als unumgänglichen Schritt zur Emanzipation einer Gesellschaft, über das Patriachat hinauszuwachsen. Hier sind wir alle gefragt, Verantwortung zu übernehmen.

Welche Rolle spielt das Geschlecht im Yoga und in dessen Geschichte?
Therese Heinisch: Das ist natürliche eine Frage, über die andere ganze Bücher geschrieben haben. Deshalb wird meine Antwort wohl kaum hinreichend sein. Ich umreiße sie aus meiner persönlichen Sicht. Der Yoga ist natürlich auch nicht frei von patriarchalen Strukturen. Diese sehr emanzipative Praxis war Frauen lange nicht zugänglich. Die historischen Quellen des Yoga bestehen größtenteils aus alten Texten. Diese Texte reichen von den Veden (Beginn 1500 v. Chr.) bis zu

den tantrischen Texten des Mittelalters. In diesen Texten ist nicht die Rede von weiblichen Yoga-Praktizierenden. Allerdings finden wir auch hier kaum Überlieferungen zur Yogapraxis der Frauen. Das lässt darauf schließen, dass der Yoga bis ins 19. Jahrhundert hinein weitgehend nur von Männern praktiziert wurde. Leider ist über die spirituelle Praxis der Frauen auf dem indischen Subkontinent dieser Zeiten allgemein wenig überliefert bzw. zugänglich.

Allerdings ist es interessant, die jüngere Geschichte des Yoga geschlechtsspezifisch zu betrachten. Im 20. Jahrhundert entwickelte sich der Yoga hin zu der physischen Praxis, die wir heute kennen. Diese Entwicklung fand in verschiedenen Gesellschaftsgruppen statt. Einerseits spielte die indische militante Freiheitsbewegung gegen die Brit*innen eine große Rolle. Diese sehr männlich dominierte Bewegung ließ den Hatha Yoga als indigene indische Körperpraxis weiter aufleben. Zudem wurden in Europa und in den USA die Gymnastikvereine spirituteller und unterrichteten eine Form des Yoga, die maßgeblich zu unserer heutigen Praxis beitrug. Im Gegensatz zu der oben ausgeführten indischen Unabhängigkeitsbewegung bestanden die europäischen Yoga-Kreise hauptsächlich aus Frauen. Emanzipation und solidarische Unterstützung in diesen Gruppen waren Teil ihrer Arbeit, vor allem nach den Weltkriegen. Viele Frauen waren auf sich selbst gestellt, da ihre Ehemänner im Krieg verletzt oder gestorben waren. Die Vereine und Clubs stellten selbst organisierte Räume dar, in denen die Frauen Unterstützung fanden, sich austauschen und weiterentwickeln konnten.

Somit kann man argumentieren, dass sowohl räumliche, kulturell unterschiedliche Einflüsse als auch Gruppierungen verschiedener Geschlechter zur Entwicklung der heute so erfolgreichen Praxis beitrugen. Allerdings ist zu der »weiblichen Geschichte des Yoga« bisher kaum etwas publiziert. Diese Geschichte wird, wie viele Geschichten von Frauen, heute kaum erzählt. Als anerkannte Autoritäten des Yoga gelten in erster Linie indische Gurus, obwohl viele Frauen international ebenso viel dazu beitrugen.

Sie sind der Meinung, dass in Asanas, Pranayamas und Meditationen Stereotypen und Konstrukte von Geschlecht vertreten sind, die aufgedeckt werden sollten. Um welche Stereotypen handelt es sich? Was soll aufgedeckt werden? Welche Ziele verbinden Sie damit?
Therese Heinisch: Ja und nein. Ich glaube nicht, dass die Übungen selbst Stereotypen reproduzieren. Aber die Art, wie die Übungen historisch in gewisse Übungstraditionen eingebettet sind, ist mit der Konstruktion von Geschlecht eng verbunden. Das steht wiederum stark mit der oben beschriebenen Geschichte des Yoga in Verbindung. Zum Beispiel ist die Asana-Praxis des Yoga in Indien Anfang des 20. Jahrhunderts in einem militanten Kontext betont worden. Dar-

aus sollten »starke Männer« resultieren, die den Brit*innen Widerstand leisten konnten, aber auch ihrer Definition des allgemeinen Inders als »verweichlicht« (englisch *effeminate*) widersprechen. Übungen wie die sehr kräftigenden Standhaltungen, namentlich die Kriegerhaltungen *(Virabhadrasana)*, stammen aus diesem Kontext.

Das Interessante an den Entwicklungen ist, wie es sich auf die damaligen und heutigen Konzeptionen von Geschlecht ausübt. Yoga-Haltungen wirken nicht nur auf den physischen Körper. Durch das Üben von Yoga-Haltungen können gewisse Gefühle, Attribute und Einstellungen bestärkt werden. Das liegt sowohl an der Symbolkraft der Asanas als auch am anatomischen Aufbau, durch den sie Hormondrüsen anregen, den Aufbau oder die Dehnung gewisser Muskeln fördern. Am Beispiel der Kriegerhaltungen bedeutet das, dass die Übenden sich nach intensiver Praxis der Haltungen über einen längeren Zeitraum mutiger und stärker fühlen. Ein anderes Beispiel wären die Rückbeugen. Die Übenden können durch die Praxis dieser sogenannten »Herzöffner« offener und herzlicher werden.[3]

Die Attribute, die *Virabhadrasana* hervorbringen kann, werden stereotypisch häufig als männlich kategorisiert, wohingegen diejenigen, die Rückbeugen hervorbringen, stereotypisch der Weiblichkeit zugeordnet werden. Wenn nun, in der Geschichte wie auch heute, Männer eher stärkende Haltungen und Frauen eher Herzöffner und Dehnübungen praktizierten und praktizieren, trug und trägt die Praxis durchaus zur Etablierung und Konstruktion von Geschlecht bei.

Das wiederum gibt gegenwärtigen, reflektierten Yoga-Übenden heute die Möglichkeit, mit diesen Attributen zu spielen, anderes auszuprobieren und sich zu entfalten. Die Entscheidung, wie tief sie gehen wollen, liegt bei den Praktizierenden selbst.

Wie kann Yoga-Praxis die Auseinandersetzung mit dem eigenen Geschlecht fördern?
Therese Heinisch: Yoga wirkt auf den Körper, den Geist und die Seele. Das tut Geschlecht auch. In der Regel verinnerlichen die Menschen ihr Geschlecht ganzheitlich. Im zeitgenössischen Yoga nutzen wir den Körper gewissermaßen als

---

3   Interessant ist zum Beispiel die Entdeckung der sogenannten Spiegelneuronen durch die italienischen Neurologen Rizzolatti und Sinigaglia. Anna Trökes und Bettina Knothe berichten davon in ihrem Buch »Neuro-Yoga: Wie die alte Weisheitspraxis auf unser Gehirn wirkt«. München 2014. Die Autor*innen zeigen auf, dass Yoga nicht nur den Körper stärkt, sondern heilsame Informationen sendet, die sich tief in die Strukturen des Gehirns »einschreiben« und damit heilsame und harmonisierende Wirkungen auf Geist und Seele haben. Dabei fließen auch Erkenntnisse des bekannten Hirnforschers Gerald Hüther mit ein.

Transportmittel hin zu den anderen Schichten des Seins. Unsere Körper scheinen das zu sein, was von Geschlecht am eindeutigsten gezeichnet ist, obwohl Geschlecht tiefere Schichten des Seins beeinflusst. Deshalb ist die Herangehensweise des Yoga sehr effektiv, über die körperliche Ebene tiefere Schichten zu erreichen, um sich mit dem Geschlecht auseinanderzusetzen. Zudem kann Yoga allgemein ein hilfreicher Begleiter in der Trauma-Heilung sein.

Wie stimmig ist mein soziales Geschlecht, wenn ich es aus meinem Körpergefühl heraus wahrnehme? Wie kann ich mich freier darin entfalten und emanzipieren?
Therese Heinisch: Ich gehe davon aus, dass es mehr als zwei Geschlechter gibt. Soziales Geschlecht reduziert sich in unserem Kulturkreis auf zwei Geschlechter. Somit werden alle Menschen aufgrund rein körperlicher Merkmale im Laufe ihrer Sozialisierung in die eine oder andere Schublade gesteckt. Plakativ ausgedrückt ist nach dieser Definition der Mann stark, die Frau einfühlsam, der Mann dominant, die Frau passiv und empfänglich – und vieles mehr. Das hat selten damit zu tun, wie sich ein Mensch fühlt, sondern meist, wie seine*ihre Geschlechtsteile aussehen. Es ist gesellschaftlich selten erlaubt zu fragen, wie stimmig sich dieses sozial auferlegte Geschlecht anfühlt. In meinen Yoga-Seminaren will ich bewusst dazu anregen, den Körper über diese soziale, von außen oktroyierte Definition hinaus wahrzunehmen und zu fragen: Wie stimmig ist mein soziales Geschlecht, wenn ich es aus meinem Körpergefühl heraus wahrnehme? Muss ich mich immer als Frau – mit all den einhergehenden Eigenschaften – fühlen, nur weil ich mit einer Vagina geboren bin? Muss ich mein Geschlecht jeden Tag auf die gleiche Weise definieren? Oder können wir uns etwas mehr Spielraum erlauben und etwas mehr loslassen?

In Ihren Seminaren verwenden Sie drei Methoden: Theorie, Yoga-Praxis und einen kreativen Reflexionsteil. Dabei beschreiben Sie die Geschichte des modernen Yoga geschlechtsspezifisch und analysieren verschiedene Übungswege. Können Sie das etwas ausführlicher beschreiben?
Therese Heinisch: In den Seminaren unterrichte ich einige Theorien aus den Genderstudies und auch die Geschichte des Yoga. Das ist der Theorieteil. Der Praxisteil bezieht sich größtenteils auf die Asana-Praxis, wobei wir verschiedene Übungstraditionen ausprobieren, die in der jüngeren Geschichte stark mit der Konstruktion von Geschlecht in Verbindung standen bzw. stehen. Im kreativen Reflexionsteil des Seminars bekommen die Teilnehmer*innen die Möglichkeit, eine Collage oder ein Bild anzufertigen und sich so spielerisch an die sehr persönliche Arbeit heranzutasten.

Es heißt, in Ihren Seminaren setzen Sie sich mit »dem oftmals vorbelasteten Thema in spielerischer Form auseinander«. Was meinen Sie mit »vorbelastet« und wie sieht dieser spielerische Zugang aus? Was ist das Ergebnis?
Therese Heinisch: »Vorbelastet« ist das Thema wohl. Wann immer man es anspricht, entstehen hitzige Diskussionen um Wortwahl, Privates, Politisches und vieles mehr. Der Feminismus hat ein gewisses Label, das nicht immer positiv besetzt ist und die Auseinandersetzung mit Geschlecht häufig überschattet. Das Thema spielerisch anzugehen, bedeutet für mich, verschiedene Methodiken einzubringen, ohne nach einem Falsch oder Richtig zu suchen. Wir schauen ins Innen des*der Einzelnen und finden Ausdrucksformen dafür, was wir dort finden. Dabei sollen die Teilnehmer*innen sich selbst näherkommen und liebevoll mit eigenen Wunden und Prozessen umgehen. Wir wollen Labels abbauen und in die Erfahrung des Istzustands kommen.

Wie können wir Menschen bei dieser heilenden Reise begleiten?
Therese Heinisch: Als Mitglied einer Gesellschaft kann ich meinen Mitmenschen zuhören und meinen Prozess offen teilen, sofern ich mich dazu bereit und sicher genug fühle. Zudem kann ich für meine Mitmenschen einstehen, wenn ich erkenne, dass ihnen Unrecht widerfährt. Ich kann an meiner Sprache arbeiten, Menschen akzeptieren, egal in welchem Geschlecht sie sich definieren. Ich kann ein Beispiel sein und meine Heilung in Angriff nehmen, den Mut beweisen, dass ich dranbleibe.

Als eine Person in Führungsrollen, vor allem im spirituellen Kontext, kann ich meine Gemeindemitglieder empowern und darin bestärken, Selbstverantwortung zu tragen. Ich kann Regeln einführen, die dem Schutz aller Geschlechter dienen und diese umsetzen. Ich kann es zum Thema machen, Wunden zu heilen, die durch Sozialisierung in bestimmten Geschlechterrollen beigefügt wurden. Zudem kann ich Ihnen Werkzeuge geben, um mit den Traumata umzugehen und sich neu zu entfalten. Sicher könnten wie diese Liste weiterführen, aber jeder kleine Schritt ist schon ein Anfang.

Kann der christliche Glaube eine Brücke sein? Yoga und Christentum, passt das zusammen?
Therese Heinisch: Yoga und Christentum – das eine große Frage. Viele der hinduistischen Gelehrten würden aufschreien. Ich halte es für wichtig, die Ursprünge des Yoga zu respektieren. Es gilt anzuerkennen, dass der Yoga aus religiösen Kontexten kommt, die nicht christlich sind. Ich sehe den modernen Yoga jedoch auch als eine Praxis, die uns allen zugänglich ist und sein sollte. Sie kann jeder*jedem helfen und jede*r darf sie praktizieren.

Auch historisch kann man argumentieren, dass der Yoga aus einem weiten Spektrum religiöser Kontexte stammt. Tantrismen, aus denen der Hatha Yoga stammt, also die eher körperlich orientierte Variante, tauchen in Buddhismus, Hinduismus sowie Sufi Islam und mystischen Ausrichtungen des Christentums auf. Es hilft, den Yoga als Praxis zu verstehen. Ich persönlich habe wenig Erfahrung mit dem christlichen Glauben, aber ich denke jede Einkehr und Innenschau kann helfen. Jede Form der Meditation heilt.

Berührungen von Christentum und Yoga – zur Geschichte

Carola Spegel

Christliche und yogische Bewegungen begegneten, bereicherten und berührten sich schon erstaunlich früh. Der Yoga selbst hatte schon eine eigene lange Entwicklungsgeschichte durchlaufen. Er formte sich in vielfältigen Wegen und Abzweigungen. Auch heutzutage setzt sich dieser Prozess in der lebendigen Praxis fort.

Yoga wurde aus der spirituellen Praxis heraus geboren und mündet in sie ein. Yoga ist kein theoretisches, in sich abgeschlossenes Dogma. Das war er nie, auch heute nicht. Der Yoga-Weg birgt ein Wissen aus eigener Erfahrung vieler Yogis in sich und bietet eine bleibende Offenheit bis in unsere Zeit hinein. Der indische Yoga-Lehrer B. K. S. Iyengar nennt ein solches durch die Praxis erworbenes Wissen – welches wir in unserem Wissenschaftsverständnis als »subjektiv« (ab-)qualifizieren würden, weil »nicht objektiv nachweisbar« – sogar »echtes« Wissen, eben weil es ein tiefes »inneres« Wissen sei. Demgegenüber stehe das objektive, nur angelesene oder studierte Wissen.[1]

Daher wird verständlich, dass in den vorhandenen Schriften, die eine adaptive Begegnung oder kritische Auseinandersetzung mit Yoga vonseiten des frühen, mittelalterlichen, neuzeitlichen und modernen Christentums aufweisen, stets der jeweils herrschende historische, kulturelle und gesellschaftliche Kontext herauszufiltern ist. Es sind die Brillen, mit denen die Menschen von früher und die Menschen von heute die Yoga-Welt kennenlernten und für sich integrierten.

Für die folgenden geschichtlichen Erläuterungen beziehe ich mich auf die umfangreichen Forschungsergebnisse meines einstigen hochgeschätzten Yoga-Philosophielehrers Dr. Karl Baier. Von seinem Buch »Yoga auf dem Weg nach Westen. Beitrag zur Rezeptionsgeschichte«[2] werde ich für die jeweilige Epo-

---

1 Vgl. B. K. S. Iyengar: Leap of Faith. DVD über Guruji Iyengars Lebensgeschichte. 2008.
2 Baier, Karl: Yoga auf dem Weg nach Westen. Beitrag zur Rezeptionsgeschichte. Würzburg 1998.

che nur die markanten Aspekte und Wegsteine bzgl. Yoga herausfiltern. Mir half die Lektüre und Vertiefung in die Geschichte, um zu verstehen, warum mir in den Anfängen meiner Arbeit in einer Münchner Pfarrei Vorurteile und Skepsis entgegenkamen, als ich begann, für die Gemeindemitglieder Yoga-Kurse anzubieten – und zwar als Teil meiner kirchlichen Arbeit als Pastoralreferentin.

Antike – die Gymnosophisten als Yogins?[3]

Fest entschlossen, Indien zu erobern, marschierte Alexander der Große im Jahr 327 v. Chr. in das heutige Pakistan ein. Für die Griechen dieser Zeit war Indien noch ein halblegendäres Land, über das sie nicht viel wussten. Die geografischen Unkenntnisse und die klimatischen Bedingungen, wie etwa der Monsunregen, beschwerten den Eroberungsfeldzug in vorher ungeahnter Weise und demoralisierten die Kriegsmannschaft. Während Alexander der Große sich im Panjab aufhielt, begegnete er den Yogis, den einzigen Menschen auf Erden, die er nicht zu bezwingen vermochte. Griechische Historiker zeichneten die Begegnung zwischen dem heroischen Feldherrn und einem nackten Weisen auf. Es folgt eine frei nacherzählte Variation der Geschichte:

Alexander und Dandamis

Unter den Brahmanen befand sich ein Weiser namens Dandamis, der im Walde wohnte und auf einer Bettstatt aus Blättern ruhte. Da Alexander von seinem Lehrer Aristoteles empfohlen wurde, einen der »großen mystischen, intellektuellen und spirituellen Superwesen, genannt Yogis« aufzusuchen, schickte der Eroberer einen seiner mitreisenden Philosophen, den Kyniker Onesikritos, zu dem Weisen mit der Botschaft: »Alexander, Sohn des mächtigen Gottes Zeus und Herr der ganzen Erde, lädt Sie ein, ihn zu besuchen. Wenn Sie kommen, werden Sie reichen Lohn erhalten. Wenn Sie nicht kommen, wird er Sie töten.« Dandamis hörte mit einem Lächeln zu, hob jedoch nicht einmal seinen Kopf an.
»Es gibt nur einen höchsten König«, antwortete er, »jener, der Licht, Frieden und Leben erschuf. Diesem König allein gehorche ich, und er verabscheut Mord und Krieg. Wie kann denn Ihr Alexander ein großer Herrscher sein, solange er dem Tod unterworfen ist? Und was kann er mir bieten, wenn meine Mutter, die Erde, mir bereits alles darbietet, was ich benötige? Ich habe keinen Besitz, den ich bewachen muss, daher schlafe ich ruhig des Nachts. Alexander kann meinen

---

[3] Baier 1998, S. 19–26; die Bezeichnung Yogin/s und Yogi/s können synonym verwendet werden.

Körper töten, aber er kann nicht meine Seele berühren. Zur Zeit des Todes müssen wir für unsere Handlungen Rechenschaft ablegen, daher sollte Ihr König gut nachsinnen über die Schreie all jener, die er unterdrückte. Möge er jene in Versuchung führen, die nach Gold begehren, möge er jene erschrecken, die den Tod fürchten, aber wir Brahmanen sind gegenüber beiden unberührt. Gehen Sie und sagen Sie Alexander, dass er nichts hat, was ich benötige, und dass ich nicht zu ihm kommen werde. Wenn er mit mir sprechen will, soll er selbst hierherkommen.«

Als Alexander diese Antwort hörte, machte er sich empört selbst auf den Weg, tief in den Wald hinein, um in eigener Person und Autorität als Eroberer aller Länder den Weisen Dandamis aufzusuchen. Der nackte Weise blieb trotz aller Androhungen des vermeintlichen Herrschers in seiner Mitte ruhend, seine Antworten waren klar und unangreifbar. Schließlich neigte Alexander seinen Kopf vor dem Yogi.

Eine zweite Entdeckung setzte Alexander in Erstaunen: Er fand in diesem fernen Land tatsächlich Inder, die Griechisch sprachen und mit den griechischen Göttern vertraut waren. Indische Geschichtsschreibungen behaupten, Kontakte zwischen den *Yavannas* (Sanskrit für »Griechen«) und Indien gingen auf das ferne Altertum zurück.

Die Griechen nannten die indischen Weisheitslehrer *gymnosofistai* (= nackte Weise). Sie werden in der griechischen und römischen Literatur aus kynisch-stoischer Sichtweise als Vertreter einer naturgemäßen Lebensweise beschrieben. Betont wurden deren asketische Leistungen, deren Immunität gegen Schmerz und Lust, sodann deren Todesverachtung und Indifferenz gegen Sitte und Satzung. Es waren genau diejenigen Aspekte, die im Zentrum der stoisch-kynischen Philosophie idealisiert wurden. Dieser Lebensweise gegenüber wurde Alexander zum Inbegriff des kritisierten westlichen Lebensstils, der nur auf Äußerlichkeiten, Ruhm und Macht ausgerichtet war. Es entwickelte und verfestigte sich im ganzen hellenistischen Raum ein teilweises klischeehaftes Indienbild, fußend auf der Gegenüberstellung, der Westen sei extravertiert, der Osten sei introvertiert. Es ergab sich ein verklärtes Indienbild, das das spätere europäische Interesse am Yoga beeinflussen sollte.

Eine andere Schrift erzählt von einer Unterredung des griechischen *Königs Menandros* mit dem buddhistischen Mönch *Nagasena*. Die fünf typischen Tugenden der Yoga-Praxis werden hier aufgezählt. Wahrscheinlich waren solche philosophisch-yogischen Gespräche an der Tagesordnung, wenn sie auch nicht aufgezeichnet wurden.

Ende des 2. Jahrhunderts v. Chr. wurde die Monsunpassage entdeckt. Die neue direkte Handelsroute zwischen Ägypten und Indien auf dem Seeweg wurde intensiv genutzt. Die Indienkenntnisse erweiterten sich nun auch in Ägypten, sodass antike christliche Autoren, wie etwa Clemens von Alexandrien oder ein Evagrios Pontikus, der Gründungsvater des christlichen Mönchtums und Mystiker, daraus schöpfen konnten. Man spürte eine Affinität zwischen der Yoga-Tradition und dem Neuplatonismus, der indischen Spiritualität und den christlichen Wüstenmönchen. Es herrschte eine Atmosphäre, die der Rezeption von asketischen und meditativen Praktiken aus Indien durchaus gewogen war.

Yoga im Mittelalter[4]

Die Rezeption des Yoga im Sufismus

Ab dem 8. Jahrhundert ging die expansive Ausbreitung des Islams vonstatten. Zwischen Europa und Indien wurde eine islamische Barriere aufgebaut. Die Handelswege waren nun in arabischer Hand. Ein direkter Zugang zur indischen Kultur entfiel. In den philosophisch-theologischen Diskussionen Europas dominierten nun Themen wie die Auseinandersetzung mit anderen Religionen, vor allem mit dem Judentum und dem Islam.

Al Biruni, ein Universalgelehrter mit umfassenden Indienkenntnissen, übersetzte das *Yoga Sutra* des *Patanjali,* die erste schriftliche Niederlegung der Yoga-Lehre, die über Jahrhunderte und Jahrtausende nur mündlich tradiert wurde, und einen Kommentar dazu ins Arabische. Al Biruni bemühte sich um eine fundierte Vermittlung der indischen Lehren und verwies mehrfach auf die Verwandtschaft des Yoga mit den Sufi-Lehren. Die Sufis stellten den mystischen Zweig innerhalb des Islams dar. Mit dem Aufzeigen der Ähnlichkeiten des Yoga mit den Sufi-Lehren plädierte Al Biruni dafür, dass yogische Meditationsformen in die Sufi-Praxis integriert werden sollten.

Vom 11. Jahrhundert an vertieften sich die Beziehungen zwischen Sufis und den Nath-Yogis, die in ganz Nordindien den Hatha-Yoga lebten und verbreiteten. Der legendäre Gründer des Ordens der Nath-Yogins, *Goraknath,* wird bis heute im Panjab von den Muslim*innen der Unterschicht als Heiliger verehrt. Die Sufis übernahmen von den Hatha-Yogis für ihre eigene Gebetspraxis die Atemübungen und die Lehre von den *chakras*. Diese gelten als Energiezentren im feinstofflichen Leib, die durch intensive Atemführungen erweckt bzw. aktiviert werden können.

4   Baier 1998, S. 27–77.

Zeitgleich kamen in der Ostkirche Gebetsweisen auf, für welche beide yogischen Elemente – Atemübungen und *chakras* – charakteristisch wurden, namentlich im *Hesychasmus,* der Gebetspraxis der Mönche im Sinai. Diese Übereinstimmung weist mit großer Wahrscheinlichkeit darauf hin, dass die Sufis die yogischen Praktiken an sie vermittelten. Immerhin ist im 12. Jahrhundert der Yoga schon bis nach Nordafrika vorgedrungen, belegbar durch Schriften im Sufismus. Auf der Durchreise boten sich Austauschgelegenheiten zwischen den Sufis aus Nordafrika und den Mönchen im Sinai an. Jene wiederum brachten im 14. Jahrhundert die Aspekte der neuen Gebetsweise zu den Mönchen auf den griechischen Berg Athos. Daher spricht man von einem *sinaitischen* und einem *athonitischen Hesychasmus.* Das Geschenk, das wir heute durch die damalige gegenseitige Befruchtung yogischer und christlicher Elemente pflegen dürfen, ist das Herzensgebet.

Der Weg zum Ort des Herzens im hesychastischen Gebet

Im Mittelpunkt der Frömmigkeitspraxis des ostkirchlichen Mönchtums stand und steht bis heute die *hesychía,* die völlige Gedankenstille. Das Stillsein und das Schweigen des Geistes werden direkt als Gebet verstanden, als ein beständiges Verweilen in Gottes Gegenwart. Die älteste überlieferte Quelle für den athonitischen Hesychasmus ist der *Methodos* (griech. *hodos* = der Weg; griech. *hodegós* = der Lehrer, der den Weg Weisende).

Auf dem Gebetsweg erlebt die*der Gläubige unterschiedliche Arten oder Stufen. Bei der ersten Art verfällt der*die Beter*in in große emotionale Bewegtheit, oft begleitet mit Vorstellungen oder Erlebnissen, die er*sie begeistert für göttliche Eingebungen hält. Die zweite Art versucht, den Geist von den sinnenhaften Dingen, Gedanken und Leidenschaften zurückzuhalten, meist in den unseligen Kampf gegen diese beherrschenden Kräfte erneut verwickelt.

Die dritte Art erreicht das »reine Gebet«: den *nous gymnós,* den *nackten Geist.* Leer, ganz offen und frei vernimmt der*die Beter*in in reiner Stille die Anwesenheit Gottes. Alle eigenen Vorstellungen sind verschwunden, auch diejenigen vom Göttlichen selbst. Es ist nur noch der Raum da für das Licht Gottes, das dann im Innersten des Menschen als dessen eigenes Licht aufleuchtet. Eine solche Lichterfahrung in der Meditation wird so aufgefasst: Der*Die Beter*in partizipiert an der göttlichen Seinsweise des verklärten Jesu auf dem Berg Tabor. Dies erinnert stark an den Weg und das Ziel im *Yoga Sutra* des *Patanjali:* dem *citta-vritti-nirodha;* was ein langsames Zur-Ruhe-Kommen aller Gedanken- und Gemütsbewegungen meint; ähnlich einem auslaufenden Rad, das, ohne weiter angeschoben zu werden, von sich aus langsam den Stillstand erreicht. Überdies werden genau diese drei Ebenen des Gebets in heutigen Exerzitien- bzw. Kontemplationskursen gelehrt, angepasst in unseren zeitgenössischen Worten.

Für den gesamten Gebetsweg wird nun der Leib fundamental mit einbezogen. Typisch yogische Elemente sind erkennbar: eine korrekte Haltung, die Atmung und mit dem Atem kombinierte Konzentration. Die Aufmerksamkeit wird auf bestimmte Bereiche des Leibes hingelenkt: vom Kopf hinunter in das Zentrum in der Leibesmitte (Nabel) und wieder hoch in das Herz. Die leiblichen Übungen mögen auf den ersten Blick als Methoden oder Techniken erscheinen, ihr tieferer Sinn bzw. ihre »Tiefendimension« erschließt sich auf den zweiten Blick, nämlich durch das Tun selbst.

Das späte Mittelalter pervertiert die leibbezogenen Gebetsaspekte. Nur noch die Herzgegend darf beatmet werden, nicht mehr der Nabel, weil dies der Ort von gefährlichen Neigungen, Leidenschaften und Gefühlen sei. Die Haltung soll nicht mehr gerade sein, sondern gebückt. Die entstehenden (Rücken-)Schmerzen dienen zur Reinigung des*der Betenden. Das Verzögern und Anhalten des Atems wird im 18. Jahrhundert sogar als eine Art Selbstbestrafung angepriesen. Atmung und Haltung als Fundament der hesychastischen Gebetsübung werden zunehmend vernachlässigt und verfallen wachsendem Unverständnis.

Die prophetische Kabbala im Mittelalter

Seit dem 13. Jahrhundert herrschte eine theologische Richtung unter den jüdischen Gelehrten vor, die sich durch Einflüsse des Sufismus, des Neuplatonismus, dem griechisch-orthodoxen Hesychasmus, der griechisch-arabischen Philosophie und der mittelalterlichen Mystik des Judentums in Deutschland zu der sogenannten *prophetischen* bzw. *ekstatischen Kabbala* herausbildete.

Die *Kabbala*, wörtlich »Tradition«, umfasste eine theologische Richtung innerhalb des Judentums. Die kabbalistischen jüdischen Gelehrten versuchten, den geheimen Sinn hinter der Tora zu entschlüsseln. Ihrer Vorstellung nach habe Mose zwei Offenbarungen in der Wüste auf dem Berg Horeb erhalten. Um das in den Gesetzen und Offenbarungen Verborgene aufzuspüren, benutzten sie eine vom Neuplatonismus inspirierte spekulative Mystik mit verschiedenen Kontemplationsarten.

Für die neue Bewegung initiierte Abraham Abulafia (1240–1291/92) eigene Bruderschaften und verbreitete seine Meditation des Gottesnamens. Hierfür bezog er den Atem ein und zwar derart, dass die Parallelen zum *pranayama,* den yogischen Atemübungen zur Atemkontrolle und Atemverlängerung, offensichtlich sind. Abulafia gab Anweisungen zu einem stark verlangsamten Atemrhythmus, er unterschied zwischen einem »ruhenden, unterbrechenden« und einem

»ausdehnenden« Atem, was im *pranayama* der typischen Dreiteilung des Atems entspricht: einatmen – ausatmen – Atempause. Mit dem verzögerten Atem wurden die Buchstaben des Gottesnamens rezitiert. Dies sollte dazu dienen, die Dämonen und Leidenschaften zu besiegen und die *schechina,* die Gegenwart Gottes auf Erden, im eigenen Leib zu erfahren, und zwar als Wärme und Licht im Herzen. Ebenso wie im Hesychasmus und in einigen Yoga-Traditionen wird der geführte Atem als eine Hinführung zur Gotteserfahrung verstanden.

Im 15. und 16. Jahrhundert rezipierten neuplatonisch orientierte Renaissance-Philosophen und -Theologen die Kabbala und gestalteten sie zu einer *christlichen Kabbala* um. Diese wiederum stellte die Basis dar für die im 19. Jahrhundert stark werdenden vulgarisierten Richtungen der Esoterik und des Okkultismus. Den Rahmen dafür bot der Kolonialismus, der im 17. Jahrhundert mit der britischen und niederländischen Ostindien-Gesellschaft begann und den Weg für einen wachsenden Reiseverkehr und der christlichen Missionierung der »halbzivilisierten« Inder eröffnete.

Die frühe Neuzeit – Yogis als Heilige, Gaukler, Fakire und Büßer[5]

Mit den Berichten von Reisenden und Missionaren setzte eine neue Phase der Yoga-Rezeption ein. *Yoga* wurde nun namentlich benannt und besprochen, allerdings mehr die Yogis oder Randgruppen der Yogis als direkt die Lehre oder die Praxis des Yoga. Yogins, vulgarisierte Formen des Yoga, Fakire und eine Art von radikalen Büßern wurden alle miteinander identifiziert. Sie alle galten in den Reiseberichten als gleich gering und wurden mit den üblichen Klischees beschrieben. Bis zum Ersten Weltkrieg war es üblich, Yoga unter dem Stichwort *Fakirismus* abzuhandeln.

Yoga und die deutsche Philosophie des 19. Jahrhunderts – Yoga im Lichte von Aufklärung und Romantik[6]

Ende des 18. Jahrhunderts wuchs die Auseinandersetzung mit Indien und dem Yoga. Das Interesse wandelte sich zu einer regelrechten Mode unter Intellektuellen und Künstler*innen. Die »Weisheit aus dem Osten« wurde auf der einen

---

5   Baier 1998, S. 79–85.
6   Baier 1998, S. 87–116.

Seite idealisiert und stilisiert und somit in den Dienst genommen, um Selbstkritik an Westeuropa, der Gesellschaft und dem institutionalisierten Christentum, zu üben. Auf der anderen Seite wurde der Yoga der rationalen Analyse und teils stark abwertenden Kritik unterworfen. Viele berühmte Persönlichkeiten bemühten sich ernsthaft um ein Verständnis der indischen Lehren, so z. B. Kant, Herder, Görres, Schlegel, Schopenhauer, Humboldt, Hegel und Schelling.

Die *Romantik* schwärmte in positiven Klischees von Indien, und zwar in jenen, die bei den alten Griechen vorzufinden sind: Indien sei eine Idealkultur von ursprünglicher Weisheit und Naturverbundenheit. Das Morgenland sei die unverdorbene Wiege und das verlorene Paradies der Menschheit, der Ursprung und die Quelle alles Wissens, das Land allen Anfangs. Demgegenüber stehe die degenerierte europäisch-christliche Gegenwart hierzulande.

Der *Idealismus* bereicherte die Untersuchungen der Yoga-Lehre, weil neue Schriften übersetzt und begeistert aufgenommen wurden. Diese bot fortan die Möglichkeit, neue Aspekte des Yoga zu erforschen. Aber die Hochschätzung Indiens und damit der Yoga-Praxis schlug ins Gegenteil um. Es wurde ein Aufstieg der menschlichen und kulturellen Entwicklung von Ost nach West postuliert. Schließlich kulminierte diese Betrachtungsweise in der Lehre von der arischen Rasse. Vor allem die okkulte und esoterische Szene im angloamerikanischen Raum bediente sich dieser Theorie.

Problematisch bei allen Verfahren ist, dass in dieser Zeit des 19. Jahrhunderts der Mensch als »vernunftbegabtes Wesen« (Immanuel Kant) in den Vordergrund rutschte, um sich von der langen Dominanz und Oberherrschaft des kirchlichen Wesens abzusetzen: Die Kritik richtete sich gegen Aberglaube, Priesterbetrug, unkritische Dogmenhörigkeit und Ritualismus. Infolgedessen wurde die yogische Meditation zwar erforscht, allerdings nur durch das logische Denken und nicht durch die eigene Praxis mit den notwendigen eigenen Erfahrungen. Somit blieben die Ergebnisse dieser philosophischen Epoche fragmentarisch und durch die Brille des Idealismus gefärbt. Leiblich betonte Gebetsweisen, verbunden mit Atemübungen, fielen vollkommen aus dem Blickfeld heraus.

Bei *Georg Wilhelm Friedrich Hegel* finden sich vernichtende Urteile zur yogischen Meditation. In seinen Beschreibungen spricht er von: »Einförmigkeit eines tat- und gedankenlosen Zustandes«, »der Strengigkeit, in leerer Sinnlosigkeit sich zu enthalten«, von »Anstrengung zu äußerer und innerer Leblosigkeit«, »stiere indische Beschauung«, »Vereinsamung des Selbstbewusstseins mit sich«, »Verstumpfung« und »Vereinsamung der Seele in die Leerheit«.[7] Hegel nennt

---

7 Vgl. Hegel zit. nach Baier 1998, S. 97.

zwar den meditativen Zustand eine Erhebung, die man Andacht nennen könnte. Diese Andacht sei aber nur eine inhaltslose *abstrakte Andacht* und daher vom inhaltsvollen christlichen Gebet verschieden. Hegel nimmt vorweg, was heute noch gegenüber der ungegenständlichen Meditation, die vor allem im Zen eingeübt wird, eingewendet wird.

Kommen wir nun zum *Positiven der Zeit der Aufklärung:* Wichtige Meilensteine wurden gesetzt durch die Übersetzungen zweier Grundlagenwerke des Yoga und Betrachtungen zum Wesen des Begriffs *Yoga.*

Die *Bhagavad Gita* (= »Gesang des Erhabenen«, abgekürzt BhG) gehört zur Sparte des religiösen Yoga und ist das sechste Buch in dem indischen Epos *Mahabharata*. Es beinhaltet ein Lehrgespräch zwischen Krishna und Arjuna. Beide gehören zu den *Pandavas,* den guten Brüdern, und ihren Verbündeten, die auf dem Schlachtfeld bereitstehen, um gegen die *Kauravas,* die bösen Brüder, und ihr fast unübersichtlich großes Heer zu kämpfen. Den Krieger Arjuna überfallen Zweifel, Sinnlosigkeit und moralische Skrupel beim Anblick seiner Brüder, Freunde und Verwandte auf der gegnerischen Seite. Krishna als Wagenführer belehrt ihn in immer neuen Ansätzen über den Yoga und die verschiedenen Yoga-Wege, die *margas* (Sanskrit für Pfad, Weg).

Daraus bekannt sind Yoga-Richtungen wie *Karma-Yoga* (Yoga der guten, hingebungsvollen Tat), *Janana-Yoga* (Yoga der tieferen Erkenntnis), *Bhakti-Yoga* (Yoga der liebenden Hingabe) und *Raja-Yoga* (Yoga der Versenkung und Meditation). Weitere Wege bzw. Aspekte werden angeboten, weil die Menschen unterschiedlich veranlagt sind und dementsprechend die zu ihnen stimmige Yogapraxis finden sollen. Krishnas Intention ist, zu zeigen, dass alle Wege zur Vereinigung mit ihm, dem Göttlichen, führen. Arjuna gehört der Kriegerkaste an, daher solle er mutig in den Kampf ziehen. Metaphorisch gedeutet beschreibt die BhG all die inneren Kämpfe, die in uns ablaufen in dem dualen Spiel von hell und dunkel.

Die *Upanishaden* sind eine umfassende Sammlung an spirituellen Schriften. Die ersten Teile bilden den Abschluss der vedischen Bücher, weitere Teile entkoppeln sich zu einem eigenständigen Komplex. Hier erscheint ein ähnlicher Weg wie derjenige, der in den biblischen Schriften des Alten und Neuen Testaments zu verfolgen ist. Der Blick geht weg von der Opfermystik und dem Ritualismus hin zur Verinnerlichung mit der Erkenntnis, dass das Göttliche, *brahman,* als *atman* im Menschen selbst ruht, letztendlich sogar eins ist. »Das Reich Gottes ist in euch!« (Jesus, vgl. Lukas 17,21). Die *Upanishaden* sind essenziell für die yogische Entwicklung und das Verständnis des Yoga und der gesamten Yoga-Praxis. Sie beschreiben Übungswege für die *yogische Reise von außen nach innen*

(B. K. S. Iyengar). Der Weg nach innen ist im richtigen Verständnis das eigentliche und wirklich reine *Opfer* ans Göttliche, gefasst im Stichwort »Hingabe«.

Innerhalb des Ringens um das richtige Erfassen des Yoga tauchte im 19. Jahrhundert die Suche nach dem Wesen des Yoga auf. Hegels Generation fragte zum ersten Mal: Wie übersetze ich den Ausdruck »Yoga«? Als Antwort finden sie Begriffe wie »Innigkeit« (Schelling), »Insichgekehrtheit« und »Vertiefung« (Humboldt). Zu guter Letzt wurde in Deutschland und weltweit das Sanksritwort »Yoga« beibehalten, weil es keine definitiv adäquate Übersetzung gibt.

Die Deutsche Philosophie und Indologie im 19. und 20. Jahrhundert

Eine Folgeerscheinung der romantischen und aufklärerischen Phase waren die Anfänge der deutschen Sanskritphilologie und Indologie, die den Boden bereiteten, indische Originaltexte des Yoga wissenschaftlich nach unterschiedlichen Kriterien zu erforschen. Zu den Indologen der Pioniergeneration zählen Paul Deussen, Richard von Garbe, Hermann Oldenberg, sodann noch Heinrich Zimmer, Jakob Wilhelm Hauer und Mircea Eliade.

Zwei die Folgezeit prägende Punkte sind hier aufgeführt:

1. Deussens philosophische Interpretation, Yoga impliziere einen Rückzug von der Außenwelt und eine Hinwendung zum transzendenten Subjekt. Sie wurde zu einer einflussreichen Strömung innerhalb der neueren Rezeptionsgeschichte.

2. Der Begriff *maya* wurde im Anschluss an Arthur Schopenhauer zum Schlagwort der nihilistischen Auffassungen der indischen Philosophie. Sie verstanden das indische »die Welt sei *maya*« als: Die Welt sei bloßer Schein, reines Trugbild, das einzig das Absolute verschleiere. Nur der absolute Geist sei das Wirkliche. Diese Sichtweise erinnert stark an Platons Höhlengleichnis, welches im Bild der Lichtquelle und der angeketteten Menschen, die nur die Schatten an der Höhlenwand sehen, genau diese *maya*-Interpretation ausdrückt. Erst später stellte die indologische Forschung, u. a. durch Heinrich Zimmer klar, dass *maya* keineswegs nur eine weltverneinende Bedeutung hat.

Magier*innen und Eingeweihte – Yoga im Rahmen von Okkultismus und Esoterik[8]

In der Zeit nach Deussen verschwand der Yoga aus der deutschen Philosophie und wurde zur Sache von Fachleuten hochspezialisierter Forschungsrichtungen. Sie beäugten misstrauisch eine Szenerie, die sich im letzten Drittel des 19. Jahrhunderts mit dem Yoga zu beschäftigen begann, allerdings auf ihre Art und Weise: die Esoterik und der Okkultismus.

Die Wurzeln dieser neu auftretenden Bewegung lagen in der Philosophie der Renaissance, insbesondere am Hof der Medici in Florenz. Hier wurde im 15. Jahrhundert ein System aus Christentum, Neuplatonismus, hermetischem Schrifttum, Kabbala und Elementen aus Magie und Astrologie entwickelt. Ihr Anspruch war, eine Synthese aller Religionen und Philosophien. Im 16. und 17. Jahrhundert genoss die Bewegung in Italien, Frankreich, Deutschland und Großbritannien hohes Ansehen. In der Zeit der Gegenreformation und Hexenverfolgungen wurde sie diffamiert, in den Untergrund gedrängt, um im 19. Jahrhundert mit unerwartetem Einfluss wieder aufzutreten. Zur ersten Generation der okkulten und esoterischen Yoga-Rezeption gehörten u. a. A. L. Constant, Éliphas Lévi, Helena Blavatsky, Charles Webster Leadbeater und Alester Crowley, Graf Keyserling, Alice Bailey, Annie Besant.

Yoga in der Theosophie

1875 gründete Helena Blavatsky zusammen mit dem amerikanischen Oberst Henry Olcott in New York die *Theosophical Society*. Vier Jahre später verlagerten sie ihr Hauptquartier nach Adyar in Südindien, wo sie zum Buddhismus konvertierten. Ende des 19. Jahrhunderts verbreitete sich die Theosophie in den USA und Europa sehr schnell. Sie übernahm eine Schlüsselrolle in der Vermittlung und Popularisierung von Buddhismus, Hinduismus und Yoga im Westen und machte das Grundlagenwerk des Yoga, das Yoga-Sutra, erstmals einem breiten Leser*innenkreis in Deutschland und England bekannt. Bis in die 30er-Jahre des 20. Jahrhundert hinein bestimmte die theosophische Yoga-Rezeption das Bild vom Yoga in Europa wesentlich mit.

Yoga wurde als ein hervorragendes, von den frühen Ariern erfundenes Mittel zur geistigen Entwicklung empfohlen, weil er zu einer positiven selbstindu-

---

8 Baier 1998, S. 117–143.

zierten Trance führe. Dafür sei aber nur der *Raja-Yoga* geeignet, die Geistes- und Meditationsübungen (*raja,* Sanskrit für »königlich«). Das *Yoga Sutra des Patanjali* sei diese Form des gewünschten geistig höherstehenden Yoga, geschaffen für die arische bzw. indogermanische Rasse, wovon die angelsächsische Rasse die höchst entwickelte Stammrasse darstelle. Niedriger anzusiedeln seien die Körperübungen des *Hatha-Yoga,* welcher den »unterentwickelten Rassen« diene wie den Inder*innen (zumindest den unteren Klassen der Inder*innen) und den semitischen Rassen der Juden*Jüdinnen und Araber*innen. Die Ideen der *Ariosophie* eines Lanz von Liebenfels und Guido List werden in den Antisemitismus des Nationalsozialismus einwirken, so wie es sogar noch beim Indologen Jakob Wilhelm Hauer zu finden ist. Vivekananda, hinduistischer Mönch, Swami und Gelehrter, der in enger Verbindung mit Blavatsky steht, reduzierte den Hatha-Yoga auf Körperhaltungen und Atemübungen und (dis-)qualifizierte jenen schließlich als *Yoga für gesunde Tiere.*

Ein Blick auf die Reiseliteratur der Moderne[9]

Ab 1869 bot der neu eröffnete Suezkanal ein leichteres Reisen an: Das kolonialisierte Indien war mit dem Dampfschiff in nur drei Wochen erreichbar. Überdies bestand seit der Jahrhundertwende ein imposantes Eisenbahnnetz innerhalb des Landes. Reiseberichte des späten 19. Jahrhunderts verarbeiten das klischeehafte positive oder negative Indienbild des vorherigen Jahrhunderts weiter. Hierzu einige Beispiele:

Hanns Heinz Ewers, oft von oben herabblickend, übte harsche Kritik am Okkultismus und der esoterischen Indien-Literatur, ohne jedoch die neuen Aspekte zu beachten, die die Theosophie für das Yoga-Verständnis bis dato erreicht hatte. Johannes A. Sauter, beeindruckt von der Begegnung mit einem gewissen Swami Sri Devananda in Bengalen, beschwor Indien ganz im romantischen Geist als Land des Ursprungs und betont, dass Yoga mehr sei als ein Training okkulter Fähigkeiten, nämlich der Weg zum All-Ich und zur Vereinigung mit diesem. Wenn Sauter seinen Swami beschrieb, so assoziierte er biblische Gedanken damit. Es begann hier eine Linie, die man als Christianisierung des Yoga bzw. der indischen Religion bezeichnen könnte.

Mit erheblichen Vorkenntnissen bereiste Paul Brunton Indien für zwei Jahre. Durch seine direkten Kontakte mit Hatha-Yogis bietet sein Werk ein höheres

---

9   Baier 1998, S. 145–160.

Niveau in der Auseinandersetzung mit Yoga und Indien. Sein umfangreiches Buch »A Search in Secret India« erzielte weltweite Verkaufserfolge.

Beeindruckend ist sein persönliches Erlebnis mit und durch einen äußerst fortgeschrittenen Meister im Himalaya, mit *Ramana Maharshi*. Jener Meister ließ seine Schüler stets nur der einzigen Kernfrage nachgehen: *Wer bin ich?* Brunton erfuhr bei ihm endlich die lang ersehnte Erleuchtung, *die erhabenste innere Schau* seines Lebens.

> »Ich habe alle Gedanken an die Welt, die mich bis jetzt beherbergt hat, hinter mir gelassen, ich bin in strahlendes Licht eingetaucht. Mehr fühlend als wissend bin ich am Urgrund alles Seins angelangt […]. Unendlich weit reicht dies All, weit ins Unendliche hinein, und ist mir doch so gegenwärtig. […]
>
> Ich habe keins der östlichen Glaubensbekenntnisse übernommen […]. Ich gewann meinen Glauben so wieder, wie ihn nur der Zweifler wiedergewinnen kann: nicht durch Überredungskünste, sondern durch überwältigende Erlebnisse.«[10]

Brunton spricht aus, was ich selbst und etliche Menschen, denen ich begegnet bin, im Rückblick zugeben können: Mittels Yoga oder buddhistische Meditation gewinnt der eigene christliche Glaube neue Strahlkraft. Ein Weg hat sich eröffnet, zu den eigenen christlichen Wurzeln zurückzufinden.

Die psychologische Deutung des Yoga[11]

Ab dem ersten Drittel des 20. Jahrhunderts fand die wissenschaftliche Auseinandersetzung mit dem Yoga in der Psychologie statt.

Die Schulpsychologie des 19. und beginnenden 20. Jahrhunderts

Diese akademische Strömung untersuchte den Yoga mit rationalistisch-positivistischer Methode. Möglichst objektiv sollten außergewöhnliche Phänomene von Yogis beobachtet und dokumentiert werden. Wie war es möglich, dass Yogis sich für längere Zeit begraben lassen und den Atem- und Herzstillstand herbei-

---

10 Brunton, zit. nach Baier 1998, S. 160.
11 Baier 1998, S. 161–256.

führen konnten? Teilweise wurden Yoga-Meditationen gewürdigt, aber auch als Selbsttäuschung oder sogar als krankhaft diffamiert.

Seit Beginn der 1930er-Jahre stand das Autogene Training im Mittelpunkt des Interesses, eine von Heinrich Schulz geformte Entspannungsmethode. Er integrierte einzelne Aspekte der Yoga-Philosophie, besonders den achtfachen Pfad des Yoga Sutra, ebenso einzelne Körperhaltungen und Meditationsformen. Der Yoga gewann durch ihn neue Wertschätzung.

Eine weitere Linie, den Yoga zu erforschen, geschah unter dem Begriff der Psychotechnik. Yoga wurde verzweckt, um die psychische Verfassung zu verbessern und die Leistungsfähigkeit durch Konzentrationssteigerung zu erhöhen. Yoga wurde so zu einer Form der angewandten Psychologie. Erkennbar ist hier die epochale Tendenz zur Psychologisierung des Yoga.

Yoga in der Tiefenpsychologie

Das gesellschaftliche und geistige Milieu, in dem sich die Tiefenpsychologie mit ihrem Verständnis des Yoga bewegte, ist die Lebensreformbewegung. Seit 1900 fasst dieser Sammelbegriff eine Protesthaltung zusammen, die sich als Graswurzelbewegung in verschiedenen Lebensbereichen auffächerte. Ausgangspunkt war die sich neu entfaltende Naturheilkunde. Um Alternativen zu einem Leben in großen industrialisierten Städten und dem damit einhergehenden Kapitalismus zu finden, zog es Menschen zurück aufs Land, in ein möglichst naturverbundenes, den Leib bejahendes Leben hinein. Es bildeten sich Wohngemeinschaften Gleichgesinnte, Siedlungsgesellschaften mit Selbstversorgung, reformierte Pädagogik und Reformschulprojekte. Man strebte danach, durch Meditationspraktiken zu den Quellen religiöser Erfahrung zurückzukehren. Das Christentum verlor die Stellung, der selbstverständliche religiöse Bezugsrahmen zu sein. Ein Netz von Autoren stand in regem Austausch, einige seien hier genannt: Hermann Graf Keyserling, Oscar A. H. Schmitz, Carl Gustav Jung, Romain Rolland, Jakob Wilhelm Hauer und Heinrich Zimmer.

Möglicherweise ist der erste Wegbereiter, der Yoga mit Tiefenpsychologie verband, Hermann Graf Keyserling, eine fragwürdige Gestalt, aber mitprägend für die Geschichte des Yoga im deutschen Sprachraum. Als vielgelesener Modephilosoph protegierte er einen »Yoga für den abendländischen Herrenmenschen«. Konzentrationsschulung und -kultur, Leitworte seines Yoga-Verständnisses, seien nötig, um den Menschen kraftvoll und produktiv zu machen. Er funktionierte den Yoga zu einem Mittel der Machtsteigerung für den europäischen »Herrenmenschen« um.

Während der 1920er- und 1930er-Jahre, d. h. in der Phase nach den unvorstellbar traumatischen Erlebnissen des Ersten Weltkriegs, widmeten sich tiefenpsychologische Therapien auch religiösen Aspekten des Menschseins. Yoga wurde entweder integriert als neue Form von Spiritualität, westlicher Yoga als Psychotherapieform als solche, oder er wurde gänzlich abgelehnt. Vertreter jener drei Typen sind Keyserling und Schmitz, Jung und Freud.

Es seien nur Stichworte aufgezählt, um einen Eindruck zu gewinnen, wie Yoga für das jeweils eigene Interpretationssystem vereinnahmt wurde: Yoga als Autosuggestion (Oscar A. H. Schmitz), Yoga als philosophisches System aus der Kombination der Yoga-Praxis mit buddhistischer Meditation (Friedrich Heiler, Franz Alexander), Yoga als methodische Regression in den pränatalen Zustand (Freudsche Schule), Yoga als indische Versenkung in pränatalen Narzissmus, als Sublimierung des Geburtstraumas (Otto Rank), Yoga als ozeanisches Gefühl, das den Klient*innen ins eigene Triebleben und in die Illusion des Ungeborenen zurückbringt (Sigmund Freud), Yoga als Methode der Introversion, die den zerrissenen Menschen zur Ganzheit führt, die aber einer westlichen Überformung bedarf (C. G. Jung), Yoga als Zentroversion bzw. Hinkehr des Menschen zur Mitte des Selbst (Erich Neumann).

Egal ob mit positiver oder negativer Einstellung zum Christentum und zum christlichen Glauben: Als begrüßenswertes Fazit der tiefenpsychologischen Yoga-Rezeption bleibt am Ende eine notwendige Aufwertung des Leibes an sich und damit der Körper- und Atemübungen sowie der Konzentrations- und Meditationsübungen, bei Neumann sogar der Mystik.

In der Zeit vor, während und nach dem Zweiten Weltkrieg verfassen drei berühmte Indologen die ersten sehr komplexen religionsgeschichtlichen Gesamtdarstellungen des Yoga: Jakob Wilhelm Hauer, Mircea Eliade und Heinrich Zimmer. Sie zählen heutzutage immer noch zu den Standardwerken in der Indologie.

Ein Blick in die Moderne – lebendiger Austausch von Ost und West

In der Philosophie widmete sich die Phänomenologie dem Phänomen Mensch als leibhaftiges Lebewesen. Die These: Alle Geisterfahrungen, auch die Gotteserfahrungen, geschehen nur im und mit dem Leib. Geist und Leib sind eine unzertrennbare Einheit. Bei Medard Boss wird das menschliche Leibsein als *das Leiben von Verhaltensweisen* eingebunden in den Kontext Medizin und Psychologie.

Ein Zentrum für humanistische interdisziplinäre Studien mit enormer Breitenwirkung bildete das Esalen-Institut in Big Sure, Kalifornien, 1962 gegründet von Michael Murphy und Dick Price. In seiner Hochphase in den 1960er- bis 1980er-Jahren lehrten dort die berühmtesten Persönlichkeiten, die mit allerhand neuen Körpertherapien experimentieren und enorme Breitenwirkung erzielten. Was den Yoga betrifft, übernahmen sie nicht nur Körper-, Atem- und Meditationsübungen, sondern auch das Konzept der feinstofflichen Energiezentren, den *chakren,* und den Strömungsbahnen, den *nadis,* allerdings mit den Vorlagen der theosophisch ausgearbeiteten Ideen zu diesen. Was zu diesem Thema übernommen und teils vereinfacht wird, ist auf dem heutigen Yoga-Büchermarkt in Hülle und Fülle zu finden.

In der Theologie prägte Karl Rahner Gedanken wie: Der Geist drücke sich in der Schöpfung aus, in Leiblichkeit und Formen. Daher sei unser Leib sowohl Medium als auch Ursymbol für Geist und Seele. Er sei das *Ursakrament,* in dem etwas in der Wirklichkeit erscheine. Wandlung, Menschwerdung geschehe und vollziehe sich im und durch den Leib. Der leibhaftige Mensch sei wirkendes Symbol der göttlichen Gegenwart. Mönche etablierten Yoga-Praxis und Zen-Meditation in ihren Häusern und nahmen diese Elemente auch für öffentliche Kurse wie Exerzitien und Retreats an. Von dort aus flossen Yoga und Zen weiter in so manche Gemeinden vor Ort.

Ein kurzer Blick auf den Weg des Yoga von West nach Ost

Die Lebensreformbewegung wirkte über den Aufschwung von Körperkultur und Leibesübungen (Sport, Gymnastik, Turnen mit Turnvater Jahn) im Westen direkt ins koloniale Indien hinein. Westlicher Kampfsport der britischen Soldaten und die Yogaschule des T. Krishnamacharya existierten nebeneinander und in gegenseitiger Inspiration am Hofe des Maharajas von Mysore. Von diesem Königshof aus gingen viele Modernisierungen ins Land hinein wie Elektrizität und Schulbildung auch für Mädchen, ebenso wie die Förderung und die Modernisierung des eigenen Yoga-Erbes durch die *Yogashala* (= Yogaschule) des großen Yogis T. Krishnamacharya.

T. Krishnamacharya pflegte regen Kontakt mit zwei anderen Yoga-Meistern, die darauf bedacht waren, das alte Yoga-Erbe wieder neu zu beleben: Shri Yogendra, bekannt als *Vater der indischen Yoga-Renaissance* und Gründer des ersten Yoga-Zentrums der Welt im modernen Sinne (Nähe Bombay), und Shri Kuvalayananda in Lonavla, ebenso maßgeblich beteiligt an der Popularisierung und an wissenschaftlichen Untersuchungen von Hatha-Yoga, Verfasser eines neuen Curriculums für indischen Schulen, Yoga als Fach inbegriffen. Weltoffenheit, Austausch, Experimentierfreudigkeit und ein bleibendes inneres Feuer für den Yoga kennzeichnen alle drei modernen Yoga-Pioniere.

T. Krishnamacharyas Schüler verbreiteten seinen Stil in jeweils eigener Verfeinerung in die ganze Welt und bis nach Indien hinein. Außerordentlich prägend wirken die ersten Schüler*innen von ihm: Pattabhi Jois/Ashtanga Yoga, Indra

Devi/Svastha Yoga, B. K. S. Iyengar/Iyengar-Yoga, T. K. V. Desikachar/Vini-Yoga, A. G. Mohan/Svastha Yoga und Ayurveda. Andere Linien mit Breitenwirkung im Westen und im asiatischen Raum gehen aus von: Swami Shivananda, Swami Vivekananda und dem Ramakrishna-Orden, Yogi Bhajan/Kundalini Yoga, Shri Aurobindo/Integral-Yoga, Paramhansa Yogananda/Self-Realization Fellowship. Weitere Stilrichtungen von namhaften Yoga-Lehrer*innen verzweigten sich von hier aus immer mehr.

Zum Einfluss des westlichen Christentums in Indien ist positiv anzumerken, dass man nach den langen Jahren der Kolonialisierung mitsamt der vehementen christlichen Missionierungsphase nun versuchte, das einheimische Erbe besser zu verstehen, von innen heraus. Christliche Ashrams entstanden wie das von Bede Griffiths, einem britischen Benediktinermönch und einem der bekanntesten christlichen Mystiker des 20. Jahrhunderts. 1968 übernahm er den Pilgerort Sat-Chit-Ananda Ashram im südlichen Indien.

Ein anderes Beispiel ist das offene Zentrum Auroville, eine in der Nähe von Puducherry (auch als Pondycherry bekannt) geplante internationale Stadt, gegründet von Sri Aurobindo und Mirra Alfassa. Ein ernsthafter interreligiöser und erfahrungsbasierter Austausch wuchs heran und bereicherte Ost und West gleichermaßen. Auch Rishikesh und Pune zählten zu den Hochburgen der westlichen Yoga-Pilger*innen. Diese Orte sind später zum Teil wegen der Verbindung zur Hippiebewegung und eigenwilligen Sonderformen wie im Osho-Zentrum in Verruf geraten.

Yoga begann Menschenmassen zu begeistern und regelrecht zu explodieren: hinein in Bereiche wie Gesundheit, Prävention, Therapie, Freizeit, Sport, Spiritualität, Wirtschaft, sogar in den Yoga selbst mit einer Vielzahl an neuen Yogastilen und Mischformen. Die so lange herrschende wertende Spaltung, der meditativ ausgerichtete Raja-Yoga sei höherstehender als der körperorientierte Hatha-Yoga, hob sich auf. Für die Mystik heißt das: Gotteserfahrung geschieht *im* Körper und nicht außerhalb von ihm. Oder nach einem anschaulichen Bild von Dr. Karl Baier: Wenn ich meditieren möchte, so tue ich dies *körperlich* im Sitzen und stelle dafür nicht meinen Körper in die Besenkammer, um ihn nach meinem Meditieren wieder hervorzuholen.

»Der Fromme von morgen wird ein ›Mystiker‹ sein, einer, der etwas ›erfahren‹ hat, oder er wird nicht mehr sein.«[12]

---

12   Karl Rahner, Schriften zur Theologie VII, zit. nach Michael Gentschy: Yoga und christliche Spiritualität. München 1989, S. 15.

Vielfalt Yoga – Hier geht es um den gesamten Menschen
Yoga für Senior*innen, Kinder und Kranke – ungewöhnliche Formen mit Bier und Ziegen

Kerstin Gnodtke

Yoga wird seit Jahren immer beliebter in der westlichen Welt. Neben Yoga für spezielle Zielgruppen, zum Beispiel für Senior*innen, Menschen mit Krebserkrankungen oder Kinder, entstehen auch ständig neue und ungewöhnlichere Yoga-Formen. Yoga ist einem stetigen Wandel unterworfen. Ein Blick in die Geschichte zeigt, dass sich Yoga immer wieder auch der jeweiligen Epoche angepasst hat. Das ist gut so, denn neue und kreative Ansätze führen dazu, dass sich auch heute immer mehr Menschen für Yoga interessieren. In einem ungezwungenen Rahmen traut man sich eher, Yoga einmal auszuprobieren und kann so selbst am ganzen Körper die wohltuenden Wirkungen des Yoga erfahren. Oftmals kann so ein wunderbarer und langjähriger Yoga-Weg beginnen.

Alle neuen Formen des Yoga sollten aber darauf ausgerichtet bleiben, Körper und Geist miteinander in Einklang zu bringen. Der wesentliche Kern des Yoga sollte erhalten bleiben, damit es eben Yoga bleibt und nicht nur eine gymnastische Modeerscheinung ist. Neuen Yoga-Formen darf man mit Offenheit und Neugierde begegnen, denn »zwischen Richtig und Falsch gibt es einen Ort, an dem werden wir uns begegnen«.[1]

Hier einige Beispiele:

Lach-Yoga

Lachen ist gesund, das wissen wir alle. Beim Lachen werden Stresshormone im Körper reduziert und der Atem vertieft sich. Anspannung wird wie durch ein Ventil abgelassen. Aber als Erwachsene lachen wir in unserem beschäftigten Alltag meistens viel zu wenig. Zählen Sie doch einmal einen Tag lang, wie oft Sie wirklich herzhaft gelacht haben. Das Ergebnis wird Sie vielleicht erstaunen.

---

1 Deutsches Yoga-Forum (DYF), Fachzeitschrift für Yogalehrende, 01/2019, S. 4.

Beim Lach-Yoga beginnt der Kurs mit einem Lachen »auf Befehl« für bis zu fünf Minuten. Das hört sich zuerst einmal merkwürdig, ungewohnt und sehr lang an. Wenn dann nach und nach alle einstimmen und mitlachen, entsteht eine wunderschöne befreiende Gruppendynamik. Während der Stunde wird diese Dynamik immer wieder genutzt und ausgiebig gelacht.

Das Lachen löst die Spannungen im Körper und stärkt das Immunsystem. Es hilft auch, nicht immer alles so ernst zu nehmen. Beim Yoga geht es eben nicht darum, die perfekte Haltung einzunehmen und mit den Händen die Füße zu erreichen, sondern sich selbst und seinen Körper bewusst wahrzunehmen und zur Ruhe zu kommen. Lachen kann uns helfen, uns selbst einfach einmal so zu akzeptieren, wie wir sind. Lach-Yoga ist eine sehr befreiende Erfahrung und die Teilnehmer*innen verlassen den Kurs wunderbar gelöst und entspannt.

Kinder-Yoga

Die Asanas im Yoga greifen die natürliche Bewegungsweise des Menschen auf. Die erste bewusste Bewegung, die Babys erlernen, ist, den Kopf in der Bauchlage anzuheben. Im Yoga entspricht diese Position der Kobra. Um sich aufzustellen, gehen Kleinkinder in den Vier-Füßler-Stand, strecken dann den Po nach oben und richten sich aus der Hüfte auf. In der Yoga-Sprache entspricht dies einem Flow, bei dem man aus dem Tisch in den herabschauenden Hund in die Aufrichtung geht. Yoga steckt also von klein auf in uns. Entsprechend intuitiv und positiv reagieren Kinder auf Yoga.

Brauchen Kinder dann überhaupt Yoga-Unterricht? Ja, denn auch den Kindern fällt es heute leider oft schwer, zur Ruhe zu kommen und sich zu konzentrieren. Kinder leiden unter Verspannungen vom vielen Sitzen oder dem Tragen der schweren Schultasche. Auch der Kinderalltag ist oft hektisch und durch ein Übermaß an Eindrücken und Terminen geprägt. Daher ist Yoga für Kinder genauso wichtig und wohltuend wie für Erwachsene.

Die Kinder-Yoga-Stunde beginnt mit einer Achtsamkeitsübung, die das Ankommen in der Yoga-Stunde erleichtern soll. Diese Übungen dienen als Schleuse: Raus aus dem hektischen Alltag, rein in eine ganzheitliche, achtsame Stunde, die nur dem eigenen Körper und Geist gewidmet ist. Meist wird dann eine Geschichte genutzt, die die Fantasie anregt und die körperlich mithilfe der Asanas nachvollzogen wird. Kinder lieben diese Kombination aus Anregung der Fantasie und der gleichzeitigen körperlichen Stimulation. Teil einer jeden Kinder-Yoga-Stunde sollte auch eine Meditation sein. Kinder haben häufig einen einfacheren Zugang zur Meditation als ihre Eltern. Kinder lassen sich leichter auf neue Erfahrungen ein als Erwachsene. Sie bemerken auch meist schneller, was ihnen gut tut oder auch nicht.

Am Ende einer Kinder-Yoga-Stunde liegen dann alle Kinder auf der Matte und lernen spielerisch, sich komplett zu entspannen. Auch hier helfen wieder Bilder. Zu Beginn der Entspannungsrunde stellen wir uns zum Beispiel vor, wir sind alle harte und ungekochte Spaghetti. Dann werden alle Spaghetti in einen Topf mit warmem Wasser getan und unser gesamter Körper wird ganz weich und entspannt. Solche Metaphern sind für Kinder und Erwachsene sehr hilfreich. Die Techniken, die Kinder beim Yoga lernen, werden ihnen ihr Leben lang ermöglichen, zur Ruhe und zu sich selbst zu kommen.

Es gibt Kurse nur für Kinder oder auch Kurse zusammen mit den Eltern. Wenn die Eltern beim Kinder-Yoga mit dabei sind, hat das mehrere Vorteile: Auch die Eltern lernen Asanas und Entspannungstechniken, um einmal zur Ruhe zu kommen. Beim Yoga geht es für sie einmal am Tag nicht darum, etwas zu leisten oder zu gewinnen, sondern darum, einfach nur glücklich und zufrieden mit sich selbst zu sein. Gleichzeitig stärkt diese gemeinsame Stunde, in der man sich nur auf sich selbst und seine Familie konzentriert, die Eltern-Kind-Bindung. Die gemeinsam gelernten Übungen können dann im Alltag genutzt werden, um zum Beispiel die Konzentration bei den Hausaufgaben zu erhöhen, die Fantasie anzuregen oder beim Einschlafen zu helfen.

Yoga für Menschen mit Krebs

Es ist ein besonderer Weg, den Menschen mit Krebserkrankungen bereits gegangen sind und der noch vor ihnen liegt. Oft fällt es diesen Menschen schwer, mit dem eigenen Körper während und nach der Erkrankung positiv umzugehen. Klinische Studien haben gezeigt, dass körperliche Aktivität messbar die Nebenwirkungen einer Chemo- oder antihormonellen Therapie reduzieren kann. Außerdem steigert sich die Leistungsfähigkeit und das Selbstbewusstsein wird gestärkt. Körperliche Aktivität hat auch direkt Einflüsse auf die Entstehung von Krebs, den Verlauf der Krebserkrankung und das Rückfallrisiko.[2]

Gerade während einer Krebserkrankung ist es für Menschen wichtig, sich zu bewegen. Yoga ist hierfür hervorragend geeignet, da es nicht nur um die körperliche Bewegung geht, sondern auch der Geist mit einbezogen wird. Es wird möglich, die stets um die Krankheit kreisenden Gedanken zur Ruhe zu bringen

---

2 Vgl. dazu www.krebsgesellschaft.de (Zugriff am 22.01.2021).

und das eigene innere Licht wieder zu spüren. Es wird als besonders wohltuend empfunden, sich für einige Zeit zu entspannen und die Sorgen, auch wenn nur kurz, draußen zu lassen.

Yoga-Lehrende berücksichtigen bei der Auswahl von Asanas besondere Anforderungen, die sich aus der Erkrankung oder der Behandlung ergeben. Die Teilnehmer*innen können also ganz beruhigt an der Stunde teilnehmen, ohne sich zu sorgen, ob die Asanas ihnen in ihrer speziellen Situation gut tun oder nicht. Der Fokus der Stunde liegt oft darauf, durch Asanas, die das Herz öffnen oder das Loslassen fördern, eine positive Körperwahrnehmung zu ermöglichen, die hin zu einer tiefen Entspannung führt.

Eine Yoga-Stunde mit Menschen in einer ähnlich schwierigen Situation verbindet die Teilnehmer*innen meist ganz besonders eng miteinander. Es wird als sehr positiv erlebt, dass es in der Yoga-Stunde nicht nur um den »kranken Körperteil« geht, sondern eben ganz bewusst um den gesamten Menschen, seinen Körper und Geist.

Bier-Yoga

Beim Bier-Yoga handelt es sich um eine Erfindung aus Amerika und Australien, die auch hier immer beliebter wird. Es wird dabei während der Yoga-Stunde entspannt eine Flasche Bier genossen und manchmal sogar in der urigen Atmosphäre einer echten kleinen Brauerei trainiert.

Viele fragen sich, ob das noch Sport ist. Aber tatsächlich hilft das Bier dem*der einen oder anderen, etwas lockerer an die Ausübung der Asanas heranzutreten. Diese Yoga-Form ermöglicht es Menschen, die sich vielleicht nicht in ein Yoga-Studio trauen würden, weil sie zum Beispiel befürchten, dass sie nicht beweglich genug sind, Yoga ungezwungen in einer lockeren Atmosphäre auszuprobieren. Yoga wird in der westlichen Welt oft von Frauen dominiert. Beim Bier-Yoga finden auch häufig Männer den Mut, mitzumachen. Man kann sich ja zur Not an seiner Bierflasche »festhalten«.

Die Bierflasche ist auch tatsächlich ein wichtiges Hilfsmittel. Die Flasche dient zum Abstützen oder wird während einer Asana über dem Kopf balanciert. Somit ist Bier-Yoga ein lockerer Einstieg ins Yoga. Es muss ja nicht immer alles so bierernst sein. Bei dieser Yoga-Art steht auf jeden Fall der Spaß im Vordergrund, auch wenn Neueinsteiger*innen oft feststellen, dass Yoga ganz schön anstrengend sein kann.

Räkel-Yoga

Morgens im Bett machen wir es ganz intuitiv: Wir recken und strecken uns genüsslich in alle Richtungen. Wir räkeln uns, da wir längere Zeit in einer bestimmten Position verharrt haben. Räkeln kann man auch bei einem Hund ganz wunderbar beobachten.

Verspannungen und Schmerzen entstehen einerseits durch langes Ausharren in bestimmten Positionen, also zum Beispiel durch langes Sitzen im Büro oder im Auto und durch eine falsche Haltung. Schmerzen können aber auch Abwehrmechanismen des Körpers gegen ungewollte Situationen sein.

Räkeln löst auf natürliche Weise Blockaden und Spannungen. Dieses Phänomen wird beim Räkel-Yoga aktiv genutzt: Die Asanas sind so aufgebaut, dass immer wieder ganz bewusst geräkelt werden kann. So erkennen die Teilnehmer*innen ihren eigenen Bewegungsspielraum und spüren, wo es »klemmt« und einer Lockerung bedarf. Räkel-Yoga wird daher auch als innere Massage bezeichnet, die zum Ziel hat, die Energie im gesamten Körper wieder zum Fließen zu bringen.[3]

Durch das Räkeln werden die Verklebungen der Faszien, die als faserige Hüllen die gesamte Muskulatur umhüllen, sanft gelöst. Am Ende der Stunde können die Yogis dann intensiv spüren, welche Blockaden sich gelöst haben und wie sich der gesamte Körper gelockert hat.

Stand-Up-Paddling-Yoga

Yoga in der Natur, im Wald oder im Park ist schon immer sehr beliebt und ermöglicht es, dem*der Yogi die Verbindung mit der Natur bewusst wahrzunehmen. Beim Stand-Up-Paddling-Yoga (SUP-Yoga) wird Yoga auf dem Wasser, auf einem Stand-Up-Paddling-Brett ausgeübt. Aufgrund des wackeligen Untergrundes sind die Asanas besonders herausfordernd. Es bedarf einer ständig hohen Konzentration, was dazu führt, dass die Yogis noch stärker präsent im aktuellen Moment sind. Die SUP-Yoga-Stunde ist dadurch sehr intensiv, und die Entspannung am Ende der Stunde wird noch tiefer erlebt.

Die Yoga-Stunde konzentriert sich meist auf einzelne statische Asanas, die mehrere Atemzüge lang gehalten werden. Die Übungen ähneln in der Ausführung eher einer Yin-Yoga-Stunde. SUP-Yoga wird auf ruhigen Gewässern

---

[3] Mehr Informationen dazu vgl. www.yoga-vidya.de (Zugriff am 22.01.2021).

ausgeführt und ist ein wunderbarer Weg, um Yoga in Harmonie mit der Natur durchzuführen. Um eine ähnliche Erfahrung im Winter im Studio zu ermöglichen, gibt es inzwischen sogar spezielle Balance Boards.

Goat-Yoga

Beim Goat-Yoga geht es ziemlich laut und tierisch zu. Zwischen den Yoga-Matten springen kleine Zwergziegen umher. Die Herausforderung für die menschlichen Yogis ist es, sich trotz Meckerns und gelegentlichen Knüffen durch die tierischen Mit-Yogis auf das eigene Yoga zu konzentrieren. Auch das Knabbern an Haaren, Zehen oder der Yoga-Matte gehört dazu und führt zu dem ein oder anderen Lachen und fördert so die Gelassenheit der Yogis.

Während der Stunde darf man aber auch immer wieder mit den Ziegen kuscheln. Denn darum geht es beim Goat-Yoga eben auch. Das Kuscheln setzt Glücksgefühle frei und die kleinen Vierbeiner sorgen auf ihre Art dafür, dass die Yoga-Stunde eben etwas entspannter und nicht so furchtbar ernst abläuft. Diese Yoga-Variante gibt es auch mit Hunden und anderen Vierbeinern, je nach Vorliebe der menschlichen Yogis. Auch hier stehen vor allem der Spaß und die glücklichen Momente im Vordergrund. Die gewählten Asanas in einer solchen Stunde sind meist leicht auszuführen. Daher kann auch diese Form des Yogas den Einstieg für neue Yogis erleichtern. Es kann aber auch eine wunderschöne entspannende Gewohnheit werden, mit seinen geliebten Vierbeinern die Matte zu teilen.

Dies sind nur einige neue Formen des Yoga. Es werden sich sicher immer wieder neue Stile und Formen entwickeln. Wir dürfen gespannt sein, auf wie viele unterschiedliche Weisen man zukünftig Entspannung, Ruhe und innere Gelassenheit im Yoga finden kann.

Literatur

Hildegard Aepli/Thomas Ruckstuhl (Hg.): Leben im Haus der Kirche. Zum 100-jährigen Bestehen des Salesianums. Fribourg 2007

James Aggrey: Der Adler, der nicht fliegen wollte. Wuppertal 1998

Sri Aurobindo: Der integrale Yoga. Hamburg 2018

Baier, Karl: Yoga auf dem Weg nach Westen. Beitrag zur Rezeptionsgeschichte. Würzburg 1998.

Helga Baumgartner: Yin Yoga. Achtsames Üben für innere Ruhe und Entspannung. München 2016

Heinrich Bedford-Strohm (Hg.): Die Personen der Bibel. München 2016

Uwe Birnstein: Bibelserie: »Wer ist meine Mutter und wer sind meine Brüder?«, 19.06.2013. https://www.evangelisch.de/inhalte/74855/19-06-2013/bibelserie-wer-ist-meine-mutter-und-wer-sind-meine-brueder (Zugriff am 22.01.2021).

Uwe Birnstein: Väter in der Bibel. 20 Porträts für unsere Zeit. München 2016

Gregg Braden: Im Einklang mit der göttlichen Matrix. Wie wir mit Allem verbunden sind. Dorfen 2007

Gregg Braden/Jonathan Goldmann: Divine Name. Dorfen 2019

Rudolf Bultmann: Theologie des Neuen Testaments. Tübingen 61958

nach René Bütler: Die universelle Botschaft der Mystik. Mystische Wahrheiten aus 4 Jahrtausenden. Petersberg 2007

Klara Butting: Prophetinnen gefragt. Die Bedeutung der Prophetinnen im Kanon aus Tora und Prophetie. Wittingen 2001

Rabbi Moses Cordovero von Zefat: Tomer Deborah – Der Palmbaum der Deborah. Eine mystische Ethik radikalen Erbarmens. Freiburg i. Br. 2003

Marlene Crüsemann: Mehr als ein Traum, 2007. https://www.bibel-in-gerechter-sprache.de/wp-content/uploads/MCruesemann_Jer23_Bibelarbeit_DEKT2007.pdf (Zugriff am 03.08.2020).

Neil Douglas-Klotz: Das Vaterunser. Meditationen und Körperübungen zum kosmischen Jesusgebet. München 22007

Tamara Dubini: Erfahrungen in einer Stilleübung. Vylk aktuell, 1/2016, 16

Eknath Easwaran (Hg.): Die Upanischaden. München 12008, S. 161

Evangelische Kirche in Deutschland: Gelobtes Land? Land und Staat Israel in der Diskussion. Gütersloh/München 2012

Irmtraud Fischer: Gotteskünderinnen. Zu einer geschlechterfairen Deutung des Phänomens der Prophetie und der Prophetinnen in der Hebräischen Bibel. Stuttgart 2002

Michael Gentschy: Yoga und christliche Spiritualität. München 1989

Khalil Gibran: Von der Liebe. In: Khalil Gibran: Der Prophet. Düsseldorf 42016

Yogi Hari: Hatha Yoga Pradipika. Ursprung und Quelle des Hatha Yoga. Petersberg 2007

Carola Hempel: Die Quelle der Spiritualität. Die Verbindung von Wissenschaft, Religion und Philosophie. Güllesheim 2017

Anni Hentschel: Diakonia im Neuen Testament. Studien zur Semantik unter besonderer Berücksichtigung der Rolle der Frauen. Tübingen 2007

Michael Hollenbach: Der heilige Josef. Arbeiterführer, Antikommunist oder der erste Hausmann? Deutschlandfunk Kultur, 25.12.2016. https://www.deutschlandfunkkultur.de/der-heilige-josef-arbeiterfuehrer-antikommunist-oder-der.1278.de.html?dram:article_id=374814 (Zugriff am 06.08.2020).
B. K. S Iyengar: Baum des Yoga. Frankfurt a. M. 1988
B. K. S. Iyengar: Yoga. Der Weg zu Gesundheit und Harmonie. München 2001
B. K. S Iyengar: Licht fürs Leben. Die Yoga-Vision eines großen Meisters. Frankfurt a. M. 2007
B. K. S. Iyengar: Leap of Faith. DVD über Guruji Iyengars Lebensgeschichte. 2008.
Jörg Jeremias: Der Prophet Amos. Göttingen 2013
Carl Gustav Jung: The Structure and Dynamics of the Psyche, Collected Works, Vol. 8. London/New York 2014 (1960)
Matthias Kamann: Verwirrter Vater und tatkräftiger Träumer: Joseph, Mann der Maria. Die Welt, 24.12.2004. https://www.welt.de/print-welt/article360422/Verwirrter-Vater-und-tatkraeftiger-Traeumer-Joseph-Mann-der-Maria.html (Zugriff am 06.08.2020).
Rudolf Keck: Der Propeht Amos. O. J., S. 9. http://www.bibelwissen.ch/images/e/e7/Amos.pdf (Zugriff am 22.01.2021).
Tremper Longman III: Song of Songs. Grand Rapids, Michigan/Cambridge 2001
Audre Lorde: A Burst of Light. Ithaca, New York 1988.
Ignatius von Loyola: Die Exerzitien, übertragen von Hans Urs von Balthasar. Einsiedeln 1993
Susanne Mack: Schwarze Königin von Saba. Oder wie Jahwe nach Äthiopien kam. Deutschlandfunk Kultur, 16.12.2009. https://www.deutschlandfunkkultur.de/schwarze-koenigin-von-saba.984.de.html?dram:article_id=153497 (Zugriff am 22.01.2021).
Doris Marszk: König Salomo: Bereits vor 3000 Jahren Kupferverhüttung im großen Maßstab? https://www.wissenschaft-aktuell.de/artikel/Koenig_Salomo__Bereits_vor_3000_Jahren_Kupferverhuettung_im_grossen_Massstab_1771015585456.html (Zugriff am 03.08.2020).
Ralf-Peter Märtin: Moses: Held der Bibel, Befreier Israels. Geo Epoche, o. J. https://www.geo.de/magazine/geo-epoche/10726-rtkl-moses-held-der-bibel-befreier-israels (Zugriff am 04.08.2020).
Meister Eckhart: Deutsche Predigten und Traktate, hg. u. übers. von Josef Quint. München 1963; Predigt 28, 280–289.
Elisabeth Moltmann-Wendel: Ein eigener Mensch werden. Frauen um Jesus. Gütersloh [2]1981
Rudolf Neumaier: Kochen, füttern, Windeln wechseln. Süddeutsche Zeitung, 29.12.2014. https://www.sueddeutsche.de/leben/joseph-von-nazareth-kochen-fuettern-windeln-wechseln-1.2283552 (Zugriff am 06.08.2020).
Martin Nitsche: Salomo. WiBiLex. http://www.bibelwissenschaft.de/stichwort/25919/ (Zugriff am 03.08.2020).
John O'Donohue: Anam Cara: Das Buch der keltischen Weisheit. München 1998.
Simone Paganini: Deuteronomistisches Geschichtswerk (DtrG). WiBiLex. https://www.bibelwissenschaft.de/stichwort/10678/ (Zugriff am 14.01.2021).
Jan Ostrau: Mantras. Heilige Laute der Kraft und wie wir sie nutzen können. Bielefeld 2005
Sebastian Painadath: Befreiung zum wahren Leben. 50 meditative Schritte der Selbsterkenntnis. München 2006
Peter Reiter: Geh den Weg der Mystiker. Meister Eckharts Lehren für die spirituelle Praxis im Alltag. Petersberg [3]2010
Stephan A. Richter: Die Esoterik-Falle. Eine Gefahr für die Leichtigkeit des Seins. Norderstedt 2010
Ilona Riedel-Spangenberger/Erich Zenger (Hg.): »Gott bin ich, kein Mann«. Beträge zur Hermeneutik der biblischen Gottesrede. Festschrift für Helen Schüngel-Straumann zum 65. Geburtstag. Paderborn 2006
Richard Rohr: Pure Präsenz. Sehen lernen wie die Mystiker. München [5]2012

Richard Rohr: Wer loslässt, wird gehalten. Das Geschenk des kontemplativen Gebets. München ⁸2020

Barbara Schenkbier: Das Geheimnis der Quelle. Ein Yogamärchen. Petersberg ²1988

Barbara Schmitz: Hulda – eine gefragte Frau. In: Gabriele Theuer (Hg.): Frauen-Prophetinnen. FrauenBibelArbeit, Bd. 16. Stuttgart 2006

Rudolf Smend: Mose als geschichtliche Gestalt. In: Rudolf Smend: Bibel, Theologie, Universität. Göttingen 1997, S. 5–20

Anjali Sriram/R. Sriram: Yoga und Gefühle. Bielefeld 2004

Ronald Steiner/Anna Trökes: Yoga für Fortgeschrittene. München 2012

Karl-Heinz Steinmetz: Mystische Erfahrung und mystisches Wissen in den mittelalterlichen Cloudtexten. Berlin 2005

Marc Struckmann: Arbeitshilfe für Haus(bibel)kreise. Bd. 1: Das Buch Amos. Hannover 2003. https://www.selk.de/download/bibeljahr1.pdf (Zugriff am 22.01.2021).

Pierre Stutz: Geborgen und frei. Mystik als Lebensstil. München ⁵2012

Andrea Taschl-Erber: Maria von Magdala – erste Apostolin? Joh 20,1–18: Tradition und Relecture (HBS 51). Freiburg u. a. 2007

Regina Töpfer: Vom marginalisierten Heiligen zum hegemonialen Hausvater. Josephs Männlichkeit im *Hessischen* und in Heinrich Knausts *Weihnachtsspiel*. European Mediaval Drama, 17/2013, 43–68.

Martin Vieweg: Konnte Jesus lesen und schreiben? Wissenschaft.de, 21.12.2018 https://www.wissenschaft.de/geschichte-archaeologie/konnte-jesus-lesen-und-schreiben/ (Zugriff am 22.01.2021).

Herbert Vinçon: Spuren des Wortes. Biblische Stoffe in der Literatur. Materialien für Predigt, Religionsunterricht und Erwachsenenbildung 3. Altes Testament. Stuttgart 1990

Rüdiger Wala: Was wissen wir über den heiligen Josef? KirchenZeitung, 17.03.2017. https://www.kiz-online.de/content/was-wissen-wir-%C3%BCber-den-heiligen-josef (Zugriff am 22.01.2021).

Willem Wittstamm: Hallo Alter. Lebenslust und Spannkraft mit Yoga50plus. Clenze 2016a

Willem Wittstamm: Yoga für Späteinsteiger. München ³2016b

Eckard Wolz-Gottwald: Yoga-Philosophie-Atlas. Erfahrungen ursprünglicher Bewusstheit. Petersberg ³2006

Eckard Wolz-Gottwald: Yoga-Philosophie als Übungspraxis. Yoga Aktuell, 88, 6/2014, 111 f.

Stefan Zekorn: Gelassenheit und Einkehr. Zu Grundlage und Gestalt geistlichen Lebens bei Johannes Tauler. Würzburg 1993

Dank

Unser besonderer Dank gilt darüber hinaus allen Menschen, die zum erfolgreichen Entstehen dieses Buches beigetragen haben: Thomas Schreiber (Fotostudio Schreiber, Fotoaufnahmen und Bearbeitungen), Carola Spegel (Yoga-Lehrerin, Umsetzung der Übungen, Beratung und vieles mehr), Reinhold Schweiger (Sportreferent Amt für Jugendarbeit ELKB, Model Fotoaufnahmen Innenteil), Kerstin Gnodtke (Model Titelbild und Fotoaufnahmen Innenteil), Gregor Sukiennik (Model Titelbild), Jana Harle (Planung und Projektmanagement Verlag Vandenhoeck & Ruprecht, Begleitung, Beratung und Umsetzung), Daniela Dietrich und Gabriele Stoll (Team-Assistenzen, Korrekturen), Gudrun Scheiner-Petry (Leiterin Amt für Gemeindedienst ELKB, Unterstützung), Kirchengemeinde St. Paul Fürth (Bereitstellung des Innenraums für Fotoaufnahmen).